1 9 2 4

鲁迅长安行

王鹏程 著

陕西新华出版 陕西人民出版社

图书在版编目（CIP）数据

1924：鲁迅长安行/王鹏程著. -- 西安：陕西人民出版社，2024.7. -- ISBN 978-7-224-15414-6

Ⅰ.K825.6

中国国家版本馆 CIP 数据核字第 2024XQ5100 号

出 版 人：赵小峰
总 策 划：关　宁
责任编辑：彭　莘
　　　　　王彦龙
整体设计：杨亚强

1924: 鲁迅长安行

1924: LUXUN CHANG'AN XING

著　　者	王鹏程
出版发行	陕西人民出版社
	（西安市北大街 147 号　邮编：710003）
印　　刷	西安市建明工贸有限责任公司
开　　本	787mm×1092mm　1/16
印　　张	24.5
字　　数	320 千字
版　　次	2024 年 7 月第 1 版
印　　次	2024 年 7 月第 1 次印刷
书　　号	ISBN 978-7-224-15414-6
定　　价	78.00 元

如有印装质量问题，请与本社联系调换。电话：029-87205094

引言

一百年前的"炬火"

1924年7月7日，北京西车站，雨后晚晴，云开日霁，万物顿觉增彩生辉，人的精神也为之一爽。

这一天的傍晚，许钦文和陶元庆正好经过西车站。陶元庆忽然叫了许钦文一声说："周建人在这里吃夜饭！"许钦文"顺着他的视线望去，在玻璃门内的灯光下，映着昂着微翘胡子的鲁迅先生的侧影"。陶元庆当时还没有见过鲁迅，误将鲁迅当成周建人。

这次"夜饭"，是陕西省长驻京代表在西车站食堂为鲁迅及其他即将前往西安讲学的学者的饯行宴。

餐毕，鲁迅等十二人登上火车，一路向西。

鲁迅一生中曾两次远行讲学。除了这次的长安行，还有1926—1927年间的远赴厦门、广州任教。

长安行总计三十六天，在西安停留二十一天。

1924年7月7日晚,鲁迅由京启程,14日下午抵达西安,用时七天。8月4日晨从西安返京,8月12日夜半抵京,归程用时九天。

这是鲁迅一生中唯一一次西行讲学。这一路,鲁迅乘火车,转渡船,倒汽车,坐骡车,跋山涉水,风尘仆仆,备尝艰辛。他对当时的西安并无多大兴趣,他魂牵梦绕的是——古长安。

与鲁迅同行的俱为京津宁的名家巨擘——历史学家王桐龄、人类学家李济之、外交家蒋廷黻、中国古典文学研究专家陈钟凡、物理学家夏元瑮等,可谓风云际会,人物翩翩。他们应国立西北大学与陕西省教育厅联办的暑期学校之邀,以民国时期暑期学校最"豪华"的师资阵容,面向广大学员讲述中国文化的发源、汉民族的特性、人类学的发展、欧洲近代史与法兰西革命、中国文字的演进、爱因斯坦的相对论等,或立一端之说,或骋一偏之长,或绍介学界之预流,或传播自己之研究,对于偏僻闭塞、与外几乎隔绝的现代学术的不毛地带西安而言,百年一遇,千载一时,无疑是一场久盼而终至的雨露甘霖。

用鲁迅的话讲,这是黑暗中的"炬火"。

在暑期学校的讲师之中,周树人(鲁迅)以五四新文化运动的主将、中国现代文学的奠基人、"小说大家"的声望而最受大家的关注。

鲁迅长安行的主要目的是为创作长篇历史小说《杨贵妃》做准备。他置身于李隆基、杨玉环风流倜傥的长安,寻绎天宝盛世的遗风余韵,无奈西安"连天空都不像唐朝的天空",《杨贵妃》的创作计划最终搁浅,留下无尽的遗憾。

不过,鲁迅也有不少的欣喜和收获。

1924年7月21日至29日,鲁迅在西北大学礼堂讲演《中国小说的历史的变迁》,八天十一讲,共计十二小时。当听讲学员知道"周树人"

就是"鲁迅"后,大礼堂很快座无虚席,甚至连走廊也站满听众。此次讲演,鲁迅以刚刚完成的《中国小说史略》为蓝本,深入浅出、钩玄提要,同时又"众美辐辏,表里发挥"(刘勰语),为研读《中国小说史略》必不可少之补充,也成为中国现代学术普及的典范。

讲演之余,鲁迅游古迹、逛街市、购文物、赏秦腔、尝鸦片……悦心怡情,兴味盎然。返京后,他完成了与长安行相关的《说胡须》《看镜有感》《立论》《出关》等,并在1925年创作力爆发,是一生中最高产的时期。就此而言,长安行之于鲁迅,具有非常重要的"中转"意义。

日月逾迈,光阴荏苒,鲁迅的长安行倏忽间已整整百年。他说:"倘若有了炬火,出了太阳,我们自然心悦诚服的消失,不但毫无不平,而且还要随喜赞美这炬火或太阳;因为他照了人类,连我都在内。"遗憾的是,百载苍黄,世变遽剧,鲁迅的"炬火"也式微为历史的微光,更遑论"太阳"。

谯周不再,英雄不作,绛帐萧萧,难掩空寂寥落。

陈寿云:"萤烛末光,增辉日月;尘埃之微,补益山海。"毕竟,我们还有鲁迅的这束微光。

"红尘白日长安路,马足车轮不暂闲。"(张元宗《望终南山》)百年前北京西车站驶向西安的火车的"奇卡奇卡"声,可谓"长安古道音尘绝"的现代之响。

我们且随着鲁迅冷峻深邃的凝视,去看看那个"连天空都不像唐朝的天空"的民国长安吧。

章节	标题	页码
第八章	1923年『陕西省城之学术演讲会』：西北大学暑期学校之预演	076
第九章	『礼贤下士』：刘镇华邀请康有为到西安讲学	080
第十章	『圣人举动，必有太令人不堪』：康有为「盗经」的罗生门	088
第十一章	『孔子西行不到秦』：促成鲁迅西安讲学的两个年轻人	099
第十二章	『道中喝了不少的黄河水』：鲁迅的赴陕之旅	118
第十三章	『暑期学校讲师不日到陕』：西安报纸对暑期学校之预告	132
第十四章	名家云集：1924年暑期学校的师资阵容及讲演题目	136

目录

第一章 「男儿须到古长安」……001
「摅怀旧之蓄念，发思古之幽情」

第二章 「为了写关于唐朝的小说」……013
鲁迅长安行的主要意图

第三章 「惟汉人石刻，气魄深沉雄大」……022
鲁迅对汉唐气魄的欣赏

第四章 或可饫收藏之癖好……032
鲁迅对长安文物兴趣甚浓

第五章 排遣心中郁结……037
鲁迅长安行的其他意图揣测

第六章 「偃武修文」……052
刘镇华筹办国立西北大学

第七章 仿牛津大学「造运动」……070
西北大学暑期学校设立之初衷

第二十二章 "像春风化雨"：鲁迅讲课的魅力	210
第二十三章 曲高和寡：暑期学校的成效	224
第二十四章 "实属难能可贵"：鲁迅与易俗社	235
第二十五章 绍兴戏是秦腔的旁支？鲁迅为何独喜秦腔	246
第二十六章 "化民成俗"：鲁迅在易俗社看的秦腔戏	252
第二十七章 "古调独弹"：是鲁迅所拟，还是鲁迅所拟并亲书？	259
第二十八章 "第一件想看的必然是古迹"：鲁迅游览西安名胜古迹	270

第十五章 并不都『当作朋侪』：鲁迅与暑期学校其他讲师之关系 … 139

第十六章 『陕西人多是安静、沉默、和顺的』：孙伏园等的秦人印象 … 153

第十七章 『西安太荒凉太寂寞』：鲁迅、王桐龄等人的西安观感 … 162

第十八章 『猗欤盛哉』：暑期学校开学仪式 … 172

第十九章 『周树人』原来就是『鲁迅』：西安报纸上的鲁迅 … 179

第二十章 钩玄提要与表里发挥：鲁迅的讲演与《中国小说史略》… 184

第二十一章 『反复』和『羼杂』：中国小说演化的两种样态 … 188

第三十六章 西望长安不见『佳』？ 鲁迅的长安记忆	358
主要参考文献	366
后记	372

第二十九章　鲁迅在西安所得古玩文物 … 300

第三十章　鲁迅在西安的饭局 … 306

第三十一章　"午后盛热；饮苦南酒而睡"：鲁迅在西安饮酒 … 312

第三十二章　"有些苦味"：鲁迅在西安尝鸦片 … 317

第三十三章　"连天空都不像唐朝的天空"：《杨贵妃》终于没有写出来 … 323

第三十四章　挥手自兹去：鲁迅的返京旅程 … 338

第三十五章　鲁迅长安行与后来的创作 … 347

编辑说明：

本书里有大量民国时期引文（如鲁迅日记等），依据尊重原貌、保持原状的原则，对原书（文）中不符合现代汉语规范的字词句、标点符号等不擅做修改。处理方法为，或在字后加括号标注，或在正文中进行规范书写以示订正。

第一章 "男儿须到古长安"：
"摅怀旧之蓄念，发思古之幽情"

长安是中华民族的发祥地和中华文化的发源地，是中华民族的根柢，是"中国历史的底片，中国精神的芯片，中华文明的名片"[1]。正如1906—1910年任陕西高等学堂教习的日本汉学家足立喜六所言："中国四千年文化的精华，实即此地汉族的活动。同时，也可以说是长安的历史。"[2] 不了解长安，就无法了解中国。

"秦中自古帝王州"（杜甫《秋兴八首》其六），长安是中国历史上的第一名都。汉初张良在论证定都关中时曰："夫关中左崤函，右陇蜀，沃野千里，南有巴蜀之饶，北有胡苑之利，阻三面而守，独以一面东制诸侯。诸侯安定，河渭漕挽天下，西给京师；诸侯有变，顺流而下，足以委输。此所谓金城千里，天府之国也……"（《史记·留侯世家》）正因为如此，长安成为中国历史上建都时间最长、建都朝代最多、影响力最大的古

---

[1] 肖云儒：《汉唐记忆与西安文化》。见陈平原、王德威、陈学超编：《西安：都市想象与文化记忆》，第338页。北京：北京大学出版社，2009年。

[2] [日]足立喜六：《长安史迹研究》，王双怀等译，第24页。西安：三秦出版社，2021年。

都，先后有十三个王朝和政权于此建都，长达一千一百多年，长安也因此位列中国"七大古都"[3]之首。

长安也是世界著名的历史古都，与雅典、罗马、开罗并列世界公认的四大古都，是人类文明的重要发源地和见证者。其与古罗马作为东、西方最早的百万人口大都会，曾创造了世界文明的高峰，成为"九天阊阖开宫殿，万国衣冠拜冕旒"（王维《和贾舍人早朝大明宫之作》）的文明圣地。

一部长安史，即是大半个中国史。长安记忆即是中国记忆，长安故事即是中国故事。今天中华民族引以为豪的"郁郁乎文哉"的周礼、文景之治、贞观之治、开元盛世，以及西周青铜器、秦代兵马俑、汉代石刻，传世称颂的汉赋、被鲁迅誉为"史家之绝唱、无韵之离骚"的《史记》，李白、杜甫、王维、韩愈、杜牧等文豪所成就的唐代诗文瑰丽奇观，书法艺术高峰"颠张素狂""颜筋柳骨"的笔走龙蛇，以及汉唐的兼容并蓄、开放进取、文教昌盛、文明远播，等等，可以无限列下去的周秦汉唐的盛世气象与文化记忆，都是源自长安这座古朴雄大的故都。因而可以毫不夸张地说，长安是中华民族的文化印章和精神故乡。

作家李国文在《唐朝的天空》中讲过这么一个故事：

这应该是二十世纪七十年代，或者还要早一点，两位国外学者谈起中国的事了。

日本创价学会的会长池田大作，在一次聚会上，与英国的历史学家汤因比，兴致勃勃地谈起了华夏文明。这位日本作家、政治和宗教活动家，忽发奇想，问这位专门研究东西方文明发展、

---

[3] 1988年，中国古都学会在河南安阳举行第六次年会，将安阳与原来的"六大古都"西安、洛阳、北京、南京、开封、杭州并列，称为"七大古都"。"七大古都"以过去的统一王朝为主，自商代中叶以后各统一王朝的都城皆列入"七大古都"之中。详见史念海：《中国古都和文化》，第192页。重庆：重庆出版社，2021年。

交流、碰撞、互动的英国学者:"阁下如此倾情古老的神州大地,假如给你一次机会,你愿意生活在中国这五千年漫长历史中的哪个朝代?"

汤因比略略思索了一下,回答说:"要是出现这种可能性的话,我会选择唐代。"

"那么——"池田大作试探地问:"你首选的居住之地,必定是长安了。"[4]

汤因比没有到过长安,他对长安的倾情与迷恋建立在文字所记载的大唐气象上——经济繁荣、文化发达、艺术繁盛,长安成为他思古幽情与文学想象的混合物。这正如美国学者理查德·利罕所著《文学中的城市》中所言:"城市和文学文本共有着不可分割的历史,因而,阅读城市也就成了另一种方式的文本阅读。这种阅读还关系到理智的以及文化的历史:它既丰富了城市本身,也丰富了城市被文学想象所描述的方式。"[5]

唐代以后,随着政治、经济和文化中心的南移,长安不再成为国都,也逐渐失去了全国的中心地位,成为一个地方性的都会。不过,北宋时期,陕西路的首府依然按照汉唐专指首都的习惯叫作"京兆府",而不像其他地方叫作"某某州",这其中隐含着对汉唐雄都的眷恋。北宋后期,京兆府改为永兴军路的路治,是当时全国唯一以"军"为名的路一级行政区。

到了明代,朱元璋建藩封王,改奉元路为西安府,寓意安定西北,封次子朱樉为秦王。自此,长安更名为西安。以西安

---

[4] 李国文:《唐朝的天空》,《人民文学》2003年第8期。

[5] Richard Lehan, *The City in Literature*, p.289, University of California Press, 1998.

为中心的秦藩,号称"天下第一藩"。也由此开始,长安成为安定西北的煌煌重镇。

到了近代,长安——西安由于地处偏隅、经济落后、思想闭塞和文化保守,成了停滞中国的停滞典型,令无数人感慨系之,吟咏不断。长安作为千年古都的辉煌历史遗存和深厚文化积淀,却激发了历代文人墨客追寻和确认中华民族过去辉煌和伟大的冲动,长安行成为一代代文人墨客挥之不去的文化情结。长安"经过一千余年的漫长岁月,特别是其间王朝的兴亡、胡人的侵入和乱贼的掠夺,致使这个名都的遗迹几乎湮灭无闻。但若亲访其地,踏查访古,其一木一石,皆潜藏千古之色,仿佛可以看到昔日长安城的情景,使我们不禁感慨万千"[6]。

钱锺书在《谈艺录》的序中说:"东海西海,心理攸同。"西方和日本的汉学家、探险家、考古学家、建筑学家以及旅行家对古长安的无限向往,非但不亚于华夏子孙,甚至有过之而无不及。

从19世纪末到20世纪三四十年代,美国探险家尼克尔斯、克劳德·毕敬士、斯特林·克拉克,英国领事官台克满,丹麦探险家何乐模,德国建筑学家恩斯特·伯施曼,法国汉学家爱德华·沙畹,日本汉学家足立喜六、桑原骘藏、宇野哲人、石田幹之助、加地哲定以及建筑学家常盘大定等人,以"探险""考察""发掘""旅行"等为缘由,都曾踏足长安——这座没落颓败的世界著名古都,并留下了大量珍贵的图片和文字。其中不乏脍炙人口的诗文。如加地哲定1925年6月13日所赋的七言

---

6 [日]足立喜六:《长安史迹研究》,第25—26页。

［美］尼克尔斯：西安府，城墙，1901年

［德］恩斯特·伯施曼：西安府，北门，1906-1909年

古风，可谓汉学家笔下"长安的风情和自己的心绪"的代表：

长安怀古

渭水东流雍关遐，长安古今人事多。

蓝田玉烟云间还，曲江草深石见荷。

桑门道士栖息地，终南山上今奈何。

慈恩荐福今犹在，青龙何处陵波阿。

落日古城千古恨，银鞍白马埋麦禾。

圣王蒙尘蜀山路，今看贵妃马嵬坡。

灞水杨柳枝犹繁，主客离情共吞沱。

铜人原上一行墓，茫茫漠漠年岁过。

骊山北麓温泉滑，荣华不知空治痾。

周秦汉唐王城迹，荣枯盛衰一笑呵。[7]

"《黍离》《麦秀》从来事"（王安石《金陵怀古》）。加地哲定"整理"的自己游览的"心绪"，几乎包括了长安古今最主要的人事兴替与山水胜迹，在怀古幽思和深沉叙述中，让人慨叹不已。

对于中国读书人而言，古长安是最显著、最重要的历史精神文化家园，无人不对之心驰神往。正如清代诗人袁枚在《赴官秦中二首》中所言："闻道关中多胜迹，男儿须到古长安。"

被誉为"中国现代游记写作第一人"的易君左在《西安述胜》中言道："夫游西北即等于还故乡，西北者，中华民族文化发源地，人未有不思故乡者，况久飘零异域之游子乎！"他

---

[7] ［日］加地哲定：《秦陇纪行》，翁建文译，［日］加地有定校，第49页。西安：三秦出版社，2021年。

说的"西北",实际指的是西安——长安。郑振铎在1957年所写的《长安行》中道:"说起长安,谁不联想到秦皇、汉武来,谁不联想起汉唐盛世来,谁不联想到司马相如和司马迁就在这里写出他们的不朽的大作品来,谁不联想到李白、杜甫、王维、韩愈、白居易、杜牧来,他们的许多伟大的诗篇就在这里吟成的。站在少陵原上的杜公祠远眺樊川,一水如带,绕着以浓绿浅绿的麦苗和红馥馥的正大放着的杏花,组成绝大的一幅锦绣的高高低低的大原野,那里就是韦曲、杜曲的所在,也就是一个大学的新址的所在。杜甫的家宅还有痕迹可找到么?每一寸土,每一个清池的遗迹,都可以有它们诗般地美丽的故事给人传诵。"[8] 对中国读书人而言,"游西北即等于还故乡",长安行无疑是见天地之心的心灵还乡和精神归宁。

民国时期的长安行者络绎不绝。

西安古迹,多如牛毛。易君左说:"任踏一砖,即疑为秦;偶拾一瓦,又疑为汉。人谓长安灰尘,皆五千年故物,信然耶?"[9] 文人墨客最怀恋者为碑林、大雁塔、小雁塔、古城墙、华清池、曲江、昭陵四骏(另两骏被盗卖于美国)、秦腔、咸阳古渡、周陵、茂陵等。

碑林是名闻天下的"石刻渊薮之所",凡到西安者,无不慕名前往。1924年与鲁迅同赴西北大学与陕西省教育厅联办的暑期学校讲学的蒋廷黻说:"每个到西安游历的人,都要参观碑林。所谓碑林乃是历代重要石碑集中之地。中国整个西北的石刻都集中在那儿,的确可以称为碑林。如果按年代排列,可以从汉代一直排到近代。石碑代表各方面的人物,其中有皇帝、

---

8 郑振铎:《郑振铎作品精选》,第180页。昆明:云南人民出版社,2019年。

9 易君左:《西安述胜》,《上海青年》1937年第四期。

武士、政治家、诗人、外国教士、和尚、道士。我们在碑林又见到了中国文明。事实上，如果这些碑不集中到一起，大部分都会遗失。"[10] 西安城墙以及钟楼、鼓楼的巍峨、方正、浑厚和严肃，几乎使得所有的到访者不由自主地感叹它曾经的辉煌和建筑的雄伟浩大。1901年，赴西安赈灾的美国记者、探险家、美国地理学会会员尼克尔斯一到西安，就被西安的城墙所震撼——"虽然现在我对中国的城墙已经较为熟悉，但还是没有料想到西安城会这般壮丽宏伟。与西安城墙的宏阔高大和极佳状况相比，北京的城墙衰败落伍，无足挂齿。"[11] 蒋廷黻说："西安城，如果近看，的确可以显出过去的伟大。城墙和钟鼓楼都可以看出帝王之都的气象。市内大街既宽且直，实在具有都市气派。市外两里半处是大小雁塔，那是一千年前译经的所在。塔中记载玄奘住在雁塔，雁塔当时属西京管辖。想象中，西安在唐代一定是很伟大的城市。"[12]

1934年，后来成为著名汉学家的捷克留学生普实克到西安旅行，在回忆录《中国——我的姐妹》第四十七章"曾经辉煌的城市——西安府"中，他详细记叙了西安城墙、城门、钟楼、鼓楼、碑林、小雁塔、清真寺给他留下的印象。在他看来，只有城墙可以证明这座千年古都曾有的辉煌。他觉得"最好的时光是上午在城门楼上，观看太阳刚刚露出的笑脸"，他"最喜欢消磨时间的地方是碑林"。他将西安同意大利和北平（按：全书行文中，根据历史时段名称变更，1928年之前称"北京"，1928年至1949年称"北平"）的古城做了对比，觉得西安周围因为植被的缺乏，不能像意大利废墟那样将古迹与绿色植物

---

10 蒋廷黻：《蒋廷黻回忆录》（增补版），第123页。长沙：岳麓书社，2017年。

11 [美] 弗朗西斯·亨利·尼科尔斯：《穿越神秘的陕西》，史红帅译，第63页。西安：三秦出版社，2009年。

12 蒋廷黻：《蒋廷黻回忆录》（增补版），第123页。

[日]足立喜六：西安，大雁塔，西南面，1906-1910 年

相协调，带给人美丽的感伤；也不能像北平的古城那样，"使人回忆起旧时光的宏伟壮丽"，令人感到悲哀。"这里的一切都覆盖着尘土，宝塔像一座座畸形的雪人站立在肮脏的工厂院子里"，西安和北平都是古都，都爱刮风，"只是西京的味道和北平不同。人们多欢喜北平，到西京的人都怀有莫奈何的心情，最欢喜西京这个地方的大概只有考古学家吧"。[13]确如其言。历史学家和文学批评家李长之20世纪30年代到西安，首先感受到的是人们口语的古朴醇厚，比如答应时从不用"是的"或者"唯唯"，而用秦始皇"制曰可"似的——"对"。比如买东西换货，伙计一定是郑重严肃地说"对"，而不是"好""可以"之类。在长安住了三个夜晚，李长之所见，"这古城给人印象顶深的，是感觉宗教气息的浓厚，并且想见中国当时受外邦文化影响的剧烈。还有一点，就是一到长安，才对于唐代的文字，特别是诗，格外亲切起来。附带的，也了解唐代所谓隐士的一部分人的生活，他们隐是隐在终南山，就是京城的南城门外边。这样自然是很方便的，看了风景，却还不会和政局隔膜。所以大抵隐士是只有聪明人士会作的"[14]。

这些长安行者留下大量的文学创作与旅行游记，呈现了这座颓败古都的多重面相。他们的西安记忆与历史想象，蕴含着对汉唐盛世及其文化的向往和凭吊，同时也蕴含着他们对这个民族未来的殷切期待。他们以本雅明在《发达资本主义时代的抒情诗人》中所谓的"游手好闲者的凝视"[15]，"不惮于一遍又一遍回到同一件事情上。将它揉碎就像揉碎土块；将它掀起，就像掀起土壤"，"在旧的地方则向纵深层挖掘"[16]，进而站在

---

[13] [捷克]雅罗斯拉夫·普实克：《中国我的姐妹》，丛林等译，第388—412页。北京：外语教学与研究出版社，2005年。

[14] 李长之：《从长安到安阳》，《旅行杂志》1938年第十二卷第三号。

[15] [德]瓦尔特·本雅明：《发达资本主义时代的抒情诗人》，张旭东等译，第189页。北京：生活·读书·新知三联书店，1989年。

[16] [德]瓦尔特·本雅明：《莫斯科日记·柏林纪事》，潘小松译，第221—222页。北京：东方出版社，2001年。

新的时间和视角，对历史进行宏大想象和个人体味。

在文学叙事中，长安也被不断重写。从明清的《长安夜行录》《隋唐演义》《薛仁贵征西》《武则天四大奇案》《玉楼春》《章台柳》《镜花缘》《榴花梦》，到民国的《朱门》，乃至新时代的《长安的荔枝》，长安成为"一个在文本中被高度历史化，以至于无法表现实体存在的场所"，"隐喻与象征"成为各类小说"对长安城的基本处理模式"。[17]其中林语堂以西安为背景的长篇小说《朱门》颇具典型性。《朱门》中的主人公李飞在西安长大，"这是他的故乡，他爱这里的一切"，他将西安视为"中国传统之锚"。虽然西安在由千年古都转变为现代都市的过程中"人们、风气、政治和衣着的改变都是紊乱的"，但"他就爱这一片纷乱的困惑"。[18]在他事业受挫、感情失意离开西安之时，西安成为他生命里一个奇怪的混合物。林语堂这样写道："他永远是西安的一部分，西安已经在他的心田里生了根。西安有时像个酗酒的老太婆，不肯丢下酒杯，却把医生踢出门外。他喜欢它的稚嫩、它的紊乱、新面孔和旧风情的混合，喜欢陵寝、废宫、半掩的石碑和荒凉的古庙，喜欢它的电话、电灯和此刻疾驶的火车。"[19]李飞的这种矛盾心理，实际上也是无数中国文人追溯历史、确认根源的隐性情结的内在矛盾。

《朱门》如同林语堂的《京华烟云》一样，长安被塑造成与北平相像的文化古都和理想之城。他描述的北平"像一个国王的梦境"，像"一个饮食专家的乐园"，"是采购者的天堂"，有"旧的色素和新的色素"。最重要的是，"北平是一个理想的

---

17 胡晓真：《夜行长安——明清叙事文学中的长安城》。见陈平原、王德威、陈学超编：《西安：都市想象与文化记忆》，第194页。

18 林语堂：《朱门》，谢绮霞译，第3页。长沙：湖南文艺出版社，2016年。

19 林语堂：《朱门》，第147页。

城市，每个人都有呼吸之地；农村幽静与城市舒适媲美"。北平是林语堂"鸟瞰的视野中所呈现的自然景观与帝王气象的弥合"，"同时涵盖传统与现代的全景式乌托邦，时间停滞或被超越，从而留下一种非历史的、普适意义的城市意象"。[20] 这些完全可以挪移到《朱门》所刻画的长安城上。

在这些长安行者中，有一位影响现代中国的文化巨人，他就是我们都很熟悉的——"青年的导师，五四运动的骁将，中国新文艺的开山者"[21]——鲁迅。他也如留学日本时所见的《湖北学生界》特刊《汉声》封面上所题的古语一样——"撼怀旧之蓄念，发思古之幽情"（《而已集·略谈香港》）。不过，"'发思古之幽情'，往往为了现在"（《花边文学·又是"莎士比亚"》）。

鲁迅的长安行，却不是"为了现在"的西安，他寻找的是自己魂牵梦绕的"古长安"！

---

[20] [美]宋伟杰：《既"远"且"近"的目光——林语堂、德龄公主、谢格兰的背景叙事》。见陈平原、王德威编《北京：都市想像（象）与文化记忆》，第506—507页。北京：北京大学出版社，2009年。

---

[21] 许寿裳：《鲁迅和青年》。见许寿裳：《鲁迅传》，第208页。北京：九州出版社，2017年。

"为了写关于唐朝的小说"：
鲁迅长安行的主要意图

第二章

鲁迅长安行的主要意图，是为构思的长篇历史小说《杨贵妃》做创作上的准备。在1934年致友人山本初枝的信中，鲁迅说："五六年前我为了写关于唐朝的小说，去过长安。""关于唐朝的小说"即是长篇历史小说《杨贵妃》。鲁迅的记忆明显有误，长安行距离他给山本初枝写信，已经十年了。在作于1921年6月30日的《〈三浦右卫门的最后〉译者附记》中，鲁迅赞赏了菊池宽对日本武士道精神的揭露和讽刺，并将杨贵妃与三浦右卫门做了比较。他说："杨太真的遭遇，与这右卫门约略相同，但从当时至今，关于这事的著作虽然多，却并不见和这一篇有相类的命意，这又是什么缘故呢？我也愿意发掘真实，却又望不见黎明，所以不能不爽然，而于此呈作者以真心的赞叹。"大约在这个时候，鲁迅就有写作《杨贵妃》的想法了。

鲁迅跟不少朋友谈论过他写作《杨贵妃》的计划。郁达夫曾说：

朋友的L先生（按："L"即指鲁迅），从前老和我谈及，说他想把唐玄宗和杨贵妃的事情来做一篇小说。他的意思是：以玄宗之明，哪里看不破安禄山和她的关系？所以七月七日长生殿上，玄宗只以来生为约，实在是心里已经有点厌了，仿佛是在说："我和你今生的爱情是已经完了！"到了马嵬坡下，军士们虽说要杀她，玄宗若对她还有爱情，哪里会不能保全她的生命呢？所以这时候，也许是玄宗授意军士们的。后来到了玄宗老日，重想起当时行乐的情形，心里才后悔起来了，所以梧桐秋雨，就生出一场大大的神经病来。一位道士就用了催眠术来替他医病，终于使他和贵妃相见，便是小说的收场。[1]

鲁迅逝世以后，冯雪峰在《鲁迅先生计划而未完成的著作》一文中，是这样回忆的：

鲁迅先生一直以前也曾计划过一部长篇历史小说的制作，是欲描写唐朝的文明的。……我只听他在闲谈中说过好几次，有几点我还记得清楚的是：第一，他说唐朝的文化很发达，受了外国文化的影响；第二，他以为"七月七日长生殿"唐明皇和杨贵妃的盟誓，是他们之间已经感到了没有爱情了的缘故；第三，他想从唐明皇的被暗杀，唐明皇在刀儿落到自己的颈上的一刹那间，这才在那刀光里闪过了他的一生，这样地倒叙唐明皇的一生事迹。——记得先生自己还说，"这样写法倒是颇特别的"。[2]

---

[1] 郁达夫：《历史小说论》，《创造月刊》1926年4月16日第一卷第二期。

---

[2] O.V（冯雪峰）：《鲁迅先生计划而未完成的著作》，《宇宙风》1937年11月1日第五十期。

孙伏园在1942年所写的《杨贵妃》一文中提到，鲁迅在民国十年左右计划写剧本《杨贵妃》：

鲁迅先生的原计划是三幕，每幕都用一个词牌为名，我还记得它的第三幕是"雨霖铃"。而且据作者的解说，长生殿是为救济情爱逐渐稀淡而不得不有的一个场面。[3]

许寿裳在1946年10月29日所撰的《鲁迅的人格和思想》一文中说：

有人说鲁迅没有长篇小说是件憾事，其实他是有三篇腹稿的，其中一篇是《杨贵妃》。他对于唐明皇和杨贵妃的性格，对于盛唐的时代背景，以及宫室服饰，用具等等，统统考证研究得很详细。他的写法，曾经说给我听过，系起于明皇被刺的一刹那间，从此倒回上去，把他的生平一幕一幕似的映出来。他说明皇和贵妃间的爱情早已衰歇了，不然何以会有七夕夜半，两人密誓愿世世为夫妇的情形呢？在爱情浓烈的时候，哪里会想到来世呢？他的知人论世，总是比别人深刻一层。[4]

鲁迅1924年7月西安讲学时，曾接待过他的西安东关私立竞化中学教员李级仁在50年代回忆说：

鲁迅先生来西安讲学，我任招待，曾两次到他的寝室中去。谈到杨贵妃的生前、死后、坟墓、遗迹等，记得很清楚，说要

---

[3] 孙伏园：《杨贵妃》，《文坛》1942年4月5日第二期。

[4] 许寿裳：《鲁迅的人格和思想》。见许寿裳：《鲁迅传》，第225—226页。

把她写成戏剧，其中有一幕，是根据诗人李白的清平调，写玄宗与贵妃的月夜赏牡丹。[5]

最早关注鲁迅长安行的学者林辰在1955年修订的《鲁迅赴陕始末》中认为，根据许寿裳的《亡友鲁迅印象记》，孙伏园说《杨贵妃》是历史剧，应是误记，"应以小说为确"[6]。但也有一种可能，鲁迅1921年写《〈三浦右卫门的最后〉译者附记》时，想将《杨贵妃》写成历史剧，后来改变了计划——写成历史小说。也不排除鲁迅既有写成历史剧，也有写成历史小说的初衷。对此，西北大学中国现代文学学科奠基人、著名鲁迅研究学者单演义解释得比较合理——

> 我认为"以小说为确"是有鲁迅先生自己的说法作根据的，自然不会错；但我以为孙先生等人的说法，似又并非"误记"？一则因鲁迅先生有欣赏、译著戏剧的修养：先生在幼年时代，就喜看"大戏"或"目连戏"（活无常）；在想写"杨贵妃"的时候，已翻译了"一个青年的梦"与"桃色的云"等剧本，以后又译了"被解放的堂·吉诃德"；他的散文诗野草中的"过客"、小说中的"阿Q正传"等，何尝不都带有浓重的戏剧性呢！他虽自说："对于戏剧，我是毫无研究的"，但象这"悲剧将人生有价值的东西毁灭给人看，喜剧将那无价值的撕破给人看"（坟：再论雷峰塔的倒掉）的说法，就是很有戏剧修养的明证。再就孙先生的文章（杨贵妃）看来，也不象是"误记"？"长生殿是为救济情爱逐渐稀淡而不得不有的一个场面"，与以上诸先生的说法基本一致；

---

[5] 单演义：《鲁迅讲学在西安》，第15页。武汉：长江文艺出版社，1957年。

[6] 林辰：《鲁迅事迹考》，第45页。上海：新文艺出版社，1955年。按：林辰的《鲁迅赴陕始末》最早刊于《文坛》1943年第二卷第一期。

而原计划是三幕,每幕用一词牌为名,第三幕为"雨霖铃"。唐书礼乐志说:"雨霖铃乃明皇于栈道中闻铃声,悼念贵妃而作者也。"用这一词牌称之,是非常恰当的。依我的揣测,鲁迅先生在决定写出历史小说之前,曾有写成历史剧的计划,或者有人建议写成历史剧?因与孙先生等人谈及。[7]

单演义的分析很有道理,也很有说服力。鲁迅起初有将《杨贵妃》写成历史剧的想法,后来改变了主意,决定写成历史小说。

据鲁迅1934年致山本初枝的信中所言,他赴西安的目的,是为写长篇历史小说《杨贵妃》做准备。在长安行之前,鲁迅对与杨贵妃相关的文学作品已有非常深入的研究。

在1923年12月1日出版的《中国小说史略》(北大第一院新潮社发行)上卷第八篇"唐之传奇文(上)"中,鲁迅对唐代传奇中陈鸿的《长恨歌传》与白居易的《长恨歌》及受其影响的洪昇的《长生殿传奇》进行了论述:

陈鸿为文,则辞意慷慨,长于吊古,追怀往事,如不胜情。鸿少学为史,贞元二十一年登太常第,始闲居遂志,乃修《大统纪》三十卷,七年始成(《唐文粹》九十五),在长安时,尝与白居易为友,为《长恨歌》作传(见《广记》四百八十六)。《新唐志》小说家类有陈鸿《开元升平源》一卷,注云,"字大亮,贞元主客郎中",或亦其人也(约八世纪后半至九世纪中叶)。所作又有《东城老父传》(见《广记》四百八十五),记贾昌于兵火之后,忆念太平盛事,荣华苓落,两相比照,其语甚悲。《长恨歌

---

[7] 单演义:《鲁迅讲学在西安》,第15—16页。

传》则作于元和初,亦追述开元中杨妃入宫以至死蜀本末,法与《贾昌传》相类。杨妃故事,唐人本所乐道,然鲜有条贯秩然如此传者,又得白居易作歌,故特为世间所知,清洪昇撰《长生殿传奇》,即本此传及歌意也。传今有数本,《广记》及《文苑英华》(七百九十四)所录,字句已多异同,而明人附载《文苑英华》后之出于《丽情集》及《京本大曲》者尤异,盖后人(《丽情集》之撰者张君房?)又增损之。

天宝末,兄国忠盗丞相位,愚弄国柄,及安禄山引兵向阙,以讨杨氏为词。潼关不守,翠华南幸,出咸阳,道次马嵬亭,六军徘徊,持戟不进,从官郎吏伏上马前,请诛晁错以谢天下,国忠奉氂缨盘水,死于道周。左右之意未快,上问之,当时敢言者请以贵妃塞天下怨,上知不免,而不忍见其死,反袂掩面,使牵之而去;仓皇展转,竟就死于尺组之下。(《文苑英华》所载)

天宝末,兄国忠盗丞相位,窃弄国柄,羯胡乱燕,二京连陷,翠华南幸,驾出都西门百余里,六师徘徊,拥戟不行,从官郎吏伏上马前,请诛错以谢之;国忠奉氂缨盘水,死于道周。左右之意未快,当时敢言者请以贵妃塞天下之怒,上惨容,但心不忍见其死,反袂掩面,使牵之而去。拜于上前,回眸血下,坠金钿翠羽于地,上自收之。呜呼,蕙心纨质,天王之爱,不得已而死于尺组之下,叔向母云"甚美必甚恶",李延年歌曰"倾国复倾城",此之谓也。(《丽情集》及《大曲》所载)

同书第十四篇"元明传来之讲史(上)",鲁迅梳理了演义讲史中的杨贵妃故事:

《隋唐演义》计一百回,以隋主伐陈开篇,次为周禅于隋,隋亡于唐，武后称尊，明皇幸蜀，杨妃缢于马嵬，既复两京，明皇退居西内，令道士求杨妃魂，得见张果，因知明皇杨妃为隋炀帝朱贵儿后身，而全书随毕。凡隋唐间英雄，如秦琼，窦建德，单雄信，王伯当，花木兰等事迹，皆于前七十回中穿插出之。其明皇杨妃再世姻缘故事，序言得之袁于令所藏《逸史》，喜其新异，因以入书。此他事状，则多本正史纪传，且益以唐宋杂说，如隋事则《大业拾遗记》《海山记》《迷楼记》《开河记》，唐事则《隋唐嘉话》《明皇杂录》《常侍言旨》《开天传信记》《次柳氏旧闻》《长恨歌传》《开元天宝遗事》及《梅妃传》《太真外传》等，叙述多有来历，殆不亚于《三国志演义》。惟其文笔，乃纯如明季时风，浮艳在肤，沉著不足，罗氏轨范，殆已荡然，且好嘲戏，而精神反萧索矣。今举一例：

……一日玄宗于昭庆宫闲坐，禄山侍坐于侧，见他腹垂过膝，因指着戏说道，"此儿腹大如抱瓮，不知其中藏的何所有？"禄山拱手对道，"此中并无他物，惟有赤心耳；臣愿尽此赤心，以事陛下。"玄宗闻禄山所言，心中甚喜。那知道：

人藏其心，不可测识。自谓赤心，心黑如墨！

玄宗之待安禄山，真如腹心；安禄山之对玄宗，却纯是贼心狼心狗心，乃真是负心丧心。有心之人，方切齿痛心，恨不得即剖其心，食其心；亏他还哄人说是赤心。可笑玄宗还不觉其狼子野心，却要信他是真心，好不痴心。闲话少说。且说当日玄宗与安禄山闲坐了半晌，回顾左右，问妃子何在，此时正当春深时候，天气向暖，贵妃方在后宫坐兰汤洗浴。宫人回报玄宗说道："妃子洗浴方完。"玄宗微笑说道："美人新浴，正如出水芙蓉。"令宫人即宣妃子来，不必更洗梳妆。少顷，杨妃来到。你道他新浴之后，怎生模样？有一曲《黄莺儿》说得好：

［日］加地哲定：马嵬坡杨贵妃之墓，1925年

皎皎如玉,光嫩如莹,体愈香,云鬟慵整偏娇样。罗裙厌长,轻衫取凉,临风小立神骀宕。细端详:芙蓉出水,不及美人妆。(第八十三回)

然而1924年7月在暑期学校的演讲中讲到唐代传奇时,鲁迅却只对杨贵妃的故事泛泛地提了几句:

此外还有一个名人叫陈鸿的,他和他的朋友白居易经过安史之乱以后,杨贵妃死了,美人已入黄土,凭吊古事,不胜伤情,于是白居易作了《长恨歌》;而他便作了《长恨歌传》。此传影响到后来,有清人洪昇所作的《长生殿传奇》,是根据它的。

鲁迅没有展开来论述。他对文学史上关于杨贵妃的文学作品非常熟悉,长安行的目的又是为了《杨贵妃》的写作,按道理,他讲得应该多一些,最起码不会这么少。由此不难看出,这时候鲁迅对于写作《杨贵妃》,兴趣已不是很大了。

第三章 "惟汉人石刻,气魄深沉雄大":鲁迅对汉唐气魄的欣赏

鲁迅的长安行,与他对汉唐气魄的欣赏也密不可分。

他一生中曾多次赞赏汉唐盛世的开放自信与艺术上的大气闳放,长安行为他提供了实地考察的机会。

许寿裳说:"鲁迅的爱好艺术,自幼已然,爱看戏,爱描画,中年则研究汉代画像,晚年则提倡版画,工作的范围很广……(他)搜集并研究汉魏六朝石刻,不但注意其文字,而且研究其画像和图案,是旧时代的考据家赏鉴家所未曾着手的。他曾经告诉我:汉画像的图案,美妙无伦,为日本艺术家所采取。即使是一鳞一爪,已被西洋名家交口赞许,说日本的图案如何了不得,了不得,而不知其渊源固出于我国的汉画呢。"[1]

1912年5月,鲁迅随教育部迁至北京,收集碑刻拓片时开始接触汉代画像。

1913年9月11日,他收集了第一批汉代画像。当天日记记:

[1] 许寿裳:《亡友鲁迅印象记》。见许寿裳:《鲁迅传》,第42页。

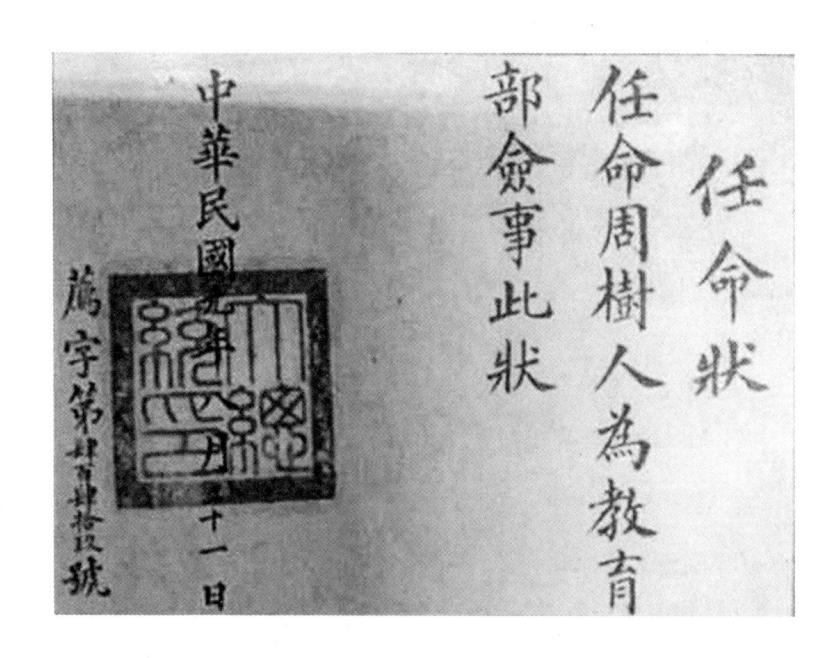

鲁迅担任教育部佥事的任命状（1912年8月21日）

"胡孟乐贻山东画像石刻拓本十枚。"并附注:"以上十石在山东图书馆,尚有十七石在学宫。前十石胡孟乐自山东来,以拓本见予。"1915年之后,他的兴趣由搜集金石拓本转移到汉画像拓本上来。此年日记中所记甚多,如:

4月11日,"买马曹(槽)拓片一枚"。

25日,"买《射阳石门画像》等五纸"。

5月1日,"买《黾(渑)池五瑞图》连《西狭颂》二枚,二元;杂汉画象(像)四枚,一元;武梁祠画象并题记五十一枚"。

9日,"买汉石刻小品三枚,画象一枚,造象三枚"。

16日,"买《文叔阳食堂画象》一枚、武氏祠新出土画象一枚,又不知名画象一枚"。

23日,"买济宁州画象一枚"。

30日,"买……。又《李夫人灵第画鹿》一枚"。

10月30日,"买《郭氏石室画象》十枚,……又沂州画象共十四枚,银三元。又《食斋祀园画象》《孔子见老子画象》各一枚……又《纸坊集画象》、不知名画象各一枚"。

1916—1918年,鲁迅购买汉代画像拓本的次数更为频繁,数量更多。如1916年1月12日,鲁迅委托汪书堂代购山东金石保存所收藏的全部拓本,共计一百一十七枚,其中有汉画像十枚、嘉祥画像十枚、汉画像残石两枚。琉璃厂的古董商、鲁迅的同事好友得知鲁迅搜集汉代画像拓本之后,或为其介绍,或为其代购,如:"1917年2月5日,鲁迅和教育部的六位同事到故宫午门察看设立京师图书馆一事时,同行的王叔均赠给鲁迅《李业阙》拓本一枚、《高颐阙》拓本四枚、汉画像拓本二十五枚、檐首字二十四枚;5月16日、21日、31日,鲁迅的老同事、曾任教育部视学的杨莘士分三次寄赠鲁迅汉画像拓本，其中 31 日所寄者有济南金石保存所所藏汉画像拓本十枚；1918 年 11 月 20 日，鲁迅的好友陈师曾将梁文楼所藏汉画像拓本介绍给鲁迅，鲁迅从中选购了其中的《贾公阙》一枚。"[2] 鲁迅费心竭力，收集了大量汉代画像，现存的鲁迅收藏的汉画像拓本共七百余幅，其中山东汉画像有三百四十余幅，河南汉画像三百二十余幅，四川、江苏、甘肃等地汉画像四十余幅。大概在 1926 年 8 月离开北京前，鲁迅计划编选一部《汉画像集》，并拟定了目录。1934 年 3 月 24 日，鲁迅致函姚克说："汉唐画象石刻，我历来收得不少，惜是模胡（糊）者多，颇欲择其有关风俗者，印成一本，但尚无暇，无力为此。"4 月 9 日，再次致函姚克提到编印画像集一事："汉唐画象极拟一选，因为不然，则数年收集之工，亦殊可惜。"遗憾的是，鲁迅直至离世也没有完成此愿。蔡元培在 1936 年所写的《记鲁迅先生轶事》中说："我知道他对于图画很有兴会。他在北平时已经搜辑汉碑图案的拓本。从前记录汉碑的书，注重文字；对于碑上雕刻的花纹，毫不注意。先生特别搜辑，已获得数百种。我们见面时，总商量到付印的问题。因印费太昂，终无成议。"[3]

鲁迅收藏汉画像，"并不是出于考古学和社会学的考虑，而是着眼于其美术价值。汉画像中那流畅奔放的线条，那栩栩如生的物象，那别具一格的形式，给鲁迅留下了深刻的印象，他从美术的角度，肯定了汉画像的艺术价值"[4]。鲁迅的这些藏品，"气象高远而丰润，线条朗健，构图灵动，毫无说教的呆气。许多作品多神来之笔，心灵与上苍的交流，思想与远古的对话，

2 刘运峰：《鲁迅先生的汉画像收藏与著录》，《光明日报》2021 年 10 月 16 日。

3 蔡元培：《记鲁迅先生轶事》，《宇宙风》1936 年第二十九期。

4 刘运峰：《鲁迅先生的汉画像收藏与著录》，《光明日报》2021 年 10 月 16 日。

宏阔而大气，有无量的雄浑之美流溢其间"[5]。正是在对汉代画像和碑刻深入研究的基础之上，鲁迅形成了自己对汉代艺术的精辟认识。

鲁迅喜欢汉唐艺术，"除了个人喜爱的因素之外，这与整个汉唐处在上升时期的精神气象有着密切的关系"，他"喜欢那种大气、恢宏、雄浑、阔放、有力量的审美对象和审美方式，崇尚'力之美'，认为那种力量型的'大气'之美，能够给处在现代转型之中的中国社会和现实人生，以强有力的精神振奋作用"。[6]1924年7月的长安行，鲁迅在陕西省教育厅的院子里亲眼看到了"昭陵六骏"中剩余的四骏。尽管这四骏是被文物贩子打碎后重新黏合起来的，但仍给鲁迅以强烈的艺术震撼。在1925年的《看镜有感》中，鲁迅称赞汉唐盛世的"豁达闳放之风"，认为汉唐国力强盛，所以在文化上能够充满自信，"放开度量，大胆地，无畏地，将新文化尽量地吸收"。他说："遥想汉人多少闳放，新来的动植物，即毫不拘忌，来充装饰的花纹。唐人也还不算弱。……而长安的昭陵上，却刻着带箭的骏马，还有一匹鸵鸟，则办法简直前无古人。……汉唐虽然也有边患，但魄力究竟雄大，人民具有不至于为异族奴隶的自信心，或者竟毫未想到，凡取用外来事物的时候，就如将彼俘来一样，自由驱使，绝不介怀。"纸上得来终觉浅，长安行让鲁迅更加坚定了自己对汉唐雄风和文化气魄的认识。

对于唐代的文化和艺术，鲁迅也兴趣浓厚，用力甚深，很有见地。这不独为了创作《杨贵妃》，对于唐代的文化观念，鲁迅也有透彻的认识。孙伏园说：

---

5 孙郁：《鲁迅的暗功夫》。见孙郁：《民国文学十五讲》，第97页。太原：山西人民出版社，2015年。

6 黄健：《鲁迅为什么说"不爱江南"？——兼论鲁迅的人生观、文化观和审美观》，《烟台大学学报》（哲社版）2021年第4期。

上海人民美术出版社 1986 年 9 月出版的《鲁迅藏汉画象》封面

鲁迅先生对于唐代的文化，也和他对于汉魏六朝的文化一样，具有深切的认识与独到的见解。有许多望古遥集的学者或收藏家，不是说三代以下的文章不足观，便是说史汉以下无好文章，他们甚至以为唐碑不算古碑，唐代的遗物不算古物；鲁迅先生是受过近代科学训练的人，对于某一时代的爱憎，丝毫没有这种不合理的偏见。

他觉得唐代的文化观念，很可以做我们现代的参考，那时我们的祖先们，对于自己的文化抱有极坚强的把握，决不轻易动摇他们的自信力；同时对于别系的文化抱有极恢廓的胸襟与极精严的抉择，决不轻易地崇拜或轻易地唾弃。这正是我们目前急切需要的态度。

拿这深切的认识与独到的见解作背景，衬托出一件可歌可泣的故事，以近代恋爱心理学的研究结果作线索：这便是鲁迅先生在民国十年左右计划着的剧本《杨贵妃》。

……

所感到缺憾的只是鲁迅先生还须到西安去体味一下实地的风光。计划完成以后，久久没有动笔，原因就在这里。

恰巧西安讲学的机会来了。鲁迅先生那时几已十年没有旅行，又因本有体味一下唐代故都生活的计划，所以即刻答应了西北大学的邀请。[7]

对于汉唐画像碑刻艺术，鲁迅除了发自内心的喜欢之外，他"还有另一方面的考虑，那就是为新兴的中国木刻运动提供有益的参考。他主张将汉画像艺术与中国新兴版画相融合，创

---

[7] 孙伏园：《杨贵妃》，《文坛》1942年4月5日第二期。

[日]足立喜六：昭陵六骏之一（青骓），1906年

[日]足立喜六：昭陵六骏之一（什伐赤），1906年

造出既继承传统艺术又能够焕发新的生命力的艺术作品"[8]。因而，他多次向青年画家、木刻家提到汉唐石刻艺术的重要性。

1927年12月15日，陶元庆带立达学园的学生到鲁迅家中拜访，鲁迅选取了部分汉代画像拓本，在该校的画展上展出。

1928年6月1日，钱君匋和陶元庆到鲁迅家中拜访，二人谈到书籍的装帧设计可以借鉴模仿古代铜器和汉唐石刻的纹样，鲁迅极为赞赏，遂拿出自己收藏的诸多汉唐画像拓本，"说：'我所搜集的汉唐画像石的拓本，其中颇有一些好东西，可以作为这方面的部分借鉴，现在时间还早，不妨拿出来大家看看。'说着，便端出一大叠拓本来，由于幅面很大，必须铺在地上才能看到全貌，楼上地位较窄，铺不了多少，便改到楼下客堂里，把这些拓本铺了一地，随铺随作解释，娓娓动听，铺了一层又铺一层，我们一时目不暇接，只能肤浅地浏览过去"[9]。

在1935年9月9日致李桦的信中，鲁迅极力称赞"汉人石刻，气魄深沈雄大，唐人线画，流动如生"。而且唐人"对于自己的文化抱有极坚强的把握，决不轻易动摇他们的自信力；同时对于别来的文化抱有极恢宏的胸襟与极精严的抉择，决不轻易地崇拜或轻易地唾弃。这是我们目前急切需要的态度"。

鲁迅搜集汉唐碑刻，不是为了猎奇收藏；他欣赏汉唐文化及其艺术气魄，也不是阿Q式的"我的祖上曾阔过"。他"有一个梦想，就是回溯历史，打捞失去的文明，给中国现代艺术一种参照"[10]。杨义教授认为，鲁迅收藏、研究汉画像石是"遥祭汉唐魄力"，并从"天地大美与精神皱褶中的本真""增加文化厚度和精神深度""直逼传统学术与美术的精魂""重铸刚健

---

8 刘运峰：《鲁迅先生的汉画像收藏与著录》，《光明日报》2021年10月16日。

---

9 钱君匋：《我对鲁迅的回忆》，《人民日报》1979年3月21日。

---

10 孙郁：《鲁迅的暗功夫》。见孙郁：《民国文学十五讲》，第97页。

清新的民魂与国魂""进入古代生活史、精神史""在学术预流中沟通历史与当代""形式性的继承与点化""谛视诡异的心灵现实与遥祭汉唐魄力"[11]八个方面详尽论述了鲁迅孜孜不疲的收藏和研究，其他方面或陈义过高，但"直逼传统学术与美术的精魂""重铸刚健清新的民魂与国魂""形式性的继承与点化"三个方面，庶得鲁迅之良苦用心。

---

11 杨义：《遥祭汉唐魄力——鲁迅与汉画像石》，《学术研究》2014年第2期。

第四章 或可饫收藏之癖好：
鲁迅对长安文物兴趣甚浓

因为赞赏汉唐气魄，喜欢汉唐艺术，鲁迅长安行还有一个愿望，那就是搜购一些自己感兴趣的汉唐文物。

1912年5月，鲁迅随国民政府教育部北迁北京之后，为了研究古代的文学、历史、哲学和艺术，他开始搜集碑刻、拓片、佛像、造像等，"此后的多年间，逛琉璃厂和小市的古董摊，是家常便饭，不去的日子是很少的。每次去，总要买几样东西，空手而归的时候也是很少的。说鲁迅是中国文物的专家级的鉴赏者，应该没问题；说鲁迅其实也是中国文物的收藏家，也大体说得过去"[1]。鲁迅的同事、朋友知道鲁迅的癖好后，或推荐，或赠送，或代购，对鲁迅提供了很大的帮助。这其中就有经常视察陕西的鲁迅在教育部的同事杨莘士。

杨莘士(1883—1973)，名乃康，字莘耜、莘士、星耜，常以字"莘士""莘耜"行。浙江吴兴人。十七岁中秀才，

---

[1] 王彬彬：《鲁迅与1933年北平文物迁移》，《东北师范大学学报》（哲社版）2019年第3期。

十八岁参加省考，因清廷废科举而中途停考，被戏称为"半路举人"。1903年留学日本早稻田大学博物科，为浙江第一批官费留学生。毕业后入浙江两级师范学堂任教，开设人体解剖生理课，兼日籍教师翻译。曾代理教务长，与同事许寿裳、周树人、钱家治等交谊颇深，并参与该校的"木瓜之役"。同时在杭州府中学堂和私立安定中学兼教生物。1912年，回湖州，任军政分府教育科科员。同年秋，到北京教育部任科员。次年任教育部视学，先后到陕西、四川、东北三省、山东、安徽、湖北等地视察。1917年被北洋政府任命为吉林省教育厅厅长。1920年冬回京任教育部编审，并在清华大学兼课。1921年，由总统黎元洪任命为安徽省教育厅厅长。1923年，辞职回到湖州，任设在湖州的浙江省第三师范学校校长、浙江省第三中学（现湖州中学）校长。

《鲁迅日记》中记杨莘士赠送文物甚多：

1913年6月10日，"晚得杨莘耜所寄玩具一匦，五月九日西安发"。

9月5日，"杨莘士赠《诸葛武侯祠堂碑》拓本一枚"。

1915年最为频繁：

1月26日，"上午杨莘士自陕中归，见赠大秦景教流行中国碑额拓本一枚"。

28日，"夜杨莘士赠古泉六枚，又小铜器一枚，似是残蚀弩机"。

2月5日，"杨莘士赠《陕西碑林目录》一册"。

6日，"杨莘士赠《颜鲁公象》拓一枚，又《刘丑奴等造象》拓一枚，不全"。

5月10日，"午后杨莘耜交来向西安所买帖，内有季上、季市者，便各分与，自得十种，直约二元"。

6月10日,"杨莘士从西安代买石刻拓本来,计《梵汉合文经幢》一枚,《摩利支天等经》一枚,《田僧敬造象记》共二枚,《夏侯纯陀造象记》共二枚,《钳耳神猛造象记》共四枚,共直银一元"。

11月27日,"上午杨莘耜赠《周天成造象》拓本一枚"。

1924年7月14日下午,鲁迅抵达西安。第二天他便游览碑林,购得石刻拓片和文物多种。在暑期学校正式开讲的前六天里以及开讲之后,鲁迅得空便游览文物店铺。7月20日上午,暑期学校举行开学仪式,鲁迅仍然阅市购买文物。鲁迅这几天的日记所记甚详:

15日,"午后游碑林。在博古堂买耀州出土之石刻拓片二种,为《吴[蔡]氏造老君象》四枚,《张僧妙碑》一枚,共泉乙元。下午赴招待会。晚同张勉之、孙伏园阅市,历三四古董肆,买得乐妓(伎)土寓人二枚,四元;四喜镜一枚,二元;魌头二枚,一元"。

19日,"午后往南院门阎甘园家看画。晚往张辛南寓饭"。

20日,"上午买杂造象拓片四种十枚,泉二元"。

29日,"下午同孙伏园游南院门市,买弩机一具,小土枭一枚,共泉四元"。

31日,"上午尊古堂帖贾来,买《苍公碑》并阴二枚,《大智禅师碑侧画象》二枚,《卧龙寺观音象》一枚,共泉一元"。

8月1日,"上午同孙伏园阅古物肆,买小土偶人二枚,磁鸠二枚,磁猿首一枚,彩画鱼龙陶瓶一枚,共泉三元,以猿首赠李济之。买弩机大者二具,小者二具,其一有字,共泉十四元"。

当时正值暑夏,西安天气的酷热难耐人皆所知。鲁迅不顾天气炎热,连续多日流连于古董店铺间,购置古玩碑帖,足见兴致之高。接待鲁迅的张辛南(时任陕西省长公署秘书)说:"鲁迅先生对于这座古城好

蔡氏造老君象四枚　〇·六〇　七月十五日
张僧妙碑一枚　〇·四〇
郭始孙造象四枚　〇·六〇　七月二十日
锜氏造老君象四枚　〇·〔八〕〇
华严经第十二品一枚　〇·三〇
明圣谕图解一枚　〇·二〇
九九消寒图一枚　〇·一〇
苍公碑并阴二枚　一·〇〇　七月三十一日
大智禅师碑侧画象二枚
卧龙寺观音象一枚　　　　　　四·〇〇〇
颜勤礼碑十分四十枚　刘雪雅赠　八月三日
李二曲集十六本　同上

鲁迅的部分西安书账

像很感兴趣,不讲演的时候,时常到街上去溜达。"[2] 尽管鲁迅在后来的言谈中对西安印象"不佳",但购置文物古董却是不争的"小满足"。

[2] 张辛南:《追忆鲁迅先生在西安》,《中央日报》(重庆)1942年6月22日《艺林》。

排遣心中郁结：
鲁迅长安行的其他意图揣测

第五章

在鲁迅接受西北大学暑期学校学术演讲的前一年（1923）7月，鲁迅和周作人"兄弟失和"，此事对鲁迅的打击和影响，极为沉重和深远。1924年6月11日，就在鲁迅决定长安行的前半月，他和周作人及羽太信子之间爆发了"兄弟失和"之后最为激烈的冲突。

尽管鲁迅一直非常厌恶绍兴旧家庭的生活，但他也像常人一样，渴望家庭的温暖。在这种矛盾的心态下，1919年底，他变卖绍兴旧家（《故乡》有很大纪实成分，可一窥鲁迅当时之心境），接走母亲和朱安，在北京八道湾购置了新居，与周作人及周建人一家生活在一起，享受着骨肉亲情和家庭温暖。但这种聚居的美好和温馨，持续了不到四年，就结束了。

1923年7月14日，鲁迅和周作人的妻子羽太信子之间发生了冲突，随之也同周作人闹翻。究竟为何，至今仍然是不解之谜。鲁迅在当天日记里只记了短短一句："是夜始改在自室吃饭，自具一肴，此可记也。"7月19日上午，周作人去前院送给鲁迅一封绝交信：

北京八道湾胡同 11 号

鲁迅先生：

　　我昨日才知道，——但过去的事不必再说了。我不是基督徒，却幸而尚能担受得起，也不想责谁，——大家都是可怜的人间。我以前的蔷薇的梦原来都是虚幻，现在所见的或者才是真的人生。我想订正我的思想，重新入新的生活。以后请不要再到后边院子里来，没有别的话。愿你安心，自重。

　　　　　　　　　　　　　　　　　　　　　七月十八日，作人。

　　这封莫名其妙、恩断义无的绝交信装在一个写有"鲁迅先生"四字的信封里，让鲁迅觉得无比愤懑和悲凉。鲁迅看完后，请人到后院叫周作人前来说清楚，周作人拒绝。鲁迅当天日记写道："后邀欲问之，不至。"更为心痛的是，1924年6月11日，鲁迅回八道湾取东西时，周作人和羽太信子竟恶语詈骂乃至动手相殴。关于鲁迅"兄弟失和"的原因，鲁迅的好友许寿裳、郁达夫与羽太信子和周作人各有说辞，学界也有"经济说""误会说""非礼说""文化差异说"等。鲁迅的母亲鲁瑞、三弟周建人以及许广平认为，羽太信子花钱大手大脚，引起鲁迅的不满，羽太信子对鲁迅早有敌意，因而挑唆周作人，这是导致兄弟反目的主要原因。

　　鲁迅一家聚居八道湾生活时，羽太信子当家，生活开销主要由鲁迅和周作人负担。但1920年初，鲁迅在教育部的薪俸已经不能按时发放，少则拖欠一两个月，多则四五个月甚至更久。如鲁迅1921年6月11日才领到1921年1月和2月的薪水，1926年7月才领到1924年2月即两年半以前的三成薪水。鲁迅和周作人任教的北京大学也有一点欠薪，但周作人任教的燕京大学是基督教会大学，从不欠薪的。当时周作人的稿费和版税收入也高于鲁迅。合计起来，周作人比鲁迅的收入要高出不少。张学义曾根据两人日记做过一个统计：1923年1月到7月，鲁迅的收入是1398元，周作人的收入是2904.19元[1]。朱正认为："在当家的羽太信子看来，主要是周作人在负担这个大家庭的费用了。很可能7月14日下午羽太信子要求鲁迅付钱，说了一些难听的话。鲁迅气不过，决心退出这个'大伙食团'，于是才发生了'改在自室吃饭，自具一肴'的事。不过这时他并没有和周作人决裂的意思。周作人发现鲁迅不来和他们一起吃饭了，问羽太信子这是怎么回事，信子不说是因为她去要钱引起的，却说了一个最能刺激丈夫的理由。就这样，7月19日上午，作人将一封绝交书交给鲁迅。"[2]那么，羽太信子"最能刺激丈夫的理由"是什么呢？就是羽太信子所说的鲁迅对她"非礼"，周作人后来也间接承认某报记者的"调戏"之说。羽太信子为什么要向鲁迅泼污水呢？张学义的分析颇合情理——"当周作人发现鲁迅不来和他们一起吃饭了，问羽太信子这是怎么一回事的时候，信子知道，'如果仅仅就鲁迅交钱少的原因，不足以让丈夫站在自己一边'，而且，'信子知道夫妻关系要战胜兄弟情谊，其他理由的力量都微不足道'。于是她说了一个最能刺激丈夫的理由。这样就有了周作人的绝交书。"[3]周作人绝交信所说的"昨日"也即7月17日发生了什么呢？这一天被周作人剪去的日记这样写道："7月17日，阴，上午池上来诊。下午寄乔风函件，焦菊隐、王懋廷二君函。"池上是常来八道湾看病的日本医生。朱正据此推断，这天应该是羽太信子癔症发作，池上前来诊断，羽太信子"易作，如谵如呓"。

---

1 张学义：《鲁迅周作人兄弟失和的情理诠释》，《新文学史料》2009年第三期。

---

2 朱正：《鲁迅传》（修订本），第149—150页。北京：人民文学出版社，2018年。

---

3 朱正：《鲁迅传》（修订本），第155页。

羽太信子对人讲，鲁迅调戏她，还在他们的卧室窗下偷听壁脚。周作人就将羽太信子的谵言和呓语当真，跟鲁迅绝交了。这个推断也有很大可能成立。

周作人严重惧内，总是"妇唱夫随"，按照羽太信子的意思行事。因为羽太信子患有癔症，病情发作时歇斯底里甚至会昏厥过去（也有可能是装死）。她平时跟周作人发生争吵时，就惯用这一招，一装死周作人就屈服了，屡试不爽。羽太信子向鲁迅泼脏水，周作人未必真相信。他是很了解鲁迅的，当然也知道自己的妻子是什么样的人。但为了自己小家庭的安宁，他偏袒妻子，牺牲了兄长的名誉。但鲁迅叫周作人去对质，周作人又予以拒绝。这样的"家丑"，羽太信子、周作人、鲁迅三人是心知肚明的。他们也不可能对母亲讲，因而鲁瑞说，兄弟反目成仇，"我想来想去，也想不出个道理来"。

1924年6月18日，周作人在《晨报副镌》（按：1925年4月改为《晨报副刊》）发表了《"破脚骨"》一文。"破脚骨"，绍兴方言，无赖子也。据川岛（即章廷谦）《弟与兄》一文，两兄弟交恶后的次日（6月12日），周作人就写了此文拿给他看，文章极尽讽刺之能事，含沙射影攻击鲁迅。

1924年9月21日，鲁迅在为自己收藏的古砖拓本集《俟堂专文杂集》所写的"题记"中署名"宴之敖"。据许广平《略谈鲁迅先生的笔名》中说："先生说：'宴从宀（家），从日，从女；敖从出，从放；我是被家里的日本女人逐出的。'"在1926年10月所作的历史小说《铸剑》中，鲁迅把"宴之敖者"刻画成同暴君拼命的黑色人的名字。

实际上，有材料证明，在"兄弟失和"事件爆发之前，羽太信子就对鲁迅充满敌意。鲁迅在1934年所写的《从孩子的照相说起》的开头说：

因为长久没有小孩子，曾有人说，这是我做人不好的报应，要绝种的。房东太太讨厌我的时候，就不准她的孩子们到我这里玩，叫作"给他冷清冷清，冷清得他要死！"但是，现在却有了一个孩子，虽然能不能养大也很难说，然而目下总算已经颇能说些话，发表他自己的意见了。不过不会说还好，一会说，就使我觉得他仿佛也是我的敌人。

文中的"房东太太"说的就是羽太信子。她不让她家小孩到鲁迅所住的前院去玩的事情，鲁迅曾给增田涉说过。增田涉《鲁迅的印象》一文中说：

还记起他曾经说的一件事，他在北京和周作人同住的时候，他常买糖果给周作人的小孩（他自己那时没有小孩），周作人夫人不让他们接受而抛弃掉。他用充满感慨的话说：好像穷人买来的东西也是脏的。

这件事给鲁迅不小的刺激，他作于1925年10月17日的小说《孤独者》写到同样的情节：

我虽然明知他已经有些酒意，但也不禁愤然，正想发话，只见他侧耳一听，便抓起一把花生米，出去了。门外是大良们笑嚷的声音。

但他一出去，孩子们的声音便寂然，而且似乎都走了。他还追上去，说些话，却不听得有回答。他也就阴影似的悄悄地回来，仍将一把花生米放在纸包里。

"连我的东西也不要吃了。"他低声，嘲笑似的说。

周建人(左一)、羽太芳子(左二)、鲁瑞(左四)、周作人(右二)、羽太信子(右一)等合影

"连殳,"我很觉得悲凉,却强装着微笑,说,"我以为你太自寻苦恼了。你看得人间太坏……"

周氏兄弟还算和睦相处的时候,羽太信子就对鲁迅有这么深的敌意了。正如朱正所问——"会有人去调戏一个对自己满怀敌意的人来自讨没趣吗?"更何况鲁迅还知道她患有癔症,对自己的丈夫"冷嘲热骂,几如狂易"[4]呢?

总而言之,兄弟失和的根本原因,是长期的经济问题和生活习惯摩擦所累积的矛盾的总爆发。羽太信子所言的鲁迅"调戏""非礼""偷窥"等不过借端生事,是驱赶鲁迅的手段,真不真实他们三人都很清楚。这其中,周作人负有很大的责任,他遇事只听老婆所言,只为自己考虑,只关心自己的小家庭,毫无责任担当,置兄长的名誉与感受于不顾,昧着良心与之绝交,是非常卑劣的。如果再联系后来他为自己及日本妻子的生活安逸考虑,不顾亲朋好友规劝,不顾民族大义而落水附逆成为汉奸,周作人自私冷漠的性格就更不难理解了。

到了1925年10月,周作人可能"良心"发现,觉得自己听信妻子挑唆,对不住兄长,便在当月12日的《京报副刊》上,用笔名"丙丁"发表了一首翻译诗歌《伤逝》,借罗马诗人"喀都路死"的一首诗和英国画家"琵亚词侣"的一幅画,表达了他对昔日兄弟情谊的怀念和珍重——"从此永隔幽冥,兄弟,只嘱咐你一声珍重!"这是"向鲁迅发出的一份密码电报"。彼时《京报副刊》的主编正是孙伏园,鲁迅经常为该刊撰稿且每天必读。不知是鲁迅自己看出来了还是孙伏园向其透露,"丙

---

4 朱正:《鲁迅传》(修订本),第155页。

丁"就是周作人。鲁迅当然明白周作人文章里传递的信息,在看到周作人《伤逝》后的第九天即10月21日,他写下了自己小说中感情色彩最为浓重的《伤逝》。两个星期后,他又写了小说《弟兄》。这两篇小说,都可看作是对周作人《伤逝》的回应。兄弟"两个人都互道了一声'珍重'"[5]。1963年,周作人在《知堂回想录》中说,"《伤逝》不是普通恋爱小说,乃是假借了男女的死亡来哀悼兄弟恩情的断绝的。我这样说,或者世人都要以我为妄吧,但是我有我的感觉,深信这是不大会错的。因为我以不知为不知,声明自己不懂文学,不敢插嘴来批评,但对于鲁迅写作这小说的动机,却是能够懂得。我也痛惜这种断绝,可是有什么办法呢,人总只有人的力量","《伤逝》这篇小说很是难懂,但如果把这和《弟兄》合起来看时,后者有十分之九以上是'真实',而《伤逝》乃是全个是'诗'"。[6]

然而,鲁迅到底想通过《伤逝》表达什么呢,仅仅是棠棣之情吗?是这样,似乎又不是这样。当亲情、友情、爱情等各种感情复杂纠缠在一起的时候,单一化的解释可能简单了些。实际上,他们兄弟俩都把对方当作一个和自我同一化的"他者"了,"鲁迅从周作人身上看到的是'自己玩玩'的玩世主义,而周作人从鲁迅那里看到了自己'为别人'的带有幻灭感的理想主义。而兄弟间又都如此相似:相似的思想、相似的气质——执拗、倔强,甚至不能谅解的怨恨都一样。对二者来说,对方就是自身厌恶的自体"[7]。因而,他们很难和解。

无论如何,这一对令当时文坛羡煞的兄弟都令人叹惋,他们不但反目"失和",而且后来老死不相往来。鲁迅的母亲鲁

---

[5] 朱正:《鲁迅传》(修订本),第156—159页。

[6] 周作人:《知堂回想录》(下),第535—536页。北京:十月文艺出版社,2014年。

[7] 王人博:《业余者说》,第25页。桂林:广西师范大学出版社,2018年。

瑞对许羡苏说:"龙师父给鲁迅取了个法名长庚,原是星名,绍兴叫'黄昏肖'。周作人叫启明,也是星名,叫'五更肖',两星永远不相见。"这未免有些神秘,但或许这一切真如鲁瑞所言,冥冥注定——"东有启明,西有长庚""两星永不相见"[8]。

鲁迅与周作人"从'兄弟怡怡'到成为参商,亲情关系转变之快令人心寒齿冷。鲁迅对待周作人,帮助最大、尽力最多、感情最深,但谁能想到后来的兄弟亲情却急转直下,形同路人。细数周氏兄弟的交往史,可以从童年夜话,到南京执手;从异国求学,到走上文坛。鲁迅对其弟的帮助,可谓尽心竭力。早期翻译域外小说和日本文学,《新青年》时期的新诗和散文创作,周作人的成名,处处都包含着其兄鲁迅的心血。正因为如此,才使得他们兄弟成为中国新文坛上最为瞩目的双星。就是举家从绍兴迁居北京,从买房到装修事无巨细,也是鲁迅着力最著。在兄弟前期的交往史上,到处可以找到长兄大爱无疆的事例。突然的反目,而且对自己'荃不察'的竟然是亲兄弟,鲁迅受到的精神打击可谓难以想象,由此产生的失望与绝望,简直痛苦到无以复加的程度"[9]。鲁迅很快就病了,而且是大病一场,接连几十天咳嗽、发烧甚至吐血,一夜接一夜地严重失眠。此前,他从没有这样病过,也没有这样失眠过。

就这样,鲁迅熬过了近乎一年。1924年6月11日,也就是鲁迅接受西北大学暑期学校学术讲演邀请的半月前,回八道湾取书和什物,周作人及其妻羽太信子见到他,反应强烈,情绪激动,周作人甚至"拿起一尺高的狮形铜香炉向鲁迅头上打去"。鲁迅日记写道:

---

8 陈漱渝:《东有启明,西有长庚——鲁迅与周作人失和前后》,《鲁迅研究动态》1985年第5期。

---

9 张铁荣:《周氏兄弟失和原因新探》,《中华读书报》2016年8月3日。

下午往八道湾宅取书及什器，比进西厢，启孟及其妻突出骂詈殴打，又以电话招重久及张凤举、徐耀辰来，其妻向之述我罪状，多秽语，凡捏造未圆处，则启孟救正之，然终取书、器而出。

许广平后来谈及此事时说："后来鲁迅也曾经告诉我，说那次他们气势汹汹，把妻舅重久和他们的朋友找来，目的是要给他们帮凶。但是鲁迅说，这是我们周家的事情，别人不要管，张徐二人就此走开。信子捏造鲁迅的'罪状'，连周作人自己都要'救正'，可见是经不起一驳的。……后来朋友告诉我：周作人当天因为'理屈词穷'，竟拿起一尺高的狮形铜香炉向鲁迅头上打去，幸亏别人接住，抢开，这才不致打中。"[10] 当天鲁迅只取走了部分书籍物品。许寿裳回忆说："说起他的藏书室，我还记得作人和信子抗拒的一幕。这所小屋既成以后，他就独自个回到八道湾大宅取书籍去了。据说作人和信子大起恐慌，信子急忙打电话，唤救兵，欲假借外力以抗拒；作人则用一本书远远地掷入，鲁迅置之不理，专心检书。一忽儿外宾来了，正欲开口说话；鲁迅从容辞却，说这是家里的事，无烦外宾费心。到者也无话可说，只好退了。这是在取回书籍的翌日，鲁迅说给我听的。我问他：'你的书全部都已取出了吗？'他答道：'未必。'我问他我所赠的《越缦堂日记》拿出了吗？他答道：'不，被没收了。'"[11]

鲁迅为了作《越中专录》，以"十余年之勤"搜集的古砖及拓片，多数被周作人侵吞。鲁迅愤怒地把周作人这种行径比

[10] 许广平：《鲁迅回忆录》，第58页。北京：作家出版社，1961年。

[11] 许寿裳：《亡友鲁迅印象记·西三条胡同住屋》。见许寿裳：《鲁迅传》，第66页。

作寇盗的劫掠。在《〈俟堂专文杂集〉题记》中，鲁迅说："迁徙以后，忽遭寇劫，孑身逭遁，止（按：'止'通'只'）携大同十一年者一枚出，余悉委盗窟中。"周作人当日记载："下午，L来闹。"

与周作人的决裂，是鲁迅无法诉说的痛。他忍着屈辱，搬出了八道湾。时隔近乎一年，他再次遭遇辱骂和殴打，心中郁结的苦痛短时间难以排遣，也无法道与外人。这时候，西北大学暑期学校邀请讲学，潜意识里，他可能也有出去散散心的考虑，再加上写作《杨贵妃》的计划，就爽快地答应了。

饶有意味的是，对于鲁迅的长安行，周作人也暗中关注。他在1924年7月17日致孙伏园的《苦雨》一文中说："伏园兄：北京近日多雨，你在长安道上不知也遇到否，想必能增你旅行的许多佳趣。……你往'陕半天'去似乎要走好两天的准沙漠路，在那时候倘若遇见风雨，大约是很舒服的，遥想你胡坐骡车中，在大漠之上，大雨之下，喝着四打之内的汽水，悠然进行，可以算是'不亦快哉'之一。"周作人几乎是怨妇一样向孙伏园诉北京多雨之苦：雨淋坏了墙引来"梁上君子"，雨声惊醒睡梦，积水上了台阶浸入书房等。而你们往"陕半天"去，即使走"准沙漠路"，"那时候倘若遇见风雨，大约是很舒服的，遥想你胡坐骡车中，在大漠之上，大雨之下，喝着四打之内的汽水，悠然进行"，"不亦快哉"！这种自己遇到的是"苦雨"，别人遇到的是"喜雨"，唯有自己最苦，别人再苦也苦中有乐的想法，完全发自周作人利己主义的处世原则，也隐约透露出这样的暗示——半月前我们兄弟俩发生的激烈冲突大家都知道，他跟着你们可以出去散心，我待在北京却不好受。在文尾，周作人说："这一场大雨恐怕在乡下的穷朋友是很大的一个不幸，但是我不曾亲见，单靠想象是不中用的，所以我不去虚伪地代为悲叹了，倘若有人说这所记的只是个人的事情，于人生无益，我也承认，我本来只想说个人的私事，此外别无意思。……我本等着看你的秦游记，现在却由我先写给你看，这也可以算是'意表之外'的事罢。"似乎也印证了这点。孙伏园在长安之行前已向周作人透露过了自己要写"秦游记"，但周作人却等不及，借着"苦雨"先发制人。他愈是遮掩，其内心所想反而愈加清晰。他想通过孙伏园这个中介，似无意实有意地向鲁迅传达自己的心境，这种隐晦曲折的表达，颇似闹了别扭的情侣的恋爱心理。也正因为如此，周作人才有"《伤逝》不是普通恋爱小说，乃是假借了男女的死亡来哀悼兄弟恩情的断绝"的判断。

孙伏园的《长安道上》是以书信方式对周作人来函《苦雨》的答复，固然有其记录行踪的雅兴，也很大程度上有让周作人了解自己及鲁迅长安行的考虑。8月份返京后他即在16、17、18日的《晨报副镌》上连载长文《长安道上》，巨细无遗地记录所见所闻，满足了周作人的"窥视"。孙伏园在回信开头说："江南人所谓'夏雨隔灰堆，秋雨隔牛背'，此种景象年来每于北地见之，岂真先生所谓'天气转变'欤？从这样充满着江南风味的北京城出来，碰巧沿着黄河往'陕半天'去，私心以为必可躲开梅雨,摆脱江南景色,待我回京时,已是秋高气爽了。"[12]其中"待我回京时，已是秋高气爽了"或含双关，颇耐人寻味。结尾时自谦说："生平不善为文，而先生却以《秦游记》见勖，乃用偷懒的方法，将沿途见闻及感想，拉杂书之如右，警请教正。"孙伏园的用意，当然不只让周作人了解其长安行踪并教

---

12 周作人在致孙伏园的《苦雨》一文中提到"陕半天"，孙伏园的回信《长安道上》也提及此词。那么，"陕半天"是什么意思呢？《晨报副镌》1924年9月18日上刊登了CLF的文章《幽默的陕半天教育》，文末注有"九，八日于西大东斋"，作者应为西北大学教员或学生。该文说，题目是看了《幽默的安徽教育》一文改成的。所谓的"陕半天教育"，指教育厅煞有介事地大开"教育行政会议"，只有会议的决议而总也落实不了，景志傅当教育厅厅长如此，马凌甫当教育厅厅长亦是如此。周作人的"陕半天"应该也是从《幽默的安徽教育》或其他文章中而来的，透露出他对刘镇华督陕倡办教育的调侃和不以为然。

正了。

1923年7月后，鲁迅不但心情苦闷，身体上也出现了问题。1924年3月1日，鲁迅前往日本人开设的山本医院就诊。此后的一个月内，鲁迅连续前往该医院就诊十三次，症状都是咳嗽、发烧、吐血之类的肺病症状。3月22日完成短篇小说《肥皂》之后，半年没有创作。前往西北大学暑期学校讲学往返的三十六天，当然是没法创作的。但从西安返京之后，鲁迅的创作和翻译进入了"喷发"的状态，主要有：

9月15日，作散文诗《秋夜》，为《野草》第一篇。

22日，开始翻译厨川白村的文艺论文集《苦闷的象征》，至10月10日译完。

24日，作《影的告别》《求乞者》，收入《野草》。

10月3日，作《我的失恋》，收入《野草》。

28日，作《论雷峰塔的倒掉》，收入《坟》。

30日，作《说胡须》，收入《坟》。

11月11日，作《论照相之类》，收入《坟》。

12月5日，译完厨川白村的文艺论文《观照享乐的生活》，并作"译后附记"。

14日，译完厨川白村的文艺论文《从灵向肉和从肉向灵》并作"译后记"。

20日，作《复仇》和《复仇》(其二)，收入《野草》。

1925年是鲁迅最为高产的一年。除翻译外，《彷徨》中的四篇小说(《长明灯》《孤独者》《伤逝》《离婚》)，《野草》中的《希望》《雪》《风筝》《好的故事》《过客》等十五篇散文诗，《坟》中的《再论雷峰塔的倒掉》《看镜有感》《春末闲谈》《灯下漫笔》等十一篇评论，《华盖集》中的《忽然想到》《论辩的魂灵》《战士与苍蝇》《夏三虫》等三十一篇杂文，以及另外的二十多篇文章，都是在这一年完成的。其中不少是鲁迅著作中的名篇。

尽管我们不能将鲁迅 1924 年 9 月以后创作和翻译上的渐入"佳态"，完全归结为长安行的调适，但可以肯定地说，从西安讲学归来后，鲁迅恢复了写作的"力量"，并在 1925 年达到了一生最为高产的时期。就此而言，长安行对鲁迅后来的人生和写作，具有重要的休憩中转功能和调整蓄势作用。

第六章 "偃武修文"：刘镇华筹办国立西北大学

一 刘镇华祸陕之"武功"

刘镇华在陕西犯下的罪行，正如《旧唐书·李密传》中所言："罄南山之竹，书罪未穷；决东海之波，流恶难尽。"刘镇华担任陕西省省长八年（1918—1925），其间兼任督军三年（1922—1925）。其横征暴敛，穷兵黩武，鱼肉百姓，民怨沸天，被陕西人称为"刘贼祸陕"。当时在陕西流传着这样的民谣：

刘镇华，心太瞎，
你把百姓给得扎！
刘镇华，太残暴，
就像恶狼把人咬！[1]

[1] 李德民、骞平义：《刘镇华祸陕》。见周生玉、张铭洽主编：《长安史话》（民国分册），第109页。西安：陕西旅游出版社，1991年。

刘镇华（1883—1955），原名茂业，字雪亚，河南巩县（今巩义市）人。刘氏生于小商贩家庭，幼时家道中落，曾中秀才。后入直隶（今河北）保定北洋优级师范学堂、保定法政专门学堂监狱科学习，毕业后在开封中州公学任庶务长。1908年加入同盟会。辛亥革命前，在豫西与当地土匪帮会头目王天纵等人联合进行反清斗争。1911年10月22日（农历九月一日），陕西辛亥举义[2]，清政府派毅军赵倜进兵潼关镇压，陕西军政府派秦陇复汉军东路征讨大都督张钫（伯英）和赵倜在陕豫边境展开拉锯战，潼关失而复得三次。张钫第一次打出潼关时，刘镇华、王天纵、丁同声等河南民党人士，率领豫西一带的民间自发武装组织，参加了张钫的秦陇复汉军，并随同张钫部与清军第二镇王占元部、第六镇周符麟部和毅军赵倜部共两万余人发生激战，为捍卫陕西辛亥革命成果助了一臂之力。

刘镇华参加张钫部后，初任大都督府书记官，办理文案；后来升任参议，负责对外交涉事宜。中华民国成立后，刘镇华返回河南，经张钫举荐，被袁世凯任命为豫西观察使（后改道尹），并把裁下来的军队改编为豫西地方部队，分驻在豫西河南府属、汝州属、陕州属二十二县。这一地区靠近嵩山，这支部队因而被称为镇嵩军，归豫西观察使统辖。这样刘镇华就以豫西观察使兼任镇嵩军的统领。

刘镇华野心勃勃，善于钻营。他以镇嵩军为资本，整饬扩充势力，在嵩山一带招兵买马，成为称霸豫西的小军阀。1913年"二次革命"爆发，黄兴派杨体锐前往豫、陕，联络刘镇华及张凤翙、张钫，策划反袁。杨体锐路经河南先见到刘镇华，

---

2 陕西是武昌首义以后响应最早的北方省份。另一省湖南也在同一天响应，其他省份都在此以后。

将黄兴致刘镇华、张凤翙与张钫的信件交给刘镇华转往陕西。岂料刘镇华在杨体锐离开后，派人追至灵宝杀了杨体锐，把杨带给张凤翙、张钫的信件交于袁世凯，背叛了民党，出卖了当年把他介绍给袁世凯的直接长官张钫。这一投名状，取得了袁世凯的信任。陕西督军张凤翙的垮台和张钫被袁世凯一度拘禁，都与刘镇华的告密有绝大关系。[3]1913年白狼（亦称白朗）在豫西起事，刘镇华首当其冲，但他剿办白狼不力，被袁世凯下令撤职，戴罪立功。后来白狼在陕甘受挫，逃回豫西行将瓦解时，刘镇华在陕豫交界的富水关、太平沟与其交战，结果吃亏不小。1914年8月，白狼在宝丰、鲁山一带作战受伤而死。刘镇华得知后，派人掘尸枭首，捏造"击毙白狼的经过"，说他如何派人秘密打入白狼内部，侦知其行踪，因而派部队里外夹击使其毙命。结果再一次取得袁世凯的信任，不但官复原职，授陆军中将军衔，而且得到"勋五位"的表彰。后来虽有人向袁揭发刘镇华谎报军情，弄虚作假，但袁念其在富水关作战尚称奋勇，免予置议了事。

  1916年袁世凯盗国称帝，激起了全国人民的强烈反对，而刘镇华却始终支持袁世凯。袁世凯死后，刘镇华很快投靠了皖系军阀段祺瑞。1917年冬，陕西革命党人郭坚、耿直、高峻等响应孙中山护法反皖号召，率靖国军围攻西安，讨伐投靠皖系的陕西督军兼省长陈树藩。陈树藩以省长之位，换取刘镇华的镇嵩军入陕支援。[4]刘镇华击退了靖国军，表面上对陕西人说他是出来调停，实际上他一到陕西就担任了陕西省省长的职务[5]，并立即派出镇嵩军增援陈树藩的部队，赴户县和张义安

---

3 米暂沉：《刘镇华的一生》。见中国人民政治协商会议全国委员会文史资料研究委员会编：《文史资料选辑》（第二辑），第80页。北京：中华书局，1960年。

4 此时刘镇华已投在了段祺瑞门下，和陈树藩同属安福系。陈、刘已商量好这样办，段祺瑞自然同意，落个顺水人情。

5 1918年3月，北京政府正式任命刘镇华为陕西省省长。

作战。陈树藩借镇嵩军以自保，引起陕西人民的极大不满，也成为陕西从1918年到1926年长期祸乱的根源，在陕、豫两省间种下了一个时期内互相报复的种子。

刘镇华在军阀混战中纵横捭阖，逐渐坐大。1922年4月，他又从冯玉祥手中接过督军职务，拥兵十万，集政权、军权于一身，号称"西北王"。他残酷压榨剥削陕西人民，疯狂搜刮民脂民膏，搞得民穷财尽，怨声载道，犹如瘟神一般，给三秦大地带来了深重灾难。

刘镇华刚一入陕，便伙同陈树藩残酷肃清靖国军，无情镇压手无寸铁的老百姓的反抗。1923年1月，"镇嵩军在蓝田、镇安、山阳交界一带的七条大川烧杀抢掠，残杀无辜群众几千人，仅十岁以下的儿童就有数百人被杀。无耻的镇嵩匪军甚至将儿童的两腿劈开，将孕妇剖腹，又将数百名青年妇女掠到河南贩卖"[6]。

刘镇华在陕期间，"竭力搜刮民脂民膏，横征暴敛，把苛捐杂税的绳索牢牢地套在人民的脖子上。预征田赋（即田粮税）是家常便饭，有的地方一年之中竟征过三次。军费和其他额外税收名目繁多，如麦捐、棉捐、粮秣特捐、四季捐、常年捐、驻军月饷捐等不下数十种。由于捐税多如牛毛，不光是纳税的老百姓数不清，就是收税的贪官污吏也觉得麻烦，有时干脆把许多名目并在一起，统统称作'十种款'。刘镇华还步陆建章、陈树藩的后尘，继续开放烟禁，强迫扩大种植鸦片面积，增派烟款"。据报刊记载，"刘镇华督陕时，直接管辖的地方不过关中十几个县，但每年烟款总收入已达一千五百万元以上，为当时全陕田赋的一倍多。在征收烟款的过程中，镇嵩匪军和贪官污吏又层层盘剥，农民深受其害。许多人为缴纳烟款，被迫卖房卖地，也有许多人为逃避烟款而被迫远走他乡"[7]。

刘镇华像

在生活上,"刘镇华是挥金如土,今日一小宴,明日一大宴,酒席之后,继以打牌玩妓,恣意取乐。刘镇华还任用了一批他的同乡在陕西做官发财,无数陕西人民的血汗经层层压榨流到了刘镇华一伙的腰包中"[8]。

此外,刘镇华"还豢养了一批落后保守乃至反动的官僚文人,压制和镇压陕西的进步势力和学生运动。他曾组织孔教驻军月饷会,命令各校学生祭孔"[9]。1923年底,刘镇华特意邀请康有为来陕宣讲经书。陕西知识界和进步学生对长袍马褂、满脑子封建保皇思想的"康圣人"的讲演并无多大兴趣,刘镇华便通过教育厅强令学生前去听讲,中途学生逃跑,刘镇华便派军队维持秩序。

刘镇华的种种行径,致使整个三秦大地民不聊生,怨声载道,驱刘风潮迭起。刘镇华意识到这种情况后,便改头换面,力图通过倡办教育一改自己"屠夫"的形象。于是便有了1923—1924年重新开办西北大学、邀请康有为讲学、筹办西北大学暑期学校等装点门面的举动。但其屠夫的獠牙仅仅隐藏了一两年,作为1926年"西安围城"的罪魁祸首,其悍匪本性即原形毕露。

1925年春,刘镇华十万镇嵩军被胡景翼率领的国民二军击溃于洛阳。同年秋,奉系军阀张作霖和直系军阀吴佩孚携手企图消灭国民军,刘镇华闻风与之沆瀣一气。吴佩孚任命刘镇华为讨贼联军陕甘总司令,刘镇华利用阎锡山提供的枪支弹药重建了号称十万镇嵩军的乌合之众。1926年4月,刘镇华卷土重来,以"打到陕西去升官发财"为号召,纠集镇嵩军由豫西进入关中,开始了第二次祸陕。镇嵩军所到之处,庐舍为墟,十室九空,

[6—9] 李德民、骞平义:《刘镇华祸陕》。见周生玉、张铭洽主编:《长安史话》(民国分册),第112—113页。

西安以东各县人民再次遭受极其惨重的灾难。4月中旬,镇嵩军包围西安,围困西安长达八个月(同时围攻三原六个月)之久,上演了西安历史上前所未有的人间惨剧。西安被围期间,杨虎城、李虎臣率领的陕西军民顽强反抗。杨虎城说,西安城在,他在,城陷,他自尽于钟楼,并为自己置好棺材,以鼓舞士气。史称"二虎守长安"。

1926年11月,国民军联军总司令冯玉祥任命孙良诚为援陕总指挥,率第三路军长驱至关中救援西安。在杨虎城、李虎臣以及援陕国民军的联合夹击下,刘镇华再次称霸陕西、奴役三秦人民的美梦最终破灭。11月27日,刘镇华率残部沿着西安至临潼的大道狼奔豕突,逃回河南。西安被围八个月,城内饿死、病死、战死的军民达五万之多,竟占当时西安人口的一半左右。1927年2月7日至20日,为纪念西安围城期间死难的五万名军民,冯玉祥、于右任、杨虎城带领各界人士在皇城东北区域修建东、西大冢,联军驻陕总部在皇城北门外营造两大墓穴,分别安葬守城死难的男、女尸骸三千零四十三具。同时拆清代贡院"明远楼"复建于两冢之间,改名为"革命亭",杨虎城为革命亭题联:"生也千古,死也千古;功满三秦,怨满三秦。"并将周围一百五十亩空地开辟为革命公园,杨虎城为革命公园落成题词"继续坚守西安百折不回的革命精神"。

不过刘镇华并未因此善罢甘休,他一直企图东山再起。

1927年夏,刘镇华向冯玉祥"负荆请罪",冯玉祥被"兄弟之义"蒙住了双眼,任命刘镇华为第八方面军总指挥。之后,蒋介石将第八方面军改为第十一路军,划归阎锡山指挥。1930年阎锡山、冯玉祥发动反蒋的中原大战,刘镇华有意回避,将十一路军交给他的胞弟刘茂恩(刘老五)带领,自己去了日本、德国游历。刘镇华指使刘茂恩在战

"二虎"之杨虎城

"二虎"之李虎臣

场上诱缚自己的朋友万选才(阎、冯委任的河南省主席),将其献给蒋介石,背叛了阎、冯。刘镇华因此先后被蒋介石任命为豫陕晋边区绥靖督办、豫鄂陕边区绥靖督办。1933年刘镇华以刘茂恩的军队为资本,以政学系杨永泰为后台,做了安徽省政府主席。1936年冬杨永泰被刺,刘镇华受到了极大刺激,精神近乎失常。[10]

抗战爆发以后,刘镇华逃到西安避难。此时距西安围城虽隔了十年多,但西安老百姓并没有忘记刘镇华给他们带来的灾难。经常有人带着小孩在刘镇华东柳巷临时住所的门前高唱西安围城期间流传的歌谣,如"西安被围八个月,老百姓死了四万多"等。当时还有一些陕西军人因过去在灵宝、陕州遭受过刘镇华镇嵩军的侮辱,之后又被围困在西安,对刘镇华有刻骨深仇,他们计划将刘镇华拉到西安革命公园里死难军民的墓冢前叩头致祭。刘镇华家族看到势头不妙,便让刘镇华赶快搬走。他最初计划离开陕西迁居四川,后来因种种原因迁到陕南城固。城固当时是西北联大所在地,刘镇华在城固经常胡说瞎闹,举止荒悖,沦为当地的笑话。更匪夷所思的是,他喜欢上了西北联大的一位女教师,经常写信求爱,甚至前去纠缠,吓得对方惶惶然不知所措。

洛阳沦陷后,刘茂恩在豫西卢氏县就任战时河南省流亡政府的省主席,胜利后搬回开封,刘镇华也随之迁到开封居住。中国人民解放军第一次解放开封时,刘茂恩化装潜逃,刘镇华依然住在开封,在龙亭附近被解放军捉住,遣送回家。解放军不久撤出开封,刘茂恩回开封筹划全家逃走。开封第二次解放,

---

[10] 李德民、骞平义:《刘镇华祸陕》。见周生玉、张铭洽主编:《长安史话》(民国分册),第115—116页。

刘茂恩再一次逃出开封，把家属全部集中到上海，不久逃往台湾。刘氏弟兄七人，除老二早死外，其余弟兄都跟着逃走。刘镇华后来在台湾死去。

刘镇华不仅祸害陕西，在老家河南也多行不义，恶贯满盈。他任豫西观察使和道尹期间，仅在灵宝清乡时就屠杀了两万多人，人们背地里称他"刘屠户"。1923年，刘父病死，刘镇华以陕西督军兼省长的身份，带了大批人马回老家巩县奔丧。当地方圆二十里内的老百姓互相约定不帮忙、不送礼，使刘镇华极为难堪。新中国成立后，巩县人民清算刘家，因为刘氏兄弟身在台湾，就掘开刘镇华父母的坟墓暴尸泄愤，可见仇恨之深。[11]

二 聚时望、创牌子与买人心：刘镇华筹办西北大学之"文治"

西北大学肇始于1902年的陕西大学堂。1912年，陕西大学堂与陕西法政学堂、陕西农业学堂、陕西实业学堂、陕西客籍学堂合组为西北大学。1915年春，由于时局动荡，教师无法安心授课，学生不能静心学习，西北大学仅有学生一百余人。于是在开学不久，陕西督军陆建章撤销西北大学，改为陕西法政专门学校，校址由西安老关庙十字的万寿官原西北大学法科所在地迁至西安东厅门。1923年8月，刘镇华开始重新筹办西北大学，同时将陕西水利道路工程专门学校和甲种商业学校并入。

刘镇华之所以要重办西北大学，一方面"是他本人对高等教育有极大兴趣"，另一方面"是他欲借办学校博取开明进步之名"。[12] 具体动机和目的归纳如下：

---

[11] 李德民、骞平义：《刘镇华祸陕》。见周生玉、张铭洽主编：《长安史话》（民国分册），第117页。

[12] 蒋廷黻：《蒋廷黻回忆录》（增补版），第121页。

第一，当时刘镇华任陕西督军兼省长，军政大权集于一身，拥兵十万，以"西北王"自居。在他看来，"东南有东南大学，东北有东北大学，西南在云南还成立了一个东陆大学，西北为什么不能成立一个西北大学呢？既有东南、东北、西南建校之例可援，又符合为自己培植私人势力的心愿，这又何乐而不为呢？"[13]

第二，改变自己穷兵黩武、武夫治陕的形象。五四新文化运动兴起之后，新文化新思想广泛传播，新式学校纷纷创办，而刘镇华却在陕西阻挠新文化新思想的传播，"曾百般克扣教育经费，摧残教育事业，已经成为教育界和青年学生的死敌，怎样缓和这一矛盾，改变自己的被动处境，是刘镇华亟待解决的问题"[14]。陕西旅京进步学生刘天章、杨钟健、李子洲等人组织的共进社主办的《共进》半月刊，经常集中火力，刊登驱逐刘镇华的文章。1922年3月，陕西教育界发起驱刘斗争，并派代表赴京"控告"，陕西旅京学生当即召开大会予以声援。6月，陕西旅京学生联合会"列举刘镇华勒民种烟、勾结土匪、纵兵残民、摧残教育、滥发纸币等五大罪状，向北京政府'上书'，要求罢免刘镇华本兼各职"[15]。次年2月，陕西旅京学生刘含初、屈武等一百三十余人，在北京宣外大街关中会馆召开驱刘大会，发出六道开展驱刘斗争的通电，并决定派代表请愿，要求查办刘镇华。刘镇华要改变自己千夫所指的处境，倡办教育无疑是堵塞教育界和青年不满的最佳方法。而且他意识到，办教育也花不了多少财力。1922年，陕西省教育厅派省立三中学监段绍岩出外考察教育，段考察东南各省及日本归来后，刘镇华问他，办一所大学需要多少钱。段以考察情况相告，刘

[13] 李瘦枝：《"刘记西北大学"的创办与结束》。见《陕西文史资料选辑》（第三辑），第176页。中国人民政治协商会议陕西省委员会文史资料征集研究委员会编印，1963年。

[14] 李永森、姚远主编：《西北大学史稿·上卷·1902—1949》（修订本），第99页。西安：西北大学出版社，2002年。

[15] 中共陕西省委党校党史教研室、陕西省社会科学院党史研究室：《新民主主义革命时期陕西大事记述》，第25—31页。西安：陕西人民出版社，1980年。

说:"少练一团兵,就可以办一个大学,这有何难!"[16] 当时陕西全省的教育经费不过六七万,而刘镇华的军费开支每月达到一百三十万,开办大学的费用,对刘镇华来说不过是九牛一毛。

第三,缓和陕西人民的反对声音,同时在教育界培植自己的势力。刘镇华在陕西横征暴敛,致使民生凋敝,除了省内外青年学生的反抗驱逐之外,老百姓也掀起了此起彼伏的驱刘运动。从1921年底到1923年11月,陕西人民驱逐刘镇华的浪潮一浪高过一浪。1923年1月,镇安县农民包围了县城镇嵩军营地,发生了民愤极大的抗暴斗争。4月,陕北、陕南、关中五十余县代表在三原汇集,召开陕西选举请愿团后援会,通电全国揭露刘镇华包办选举、营私舞弊的罪行,提出将举行罢税、罢市、罢工等活动予以抗议。同年,朝邑、大荔、渭南等地纷纷发生"交农"运动,反抗刘镇华的苛捐杂税和残酷镇压。这让刘镇华坐卧不安。倡办教育,毕竟是功在千秋的善举,刘镇华欲借此削减陕西百姓和省内外青年学生的不满,同时乘机安插自己的亲信,在教育界扶植自己的私人势力和党羽。

第四,刘镇华意识到,可以倡办教育为名增加税额,进一步搜刮民财。为筹办西北大学,刘镇华设立了"烟卷特税",并在报纸上大吹大擂,说陕西"烟卷特税"每年收入可达四十万元左右,以此巨款,完全可以保证西北大学敷用。[17] 魏野畴在当时报纸上撰文指出:"烟卷特税每年征收总额固不止维持一西北大学,其余额即可为刘氏掠去,以填其私囊;或增招兵匪,多买枪械,杀戮陕人。此当日刘氏熟思审虑而决然举办之理由也。"[18]

由上可见,筹办西北大学既可以缓和同陕西人民及青年学生

[16] 李瘦枝:《"刘记西北大学"的创办与结束》。见《陕西文史资料选辑》(第三辑),第176页。

[17] 李永森、姚远主编:《西北大学史稿·上卷·1902—1949》(修订本)》,第99—101页。

[18] 魏野畴:《西北大学问题》,《平报》1925年4月9日。

的矛盾，沽办教育之名，钓重文化之誉，又可以培植个人力量，巧取豪夺，如此名利双收、人财两得的事情，刘镇华自然全力以赴。

还有一个客观原因，当时的陕西教育落后，学校稀少，文盲遍地，文化教育呈现一片荒芜景象。1917年4月，候补知事朱纶焕在上报省长李根源的呈文中说，号称文化中心的西安"仅设中学两所，中等农业学校、中等师范学校各一所，高等专门学校除法政外，他无所见。高等小学校暨国民学校亦寥若晨星"[19]。五四新文化运动之后，"当局为潮流所迫和民间办学的兴起，情况有所变化，但落后状况并未得到多大扭转"[20]。这种状况也让刘镇华觉得有重新筹建西北大学的必要。

另外，甘肃就西北大学选址的异议，也加快了刘镇华办学的步伐。在筹建西北大学之初，刘镇华曾就选址问题与甘肃、新疆两省都督洽商过。两省都督认为，无论就气候条件、交通便捷还是文化积淀方面，西北大学设在西安比较合适。但当刘镇华着令傅铜等人在西安积极筹办时，甘肃教职员联合会却对西北大学设址西安提出异议，他们向全国教联会陈述：甘肃处在陕西、新疆两省之间，三省筹办西北大学，校址应该选在甘肃。当时京沪报刊对于学校选址问题多有报道讨论。陕西教育界得知情况后，据理力争。这让刘镇华意识到，如果不加速西北大学建校筹备工作，很有可能因为选址问题令他的计划落空。因此，他采取了一系列措施，快马加鞭，全力推进西北大学的重建。

首先，刘镇华在报纸上大造舆论，不断发布有关西北大学筹建的消息，从历史、地理上论证校址设在西安的合理性和必要性，并说陕西"烟卷特税"每年收入可达四十万元左右，完

[19] 《秦中公报》1917年5月1日。

[20] 李振民：《陕西通史·民国卷》，第102—103页。西安：陕西师范大学出版社，1998年。

全可以保障学校用度。

其次,为了壮大声势、装点门面,1923年末他特邀"康圣人"康有为游览西安并讲学,顺便为西北大学书写了校名。

再次,加快建校的筹备工作。1923年10月,拨款一万元在北京设立办事处,为西北大学延聘教师和购买图书仪器。同时,加快校舍等基础设施建设,斥资四千五百元,修缮陕西法政专门学校校舍(今西安市第二十中学),以该校和东大街教育厅(原《陕西日报》旧址)两处房舍作为临时校址,并开始设计在习武园一带新建校舍。他表示,在校舍建成之前,先在罚款、烟款项下拨出十万元作为开办预科经费。关键一步是,他加快立案工作,疏通各种关系,让西北大学尽快得到北洋政府的认可。为此,他"亲自出马向教育部接洽立案,他电恳吴大帅(佩孚)代向直鲁豫巡阅使曹锟说项,随后,又会同甘肃督军陆洪涛、省长林锡光联衔致电曹锟,转请教育部迅予批准西北大学立案"[21]。此时恰逢曹锟贿选总统前夕,为了拉拢西北地方势力,曹锟回电表示"西北以地形关系,风气未尽开通,联省筹设大学洵为当务之急,当已转电院部迅予批准立案矣"[22]。

1923年8月,刘镇华成立了"西北大学筹备处",他的河南老乡傅铜任处长,陕西法政专门学校校长蔡江澄任交际主任,刚从国内外考察教育归来的省立三中学监段绍岩任文牍主任,北京大学毕业生、省长公署秘书张辛南任会计主任,史碧如任庶务主任,西北大学正式开始筹办。8月20日,傅铜公布了《国立西北大学组织大纲》,规定"本大学定名为国立西北大学","授以高深学术养成专门人才为宗旨"[23]。曹锟贿选总统成功后,

21 李永森、姚远主编:《西北大学史稿·上卷·1902—1949》(修订本)》,第101—102页。

22 李瘦枝:《"刘记西北大学"的创办与结束》。见《陕西文史资料选辑》(第三辑),第181—182页。

23 李永森、姚远主编:《西北大学史稿》,第100页。

▲西北大學已告成立 籌備中之西北大學近已大體就緒，地址設於西安，並於蘭州設分部。內分四院：(一)文學院，(二)社會科學院，(三)自然科學院，(四)應用科學院。決先招預科學生二百名，於十三年春季開校。至於校長一席，刻已由北京政府委派陝省長劉鎮華，甘省長林錫光，會保之傅銅充任矣。

《教育与人生》1923年第十二期所刊"西北大学已告成立"的报道

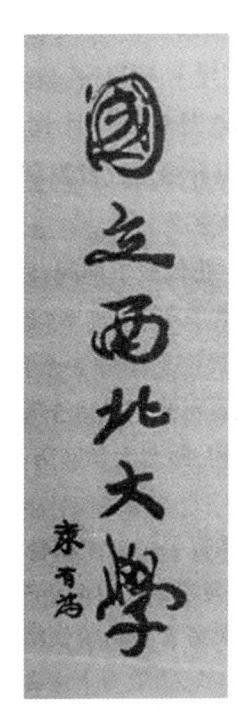

康有为题写的"国立西北大学"校名

1924年1月，北洋政府正式批准西北大学立案，任命原西北大学筹备处处长傅铜为校长。2月开始招生，共招录十七个省籍的学生四百多人，从3月份开始正式上课。这是西北大学的第二次建校。1926年下半年，在刘镇华的西安围城中，西北大学师生自动解散。国立西北大学从筹备到解散仅三年多一点时间，正式上课只有两年，是一个有始无终的学校。

西北大学的重建，"从刘镇华的主观意图上看，原因固然十分复杂，但从客观效果上看，对于文化教育荒芜的陕西，其作用无疑还是应该予以肯定"。尤其是1923年到1924年间，西北大学和陕西省教育厅联合举办学术讲座，相继邀请北大美籍教授柯乐文（Grover Clark），北大史学系主任朱逷先（希祖）、哲学教授陈百年、理科教授王抚五、哲学教员徐旭生，美术专门学校教务长吴新吾，北京女子高等师范学校哲学部主任傅佩青（傅铜），著名文学家周树人（鲁迅），北京师范大学历史系教授王桐龄，天津南开大学哲学教授陈定谟、人类学教授李济、西洋史教授蒋廷黻，东南大学教授陈钟凡、刘文海等人到西安讲学，"对促进陕西以至西北学术文化的发展，起了不可否认的促进作用，实在可谓陕西民国史上的一件盛事"[24]。

"善用刀剑者，必死于刀剑之下。"刘镇华以"刀剑"筹办西北大学，仅仅三年多，他亲手缔造的国立西北大学也死于他的"刀剑"之下。作为一介武夫，刘镇华筹办大学，根本目的是缓和陕西人民对他的反抗驱逐，巩固自己在陕西的独裁统治，绝非志在西北大学和陕西教育的建设与发展。故此举挽救不了他在陕西的失败。

1925年3月，国民军胡景翼击败刘镇华，刘率其镇嵩军

---

24 李振民：《陕西通史·民国卷》，第105页。

残部溃逃太原。国民军进驻西安后，傅铜于同年5月不辞而别，返回北京。经西北大学评议会推举，陕西省政府聘任著名水利学家、陕西省水利局局长李仪祉兼任校长，维持校务。由于"战事影响，人心危脆，教员之辞职者，学生之退者，纷纷也"。全校学生减少到一百七十四人，教授及讲师仅剩二十七人，学校财务难以为继，李仪祉不得不在1925年冬亲赴北京、天津、南京、上海等地奔走筹措学校经费和引泾工款，虽多方设法，但毫无所获。李仪祉后因战火无法返校，由教务长王凤仪代理校长职务。由于战乱和经费无着，1926年第一季度，西北大学的教职工工资已无钱发放。

1926年4月15日，刘镇华卷土重来，率十万镇嵩军包围西安，陕西督办李虎臣、师长杨虎城集五千兵力凭城防御。西北大学师生仍在城内坚持教学。5月中旬，刘镇华先后占领三桥、东十里铺、韩森寨、龙首村、大白杨、大雁塔、原三秦公学（西北大学农科）等据点，西安交通内外断绝。城内物资短缺，教师生活陷入困苦，外地学生仅能日食甘薯一顿，还有纯食麦麸度日者。部分学生组织起围城读书会，西北大学教授吴芳吉为他们每天辅导两个小时，其他课程已被迫停止。6月上旬，刘镇华放火点燃城郊十万亩麦田，大火燃烧一周之久。西安城内仍顽强御敌，杨虎城为稳定军心民心，果断处决了暗通刘镇华、主张"和平"最力的西安大绅褚小毖，自此再无言和者。西大师生困顿愈甚，教授多携衣物至"鬼市"求售以糊口。姬汇伯旅长捐赠西北大学谷子一石，学校教师相当感激。7月初，西安城中军队四处搜粮，人民渐多饿死者。同时，全城燃料告罄，西北大学内所有唐槐悉被守军砍伐。西大师生开始杀马煮草、掘鼠捕雀而食。学校操场、图书馆后院的青草、野菜，如冬葵、洋铁叶之类均成了救命食物，被采挖殆尽。就在这种朝不保夕的困境中，西北大学工科水利道路工程班十八名学生毕业,被称为"十八学士"。8月下旬,西北大学教授须恺(君悌)冒死出城,至刘镇华军中交涉,约定27日全校整队出城,但出发当日,又遇两军激战,遂罢之。著名诗人吴芳吉教授冒险至东关,但因战斗激烈,未敢冒进。9月17日,国民联军总司令冯玉祥在内蒙古五原举行誓师大会,任命孙良诚为总指挥,带领四个师、五个混成旅兵力南下驰援西安。至9月下旬,西安城遭遇大风雪。据警察厅报告,仅一日冻饿而死者即达五百人。守军拟拆全城屋宇木料,储作燃料,辟全城屋基种大麦。西大师生闻之莫不忧心忡忡。11月24日,吴芳吉冒险出城,结果随身物品连同裤带、眼镜等,均被镇嵩军抢劫净尽,仅穿一件单衣,露宿空壕,两日一夜不得饮食,只得再返城中。27日,经过四十多天鏖战,孙良诚率骑兵万人入西安,配合西安军民发动总攻,击败了刘镇华部队。28日凌晨,被围七个月零二十天的西安得以解围。西安解围后,学校教职员工劫后余生,遂分别回家,校内师生俱无,房廊对空,仅余"康圣人"所书的校牌一方高悬门首。[25]

经过西安围城,国立西北大学元气大伤,经费拮据,中共陕甘区委决定与国民党合作,改国立西北大学为西安中山学院。1927年1月18日的《陕西国民日报》称:"国立西北大学开办于兹三年有余,因规模过大,学生过少,经费人才两感困难,兼之城围八月抱注无望,早已演成僵局状况。顷闻总部对此现决定具体办法,将一切校产经费改办中山学院。"刘镇华处心积虑筹办的国立西北大学存在不过三年有余,就又由他亲手断送了。

---

[25] 李瘦枝:《"刘记西北大学"的创办与结束》。见《陕西文史资料选辑》(第三辑),第188页。

第七章 仿牛津大学"造运动"：
西北大学暑期学校设立之初衷

西北大学暑期学校的设立，来自时任西北大学校长傅铜的擘画。

1924年3月，傅铜由北京女高师哲学部主任转任西北大学校长。5月8日，大总统令发布了任命。[1]实际上，在刘镇华计划筹建西北大学伊始，傅铜就全程参与了师资的选定聘任以及其他事宜。在1923年7月举办的陕西省城学术会上，也可以看到幕后傅铜的身影。

傅铜，字佩青，曾用名傅虚舟，1886年出生于河南省兰考县，现代著名哲学家、教育学家。1899年中秀才，1901年为开封府学廪生。1902年考入河南大学堂，1905年受河南省官费资助，赴日本留学，先后毕业于东京巢鸭弘文学院和东洋大学哲学伦理学专业。1913年回国，任河南留学欧美预备学校（河南大学前身）讲师。不久转赴英国留学，先后在牛津大学和伯明翰大

---

[1]《大总统令（五月八日）：任命傅铜为西北大学校长》，《江苏教育公报》1924年第七卷第五期。

学学习，并师从英国哲学家罗素研究哲学，1917年获得文学硕士学位。1919年，傅铜赴日本东洋大学攻读哲学博士。1920年，罗素来华，傅铜陪同到各地讲演并兼翻译工作。罗素回国后，傅铜应北京大学校长蔡元培之邀，前往北大执教。曾任文学院院长（当时胡适、冯友兰均为文学院教授）、哲学系主任、哲学系教授。1922年，武汉佛学会在中华大学礼堂举行讲学会，傅铜与印顺法师、梁启超等应邀做佛学演讲。

刘镇华之所以选择傅铜担任西北大学校长，同乡关系只是一个方面，更重要的是傅铜为著名学者——曾游学欧美，学有所成，富有眼光，在当时颇有影响。傅铜是中国研究哲学的带头人之一，是我国第一位参加世界哲学学术会议（在伦敦召开）的学者。1921年5月，傅铜创办《哲学》季刊，"对中国来说是开天辟地的第一次"。正如《哲学》第一期后记所言："我国自开国以来未曾有过哲学杂志，现在竟有了，无论好不好，总是破天荒。言念及此，很可喜欢；世界各文明国大概都是许多年前就有了哲学杂志，而我国直今日才有。言念及此，很可惭愧。"在宇宙问题上，傅铜主张"轮化论"，认为"不论进化论或退化论，都不可单独强调之，二者必须相结合去认识、去分析，只有这样才能将问题说明白"。在人生观问题上，他认为"人生就是人的生活，主张一种乐观的、民主的、开明的人生观，反对保守的、封建的旧框框，并主张人的生活情趣应该随着时代变迁而改进"[2]。他著有《知行难易问题之根本解决》等书，均系实事求是的哲学论著，并在国内外发表了大量哲学、伦理学方面的学术论文。

---

2 方克立、王其水主编：《二十世纪中国哲学》第二卷《人物志》（上），第97—98页。北京：华夏出版社，1995年。

傅铜上任西北大学校长不久，即有"拟藉暑期间延聘各大学教授来陕讲演，藉以宣传文化，输入知识"——筹办"暑期学校"之计划。傅铜在牛津大学求学时，对牛津"造运动"即"为不能入大学者设法俾得略获高等学识之谓"颇以为然，故云"此我暑期学校之所以设也"。在同当时的陕西省教育厅厅长马凌甫商议妥当后，傅铜将设立暑期学校的计划上报省长兼督军刘镇华，得到同意支持。傅铜遂去函邀京津宁著名学者数位，一开始并没有计划邀请鲁迅，北大学生王捷三（陕西韩城人）向傅铜提议，鲁迅也应该在被邀之列。王捷三与王品青经常到鲁迅家中请教，知道鲁迅有创作长篇历史小说《杨贵妃》的计划，并有去西安一游之意，便以"孔子西行不到秦"（韩愈《石鼓歌》）之语劝鲁迅游陕。很快，傅铜致信邀请鲁迅赴西安讲学。再加上其他方面的因素和考虑，鲁迅爽快地接受了邀请。

关于暑期学校成立之初衷，傅铜在由西北大学出版部1925年3月29日印行的《国立西北大学、陕西教育厅合办暑期学校讲演集》的序中交代得颇为清楚：

> 曩在英国牛津大学，闻一分校校长之演说曰："圜桥大学造人材，牛津大学造运动。"所谓"造运动"者，为不能入大学者设法俾得略获高等学识之谓，此我暑期学校之所以设也。初以办理较迟，通知未周，颇虑听讲者寥寥，有负诸讲师不远千里之雅意。及开校后，报名者竟达七百余人，而在校外讲演时，听众之数，又超过之，秦省教育界之前途，即此可乐观矣。去夏中外学者，在西安及三原所讲，多未记录，众以为憾！此次遂有《讲演集》之编，今当第一册印就，爰应编辑人晁君松亭之请，勉赘数语以为序。[3]（按：原序无标点，今标点为单演义先生所加）

傅铜序后，又附录了时任陕西省教育厅厅长马凌甫的序，记叙了设立暑期学校的过程：

甲子夏，西北大学傅佩青先生拟藉暑期间延聘国内各大学教授来陕西讲演，藉以宣传文化，输入新识。余甚韪其议，遂合词呈明省长，组织暑期学校，招集各县办学士绅，共同研习。所聘讲师，类皆海内名流、学术专家。虽为时仅一月，而取精用宏，所以饷我桑梓者，为效至钜。古人三余读书，寸阴是竞，暑期学校之设，其意亦犹是耶！讲事既葳，将以讲案裒集成帙，付之椠铅，谨缀数言，以述缘起。[4]（按：原序无标点，今标点为单演义先生所加）

由傅铜之序可知，暑期学校设立的初衷，是模仿牛津大学"造运动"。实际上，当时国内各大学纷纷设立暑期学校，傅铜也受到这一风气的影响。傅铜的想法得到了教育厅长马凌甫的响应，两人"遂合词呈明省长"，得到刘镇华的支持，并很快设立了暑期学校筹备委员会，校长傅铜任委员长，法科主任蔡江澄任副委员长。暑期学校的组织分七股：(1) 庶务；(2) 会计；(3) 文牍；(4) 登记；(5) 课程；(6) 印刷；(7) 招待。除印刷和登记由教育厅派人负责外，其余五项由西北大学和个别中小学教职员分担。[5]

马凌甫所云的"甲子夏，西北大学傅佩青先生拟藉暑期间延聘国内各大学教授来陕西讲演"，时间上稍有差池。从王捷三的回忆来看，至少在1924年的春季，他就开始与鲁迅商议

3—4 单演义：《鲁迅在西安》，第13—14页。西安：陕西人民出版社，1981年。

5 单演义：《鲁迅在西安》，第8页。西安：西北大学出版社，2009年。

赴陕讲学事宜。据王捷三之子所述,在1924年2月份,他父亲就促成了鲁迅西安之行。[6] 1923年傅铜曾筹办过"陕西省城之学术演讲会",筹办暑期学校非一时兴起,王捷三之子说的这个时间也有很大可能。当时交流不便,西安与北京通信往返半月有余甚至更久,如果傅铜在1924年夏天才谋划此事,时间上明显来不及。

西北大学暑期学校的筹划,很明显受到当时国内大学纷纷举办暑期学校风气的影响。20世纪20年代初,国内各高校开办暑期学校蔚然成风。《教育杂志》1923年第十五卷第九期转载了《时事新报》统计的当年7月1日至8月27日举办的暑期学校或讲习会,多达二十七所(场),其中也包括"陕西暑期讲习会",地点在省城,讲师"多系北大教员",时间"两星期"。1924年,举办暑期学校的除西北大学外,还有东南大学、齐鲁大学医科、闽北基督师范学校、湖南省教育会、北大音乐传习所等高校和机构数十所。

暑期学校一时蜂起,同时也出现不少问题,引起有识之士的反思。1923年,东南大学附小教员俞子夷撰文讨论了暑期学校的问题。他说,"暑期学校的发达,不过三四年来的事;今年比去年尤其盛行。……暑期学校顶难的是经济问题。要经济独立,收费便太大",一些"暑校支出超过收入,竟弄到募捐结束"。[7] 对于暑期学校的组织和经济,他提出了建议。1924年,朱斌魁撰文认为:"近来国内大学,多办暑期学校,一唱百和,风行一时。然暑校性质临时,情形复杂,创办虽易,收效实难。办理者一有不甚,非经费受亏耗之虞,即程度有降低之弊。"[8]

---

6 王树中:《回忆父亲》。见王捷三:《苏东坡论》,第165页,王捷三遗著编辑委员会,2003年。

7 俞子夷:《我对于暑期学校的一点小意见》,《教育杂志》1923年第十五卷第十期。

8 朱斌魁:《办大学暑期学校之紧要几点》,《教育汇刊》(南京)1924年第二卷第二期。

针对暑校的课程设置、难易程度、经费、预告、学员娱乐等方面的问题，他也提出了切实而可行的建议。

第八章 1923年"陕西省城之学术演讲会"：西北大学暑期学校之预演

刘镇华在筹建西北大学的过程中，已意识到通过学术讲座扩大影响的重要作用。1923年5月，在"西北大学筹备处"成立之前，他即委托老乡、时任北京女高师哲学部主任的傅铜和北大陕西籍学生张之纲，邀请北大教授柯乐文、北大史学系主任朱遏先、哲学教授陈百年、理科教授王抚五、哲学教员徐旭生，美术专门学校教务长吴新吾等赴西安讲学。这既扩大了正在筹建的西北大学的影响，表现出刘镇华倡办教育的诚意，同时也拉开了陕西现代学术活动的序幕。

1923年7月，《教育杂志》对此次学术演讲会设立的初衷、讲师情况、演讲题目与内容以及演讲地点，进行了详细报道：

陕西向以交通不便，故名流学者之在西安讲演者，向未之有。自去年西潼汽车路告成后，交通稍便。今年省长兼督军刘镇华于五月间函托傅佩青及北大陕生张之纲邀请现代学者数人，来陕演讲，以提倡西北文化，并鼓励陕人研究学术之兴味。傅张二氏当即邀请七人——即北大教授美人柯乐文，北大史学系主任朱遏先，哲学教授陈百年，理科教授王抚五，哲学教员徐旭生，美术专门学校教务长吴新吾，女高师哲学部主任傅佩青——已于七月初抵西安。各界人士竭力欢迎。讲演时期由八日起。兹将诸学者讲演题目列后。至于讲演地址，闻在省立第一中学、教育厅及教育会三处云。

傅佩青氏讲演题目：

（一）轮化论。

（二）孔教与宗教。

（三）人生究竟何为。

（四）印度日本及欧美之佛教状况。

（五）世界之常观与无常观。

（六）乐工主义。

徐旭生氏讲演题目：

（一）概论科学与道德之关系。

（二）科学之精神。

（三）关于科学之误会。

（四）道德之意义。

（五）实践道德数则。

（六）关于法国军政界感想。

（七）张横渠之精神。

柯乐文氏讲演题目：

英国政府问题：

（一）如何养成公民——教育界。

（二）军人在共和国之责任——军界共和国的个人。

（三）与政府之关系——电政界。

（四）谈话会。

朱遏先氏讲演题目：

（一）文学之势力。

（二）新史学之趋向。

（三）法家之史学观念与统一事业。

（四）古学与史学之关系。

（五）司马迁之史学。

陈百年氏讲演题目：

（一）扶乩的心理。

（二）梦的心理。

（三）催眠心理。

（四）真理是什么。

（五）人与物的区别。

（六）有鬼论成立的一大原因。

王抚五氏讲演题目：

（一）心物一体论。

（二）进化概论。

（三）科学与应用。

（四）中国工业问题。

吴新吾氏讲演题目：

（一）保存古美术品之必要及其方法。

（二）纯粹的美术与应用的美术。

(三)美术与人生的关系。[1]

确如报道中所言,陕西因交通不便,在西安到临潼公路通车以前,除了日本及欧美汉学家、探险家、考古学家的考察探险和寻宝访古外,几乎没有现代意义上的学术活动。柯乐文、朱遏先、陈百年等人的西安讲学,揭开了陕西现代学术史新的一页。这次学术演讲会除在西安演讲之外,还在当时陕西的另一文化中心——三原举行。但因宣传不够、报道较少,加上讲师阵容也不如1924年西北大学暑期学校那样引人瞩目,后来鲜有提起,几乎被人忘记。但其可谓西北大学和陕西省教育厅联合举办的暑期学校讲座的预演与先声。

---

[1] 《陕西省城之学术演讲会》,《教育杂志》1923年第十五卷第七期。

"礼贤下士"：
刘镇华邀请康有为到西安讲学

第九章

就在刘镇华积极筹办西北大学，沽名钓誉以扩大其影响的时候，康有为的到来，为刘镇华重视文教的大戏加足了戏码。

戊戌变法失败后，康有为亡命海外。1913年，逃亡十四年的康有为回到国内，隐居上海。但他的保皇之心并没有死灭。1917年张勋复辟，他出谋划策、鞍前马后，为千夫所指。此后数年，他漫游浙江、河北、河南、江苏、山东、陕西等地，观名山大川，览文物胜迹，吟诗题字，抒发怀古幽情；著述演讲，陈述失意之感慨。除了"排遣郁闷，陶冶情趣"之外，"访晤军政人物成为出游的重要内容"。他的"讲学论道，祝寿献诗，目的也不仅在于宣扬孔教，反对新文化运动，且在心存'大清社稷'，藉游说宣传复辟之道"。[1] 溥仪在《我的前半生》中说：

想为我效力的人，可以说到处都有。例如康有为和他的徒

---

[1] 单演义：《康有为在西安》，单元庄整理，第5页。西安：陕西人民出版社，1990年。

弟徐勤、徐良两父子，在全国各省以及海外到处活动着，他们组织了一个"中华帝国宪政党"，据徐勤——广东的富商、天津中原公司的经理的奏折中说，这个党在海外拥有十万党员和五家报纸。康有为在民国十六年去世后，徐氏父子仍继续活动着。根据现在手头的材料，我还记得起来的有这几件事：在我出宫前两年，徐良写信给庄士敦说，他要到广西找军阀林俊廷去活动，过不久又来信说，广西的三派军人首领陆荣廷、林俊廷和沈鸿英"三人皆与我党同宗旨，他日有事必可相助对待反对党也"。民国十三年的春节后，康有为曾给庄士敦写信说："经年奔走，至除夕乃归，幸所至游说，皆能见听，亦由各方厌乱，人有同心。"据他说陕西、湖北、湖南、江苏、安徽、江西、贵州、云南全都说好了，或者到时一说就行。他最寄以希望的是吴佩孚，说"洛（指吴,吴当时在洛阳）忠于孟德（指曹锟),然闻已重病，如一有它,则传电可以旋转"。又说湖北省曾耀南说过"一电可来"的话，到他生日，"可一赏之"。现在看起来康有为信中说了不少梦话，后来更成了没有实效的招摇行径，但当时我和庄士敦对他的话都没有怀疑，大为欢欣鼓舞，并按康有为的指点送寿礼、赏福寿字。[2]

康有为为吴佩孚祝寿也是同样目的。1923年4月，吴佩孚五十大寿，康有为亲至洛阳祝寿。"玉帅"吴佩孚平素以"文官不爱钱，武官不怕死"自居，但他的大寿奢侈豪华的程度还是超出人们的想象。各地直系军阀及军政要员前往贺寿的多达七百多人，通过各种途径送往洛阳的珍奇礼品五花八门，难以

[2] 爱新觉罗·溥仪:《我的前半生：全本》，第165页。北京：北京联合出版公司，2018年。

计数，寿联字画也是不可胜数。吴佩孚对这种文雅之事极为喜欢，康有为的"牧野鹰扬，百岁勋名才半纪；洛阳虎视，八方风雨会中州"一联传诵一时，最为吴佩孚欣赏。此时吴佩孚拥兵十万，权势如日中天，康有为的寿联把吴佩孚当时春风得意、不可一世的样子描绘得相当形象。吴佩孚将康有为"专函介绍于陕西督军兼省长刘雪亚（镇华），刘氏深慕先生，因邀作入秦之游"[3]。

1923年秋，康有为再次拜访吴佩孚，兜售自己的孔孟之道与"虚君共和"的复辟方案。此时直皖战争一触即发，吴佩孚无暇理会，就将其推给"深慕"康有为的刘镇华。刘镇华此时也正需要"康圣人"来拉大旗作虎皮。于是，10月25日吴佩孚派兵护送康有为入陕，刘镇华一路派兵相迎。

康有为对西安"想慕已久"。他认为"关中为周秦汉唐故京，数千年第一文化之区"，更兼特殊之地理形势，可以阻止他国进犯。戊戌变法时，他曾向光绪帝上书，主张迁都西安，可凭函谷关、潼关天险，阻止列强进攻。即使日本攻破北京，也伤不了根本，如此一来，北京对日本就不重要了，说不定还会躲过威胁得以保全。康有为的这种论调，不过是重复西汉娄敬、张良的陈调，并无新鲜的东西，但对腐朽不堪、摇摇欲坠的清廷来说，仍不失为上上之策。1900年，慈禧携光绪帝"西狩"——逃往西安，或受康氏此论之影响。此外，康有为在陕西也有不少门生故旧，如张鹏一、邓毅、宋伯鲁等。

此时，刘镇华为平息三秦民怨，偃武修文，兴办教育，扩大正在重建的国立西北大学之影响。康有为的到来，对他来说

---

3 吴天任：《康有为年谱》（下），第730页。广州：广东人民出版社，2018年。

可谓瞌睡送枕头——正是时候。因而刘镇华对"康圣人"的接待可谓热情备至、盛况空前。10月26日,刘镇华派骑兵和步兵到河南观音堂镇迎接,"观者如堵"。后康氏游烂柯山、玉桥洞,观吕祖画,访净严寺、老子故宅等。29日从阌乡出发,"军政各界来迎",游岳庙、华山、镇岳宫石洞等。11月5日晚,从华阴县署出发,"兵队立送"。至敷水店,"兵队来迎"。至赤水镇,渭南"知事孙秉文及官兵来迎,乡市悬旗,殷勤甚至"。至零口镇,"营长曾中范全营兵来接"。过新丰镇,"团长申锡兰率一营兵来接"。至临潼县,"团长杨有才,知事华文卿在东门外迎接"。6日晚,康氏至西安东关,"督军刘雪亚率官绅商接于八仙庵"。[4] 据传康有为到西安,众人夹道欢迎,锣鼓喧天,甚至传呼"圣人来了",拥堵长达数里。康有为下榻五味什字中州会馆(即河南会馆)可园后激动不已,当夜即写下一百六十八字的古体诗《游陕西纪盛》。据单演义《康有为在西安》,在当时的中州会馆、后来的西安市第六中学教师宿舍的墙上,嵌刻有康有为赠给刘镇华的诗句,可园门上,有康有为题刻的"可园"二字(新中国成立后被摘除)。

11月7日,康有为参观陕西省图书馆,题"兰台石渠",抚"昭陵四骏",游碑林、大雁塔等。

康有为一边游览,一边演讲,内容涉及政治、宗教、人伦、文化艺术、天体运行、显微镜等现代科学。其最主要的目的,还是宣传孔教和自己"虚君共和"的政治理想。据康有为门人邓毅、张鹏一讲,康有为在西安期间,主要做了以下演讲:

14日,刘镇华邀请康有为在易俗社演讲,参加者有军署总

---

4 吴天任:《康有为年谱》(下),第730—731页。

司令部全体人员、各师长统领，省署政务、财政、教育、实业等各厅厅长，以及审检各厅、警务督察各处全体人员等。下午1时，康有为乘汽车至，门人邓毅、张鹏一陪同，"雪亚督军率军政法警局所各官长迓于社门，军警举枪，军乐齐奏，诸官长鱼贯入座"。康有为起而言曰："关中为周秦汉唐故京，数千年第一文化之区。鄙人想慕已久，顷承刘雪帅盛意，远道招请，又过承诸君殷勤厚意，今日欢聚一堂，私心非常感喜。"[5] 他"讲天人之故，与大小修短之理"，大谈天文学，用通电理论讲仁学，扯了半天，落脚点还是孔孟之道、天下大同。

15日，康有为应陕西学界邀请进行演讲，地点仍是易俗社，刘镇华率政要出席。据康氏弟子记录，"学界到者三四千人，卫队肃立，兵乐欢迎，楼上楼下皆满，楼板几坠，后至者不得入。兼座刘公、景教育厅长迎于门外。先生登讲台，兼座报告欢迎词"[6]。康圣人虽然思想落伍，但名气很大，所以听讲者甚多。康有为开场即称赞关中文化"最古"，话锋转来转去，最后万变不离其宗——孔教与他教之异同，孔道之宜崇。

16日下午二时，应西安青年会之邀，康有为做演讲，"各会员各界人士听讲者二千余人"[7]。主旨是以儒家立场，讲仁爱之道。

17日下午二时，应孔教会邀请，康有为做演讲，地点在文庙。"时兼座刘公、长安知事王君卫辉、李敏修、武陟、王湛尘先至绅学，各界来者万余人，门厅内外几无立足地。刘公请先生暨同来诸子本会各员于大成殿前行释菜礼，先生初献，刘

---

[5] 邓毅、张鹏一：《康南海先生第一次讲演》。见沈云龙主编：《近代中国史料丛刊》第八十六辑《康南海长安演说集》，第1页。台湾：文海出版社，1966年。

---

[6] 邓毅、张鹏一：《康南海先生第二次讲演》。见《康南海长安演说集》，第15页。

---

[7] 邓毅、张鹏一：《康南海先生第三次讲演》。见《康南海长安演说集》，第29页。按：邓毅、张鹏一将康有为在西安青年会与孔教会的演讲均记为11月17日下午2时，明显有误。据《康有为年谱》，西安青年会的演讲应该是11月16日下午2时。本文据康氏年谱之说。

公亚献，李敏修终献，陪祭者同行三叩九叩，首礼礼毕"[8]。康有为长篇大论孔教儒学发展史后，落到他的《孔子改制考》等儒学著作上，认为按照自己所述发展儒学，"孔教可兴旺，大同之治可睹"。当天下午，他参观孔庙，在西安文庙大成殿前三跪九叩首，以示不忘至圣先师。

19日下午二时，康有为到万国道德会西安分会做演讲，"刘兼座有公事不克前来，派省署景科长莘农代表陪讲入座"。康氏比较了东西各教，说自己的《大同书》"即拟联合诸教"，希望万国道德会"诸君具此愿力，望各努力以期成德，岂惟一省上一国之事，其将行于大地各国，有厚望焉"。[9]

连讲五场之后，康有为于20日起开始游览，刘镇华"派员兵治行护送"。十天时间，康有为相继游览了西安近郊的南山、樊川、杜陵、南五台圆光寺、兴教寺、兴国寺、牛头寺、杜公祠、太乙谷等名胜。

29日上午，康有为邀请长安县知事王书樵、前翰林院侍读学士薛寿萱、孔教会会长寇立如等二十人，乘汽车至董仲舒墓拜祭，宣读祭文。并做讲演"畅述董子发扬孔道之功"，"使董子《春秋》之学，昌明于世，则孔子之新教，必大闻于大地万国也"。

30日，康有为应佛教会邀请，发表演讲。此次演讲，引出了后来闹得沸沸扬扬的"盗经事件"。当日晚，康有为从西安出发，游咸阳周文、武、成、康诸陵，"观者甚众"。康有为"为演说文武往事，劝勉乡人"。[10]

关于康有为西安讲学，米暂沉在《刘镇华的一生》中是这样评价的：

---

8 邓毅、张鹏一：《康南海先生第四次讲演》。见《康南海长安演说集》，第39页。

9 邓毅、张鹏一：《康南海先生第五次讲演》。见《康南海长安演说集》，第51页。

10 吴天任：《康有为年谱》（下），第733页。

085

康到西安后,刘镇华待以上宾之礼,他躬亲陪同康圣人(当时陕西人是用这样带有讽刺性的名字称呼康有为的)坐着轿子游览古迹名胜,到处作诗题字,在孔教会讲学等等。这还不算,有一天,省长公署通过教育厅长景志傅命令西安各校师生到易俗社听康圣人讲演。当然对于康有为这样的人,西安的学生也并不怎样陌生,在教育厅的通知公布以后,学生群情哗然,认为"刘兼座"在和学生开玩笑。经过学校当局的说服动员和威吓,学生们既不敢不参加,也还想借此机会看看"骨董"。那一天是教育厅长景志傅主持大会的,"刘兼座"也站在台上。经过主席对康有为的道德文章大事吹嘘一番之后,康有为出台了,白发白须,穿着一件兰缎长袍、青马褂,头上戴一顶瓜皮帽,帽顶上缀二个很大的红色帽结。他这种怪样子一出现,立即引起学生们的哄堂大笑。康圣人倒没有什么不安,"刘兼座"看见情况不好,站起来很严肃地命令学生镇静听讲。康圣人开腔了,他满口广东话,因而请了一位陕西富平人张某做翻译。康讲的是"天生蒸民,有物有则"的"则"。康第一段刚讲完,翻译正在翻译的时候,学生们就纷纷退席。刘镇华命令门口的卫兵阻止,这还不行,有的学生从窗子跳出去跑了。最后刘镇华令军队包围了易俗社,这才勉强留下稀稀拉拉的一些人听完了讲演,这一幕好歹就此了结。[11]

由上可见,康有为在西安演讲效果实在说不上好,固然有语言不通的问题,但更具决定性的是所讲内容。康有为的思想是新旧交错时代旧知识分子的一个复杂样本,他虽游历世界但

---

11 米暂沉:《刘镇华的一生》。见中国人民政治协商会议全国委员会文史资料研究委员会编:《文史资料选辑》(第二辑),第86页。

未悉天下大势，增长了见闻却没有增长见识，抱残守缺，成为一个倒行逆施的老古董。他这时候不只胶柱鼓瑟，甚至有些神经错乱了。时任镇嵩军总部秘书的井俊起曾多次与康有为交谈，他说，1923年9月，李敏公偕康有为到西安，以讲学为名，住河南会馆，康有为"近于神昏（由陕到山东即病死），历次所讲全涉玄渺，且皆语无伦次，至于言游三十三天，则先述各天之名，后竟言在某天见某人（皆古人），说某话，游某处，作某事，历历指陈，人皆谓为梦呓，尤为荒谬绝伦。余亦往见数次，所谈大抵东鳞西爪，莫测端倪。一日，余往见之，彼适游终南山回，携来十三块石，大不盈尺，形状虽不一，然并不奇异。彼以为古物（常在市上购古物，并无有价值者。购物之款，由雪公代付），令余参观，赞赏不已，余无言。余去时，彼送至室外。余指两门枕言，此亦古物。彼言不是。余言，此石想已经数千年，岂非古物？彼言汝不知考古，此石不得为古物。亦不以余言为戏侮。至其游华山时，纯庵陪去，至极顶，遇一道士，熟视康，言汝是康先生否，相抱大哭。盖光绪最宠信之太监，慈禧囚光绪于瀛台，该太监常设法与外方通讯，以致慈禧将杀之，得小太监告密，逃至此地，因而获免。遂各言别后事。所言光绪、慈禧情况，多外人不知者。纯庵曾笔录，余嘱其付印，彼然之，而未果行"[12]。

康有为离开西安后，康门弟子将他的演讲文字集录为《康南海长安演说集》出版。

12　井俊起：《雪苑懋叟忆往》。见《河南文史资料》（第三十五辑），第69—70页，中国人民政治协商会议河南省委员会文史资料委员会出版，1990年。

第十章 "圣人举动，必有太令人不堪"：康有为"盗经"的罗生门

康有为在西安的演讲已很少有人记起，但他的"盗经"事件不仅当年轰动一时，现在依然广为流传。如1980年梁漱溟在与艾恺的谈话中谈到康有为时，就提及康有为在卧龙寺的"盗经"逸事[1]。

不过，关于此事说法不一，到底是"换经""盗经"，还是"补经"，后来成了众说纷纭的"罗生门"。

康有为"盗取"的是什么经书，为什么能引起这么大这么持久的关注呢？这部经书全称《宋碛砂延圣寺刻本藏经》，因开雕于平江府（今苏州）碛砂延圣寺而得名，简称《碛砂藏经》，为我国最早、最完整的雕版印刷品。该经初刻于南宋理宗绍定二年（1229），到元英宗至治二年（1322）刻毕，是一部闻名中外的佛教诸藏汇编，为海内稀世珍本。当时藏于西安著名的卧龙寺。

---

[1] 梁漱溟、〔美〕艾恺：《这个世界会好吗？——梁漱溟晚年口述》（双语精选本），艾恺译，第159—161页。北京：外语教学与研究出版社，2010年。

1923年11月30日，应佛教会邀请，康有为在碑林附近的卧龙寺举行了他在西安的最后一次演讲，见到了这部经书。据当时康门弟子记录，当天"下午二时，由万钝安、李逸民、门人张鹏一、邓毅、郑维翰，陪先生乘汽车至卧龙寺门首，会中同人出迎，至禅室小息。僧俗千余人，请至讲堂，行相讯礼毕，先生登台言曰……讲毕，僧俗同拜谢。退至僧斋，众备伊蒲饭餐后，又摄影于竹院而散"。当天应该初步谈妥了"换经"或"补经"，后来却演绎成了"盗经"。

持"换经"说的，有亲历者郑志毅和刘安国、马凌甫以及康有为的弟子张鹏一。郑志毅说，康有为参观卧龙寺时，见寺内宋版《碛砂藏经》保存不善，"鼠屎尘垢，凝积寸许"，觉得可惜，就派弟子与僧人协商换经。双方签订协议后，因为康有为派去搬经书的人多搬了别的经书，僧人定慧发现后要求返还。刘安国回忆说，康有为在寺里看到藏经，知道是海内孤本，想拿去翻印，于是向僧人提议换经，随后派人装箱带走。易俗社创始人李桐轩得知后很生气，让儿子李仪祉和其他进步人士将消息上报，造成舆论，又告上法庭，发出传票。于是圣人"盗经"闹得举国皆知。康有为气愤地说"不要了"，当夜把藏经归还卧龙寺。但是，新闻已经传遍全国，这事就成了笑柄。马凌甫的回忆与郑志毅相同，他说康有为游卧龙寺时，僧人定慧请康氏吃饭，康见寺内存有宋版藏经，就想以正续藏经两部来换。定慧不敢做主，说要佛教会公决。康回去后就派人到寺里把经借走了，形色仓皇，还掉了几本在路上。事后寺僧请各界人士支援，李仪祉等人听说后邀请多人开会，最后决定起诉康有为，拘票送去后，康有为大为冒火，刘镇华也觉难堪。康有为走时带着十几骡车的箱子，陕西人以为是藏经，就大肆宣传"圣人盗经"。马凌甫的结论是，康有为并未带走藏经，而是归还原处了。郑志毅认为,"盗经"事件是由于康有为讲学引起新旧思想冲突,众人真正针对的是刘镇华,而康有为受了政治斗争的祸害,成为人们借题发挥的对象。1995年,学者罗宏才看到张鹏一的日记,张氏在1923年11月29日写道:"连日为南海师换卧龙寺佛经事不乐,今日事始了结。上月(日)南海师游卧龙寺,见厨房中旧柜藏旧佛经破烂不整,因与寺中和尚定慧、佛教会诸人商议以旧经置此可惜,愿全藏经相换,经郑子平从中说定,由朗夫(克)之子敬儒夜中以车运经至中州会馆。时南海师久西安督署,支应颇费巨款,本地人士已有繁言,藉(借)此夜中运经,因造为盗经之说以相传。"张鹏一所记时间有误,康有为是11月30日才到卧龙寺的。

持"盗经"说的除了李仪祉,还有米暂沉。时任陕西省教育厅厅长的李仪祉知道此事后,成立了陕西古物保护会,反对康有为,认为搬走不在合同内的藏经就是盗窃,并请马凌甫支持。他们又把此事捅到媒体,上海画家徐朗西画了"康圣人盗经漫画",于是此事成了大新闻。康有为得知后,立刻派人归还藏经,撤销合同,并让四十多人联名登报声明。米的说法更为夸张:"更糟糕的是康圣人此番到陕,不只吞没了多人请他鉴定的金石字画一类文物,而且还准备把西安卧龙寺一批宋版佛经带走。消息传出之后,引起了陕西省内外学术文化界人士的反对,电报、传单、宣言、警告等等文件满天飞,一时反对康圣人盗经问题,闹得满城风雨。结果是康圣人盗经不成,悄然离陕以去;'刘兼座'也弄得非常难堪。"[2]

持"补经"说的是时任镇嵩军总部秘书井俊起。他在《雪

---

2 米暂沉:《刘镇华的一生》。见中国人民政治协商会议全国委员会文史资料研究委员会编:《文史资料选辑》(第二辑),第87页。

苑戆叟忆往》中说："未几，京、沪报纸竞载康有为在陕盗经。实则康到西安，宋芝田、李孟孚等皆前清戊戌政变时维新派，及康出走，宋遭戍，李革职，此次相见，异常欢慰。惟康系保皇党、复辟人物，新学界深为不满。西安卧龙寺原有明版佛经，残缺不完，仅及半数，康见之，商之宋、李等，谓彼有一部与此同版，但亦仅三分之二，若得此部查补，似可完成全部。愿购上海新编缩印之全部，存于图书馆，供众阅览。宋、李等商与雪公及教育界人士，均以为可行，许康将此经相易，带回上海。新学界及和尚反对。原不可谓盗。旅京沪人士亦迭电到陕，同声讨康，予以驱逐。新学界召集学生游行开会，赴康寓门前，驱其出境。康遂去陕。"[3]

康有为归还经书，除了国内舆论的压力之外，与老友宋伯鲁的劝说也有很大关系。张应超在《宋伯鲁生平事略》中说：

1923年10月，因吴佩孚函荐，陕西省长刘镇华请康有为到陕西讲学。康有为在西安游览卧龙寺时，见该寺所藏宋版碛砂藏经放置散乱，认为保存不善，遂与该寺住持定慧（有的资料写作静慧）法师商定，由康把碛砂藏经带回上海印制新版藏经，以新换旧，并签定了协议。商妥之后，由刘镇华部下军人把碛砂藏经运到西安中州会馆康有为下榻之处。刘部军人运经时，将该寺其他经卷一并运走，定慧大为不满，即向宋伯鲁及其他陕西知名人士李仪祉（水利专家）、杨叔吉（红十字会会长）等人告急，李、杨等人把此事报告省议会议长马凌甫。一时间，陕西许多知名人士群起而攻之，康有为"盗经"之事闹得满城

---

[3] 井俊起：《雪苑戆叟忆往》。见《河南文史资料》（第三十五辑），第70页。

风雨。宋伯鲁出于多年的交谊，在为康有为饯行时亦好言相劝，让康有为还回运走的藏经。不料康有为竟勃然大怒，反唇讥宋伯鲁说："你是先恭而后卑，你是怕。"又拍案说："不要了。"快快别去，当即派人将大藏经等整车送还。宋伯鲁为保护陕西文物，不因与康有为的多年交谊而阿其所好。[4]

对于"盗经"一事，康有为在1923年12月致宋伯鲁的信《答宋芝田书》中是这样说的："此经为明本残本，仆亦有此残本，故观斯秽状，大以为不敬，再观之而不忍。乃令人与僧商、僧与佛教协会公议，请仆购北京内府全藏全部一部，连运费须四五千金，哈同园索引佛经全藏一部，商务印书馆印续藏经一部（二部速运费亦须千金），合三大部施舍以易之。仆不忍此残经之蒙秽，亦允之。……闻僧定慧于交易此经，不止佛教协会曾公开二十余人会议，即各寺方丈亦经遍告，允肯而后敢交易，岂能责以私卖也？"又说此经为明版残本，"非足以当国宝也"。康有为越说越生气，又反问了一通："陕中宋元版书，秦汉古物，乃能当古，然各贾及游秦者，日收而运出售之，此而不保，乃为一明本残经而大哗之……何其谬耶？"最后说："然公等既如此，仆当立将各残经交还也。"[5]并请宋伯鲁帮他向各界解释一下情况。

值得寻味的是，尽管"盗经"事件让康有为颜面扫地，但他继续在西安游山玩水，似乎并未受多大影响。12月1日，康氏游三原。4日，在三原中学演说，听者数百人。5日，观唐高祖献陵。9日，游毕原，登汉惠帝安陵。12日，游临潼，浴

---

4 张应超：《宋伯鲁生平事略》。见中国人民政治协商会议陕西省委员会文史资料委员会编：《陕西文史资料》第二十四辑《陕西民国人物（二）》，第30—31页。

---

5 吴天任：《康有为年谱》（下），第740—742页。

华清池温泉。17日，游汉文帝霸陵。19日，游汉宣帝杜陵。23日，游礼泉、咸阳。24日，游昭陵、平陵等。1924年1月初，康有为才离开陕西，东赴洛阳。

康有为离开西安后，"盗经"事件并没有平息。1924年1月18日，天津《益世报》刊载了康有为弟子郭芳五、张鹏一等七人与李仪祉的争论。《益世报》云："康有为此次来陕，对于古物，到处搜罗，迨夺取藏经以后，陕人忍无可忍。始有古物保存会之组织，诉康于地方检察厅。拘票已发，而康竟潜行。宋碛藏经虽见还二十五大皮箱，然其金面清经，则为康之门徒邓刚仲所取去。自康离陕后，其陕西弟子张扶万（按：即张鹏一），对于康盗经事，联络多人为之辩护，登启事于本省《平报》，旋即有古物保存会理事李仪祉，现任水利局长，对张等辩论，逐一辩驳，亦载于本省《建西》日报。兹特并录如下以明真相。"

张鹏一等七人辩护说：

此明版残经，康南海适有其半，欲合成完璧。康南海西湖有别墅，已捐舍归国有，欲以此经藏其中，供国人观览，故于将行，令人与卧龙寺僧定慧商购供奉。后经定慧与佛教会众二十余人公议，请康南海施舍北京内府佛藏经全部，连运价约须五千元；哈同藏经全部、商务印书馆藏经全部，连运价约须千元，共三部藏经价须六千元，以易此明版残经。

康南海慨允之，以为施舍，非谓此明本残经值六千元也。议定，即电京内务府大臣绍英，托购内府全藏，旋得绍公复电，两电皆有，长安电局可查，今并交呈为据。寺僧与佛教会众乃将此残经交付，事出两允，绝非胁迫，更非强夺至明。昨夕陕绅宋芝田来书："寇立如前来。康南海以此区区不欲多事，昨夕已面交寇立如、郑子平、僧定慧，将此经交还，听候商办矣。"

郭芳五、张扶万、万钝安、寇立如、郑子平、邓刚仲、李逸民。

李仪祉的文章反驳曰：

阅报载郭、张、万诸先生为康有为辩护书，康之为人，经此数月之阅历，诸先生当亦深悉其人，顾为之分辩者，非为康辩，乃以省长之优礼、各界之欢迎，欲为主人全面目耳，用意未尝不善。……

康氏有经与否，愚弗得知，西湖有别墅则真也，固亦曾闻其前数年谋占西湖古迹，与杭州人士涉讼事也。至云已捐为国有，则果有其事乎？康氏始终不认民国，岂其捐之清国乎？辩护者若执此点，能举确证，使愚得询西湖人士知其不谬，则愚必又崇拜"圣人"矣！捐私产以为国有，则曾未闻"圣人"肯作此事也！

即以此次来陕游历论，督军之隆礼，地方之供应，不下于前清皇差，康氏除其东涂西抹之字迹外，所捐于陕西者何物？家有藏书，再三欲以二万四千金，售之西北大学，何不捐之游历各县？随从如云，留至一处，支应辄以千计，其所益于陕西者果何？宁此区区之书，不值捐之西北大学乎？

吾卧龙藏经，大半真宋版也，岂仅明版而已哉！其上明明刻"大宋国熙宁九年刻"，如此奇珍，吾省士绅竟莫之知，而为康氏所垂涎，亦不能不服康氏之聪明，而为吾省人士羞也！鉴古诸大雅，当莫不知宋版之珍贵。三藏之富，即稍有残缺，又岂哈同、商务及内务府新版价值数千元所能易哉？且既光明正大与人交易矣，何必于黑夜间搬运？何不从容装箱而乱取乱堆，致经本拉杂遗于道路？和尚固不敬矣，敬经者乃若是乎？此事发生，和尚谩藏海盗，固太无知识，然亦我地方士大夫之责也。

三十日夜经去，三十一日愚始调查，得悉初固欲极力全康之面子也。非欲全康之面子，其人在南方固已为人不齿矣，乃欲全我督军省长及地方各界人士之面子也。一月一日，与康同席于成德中学，已向万钝安等先生述此事之重要，请其言于康氏，早为挽回，不见效。继又直接致康一函，亦甚和婉，不见复。

继又托张午中先生言于其父扶万老先生，请劝康氏；同时杨叔吉、高介人各方，设法责令和尚求经，都无效力。闻康氏执意甚坚，经已装箱封固，三日早非启运不可。和尚求之坚，则劝以同逃，到杭州当方丈，再不妥，送往外国。此又皆亲闻诸和尚，及代康辩护诸先生中之人者，岂犹有虚构乎？仆等视事急，乃创设古物保存会，以团体名义，直接劝康，词又极委婉，而乃触其怒。仆等不得已，乃求助于各学校、各热心士绅，求解决于法庭。

至是而康始有退经之意，岂真以此区区不欲多事耶？且若其欲多事，又将若之何？怎办诸请还经典之人乎？必欲夺经以去乎？果出于此，仆等多事，诚有应得之罪，而陕西全省宁得尚谓有人乎？且康氏于夺经之外，所夺零星诸物，为佛像古器，不知凡几，皆确确有凭。仆等但究其大者重要者，其他不欲追究之而已，果事事欲为之辩护，恐亦不胜其辩矣！……

尽管康有为的弟子门生尽力为其辩护，其中也不无道理，但陕人还是厌恶康氏的保皇反动以及昏言昏语的讲座，甚至有人拟"国之将亡必有，老而不死是为"一联予以詈骂。从此，康有为"盗经"的事情百口莫辩，基本"坐实"且广为流传了。

1924年7月，鲁迅到西安后也去了卧龙寺。此时，康有为"盗经"之事早已传得沸沸扬扬，天下皆知，他和孙伏园也就格外留意卧龙寺所藏大藏经。孙伏园说：

其他，我也到卧龙寺去看了藏经。说到陕西，人们就会联想到圣人偷经的故事。如果不是半年前有圣人去偷经，我这回也未必去看经吧。卧龙寺房屋甚为完整，是清慈禧太后西巡时重修的，距今不过二十四年。我到卧龙寺的时候，方丈定慧和尚没有在寺，我便在寺内闲逛。忽闻西屋有孩童诵书之声，知有学塾，乃进去拜访老夫子。分宾主坐下以后，问知老夫子是安徽人，因为先世宦游西安，所以随侍在此，前年也曾往北京候差，住在安徽会馆，但终不得志而返。谈吐非常文雅，而衣服则褴褛已极；大褂是赤膊穿的，颜色如用酱油煮过一般，好几颗纽扣都没有搭上；虽然拖着破鞋，但是没有袜子的；嘴上两撇清秀的胡子，圆圆的脸，但不是健康色。——这时候内室的鸦片气味一阵阵的从门帷缝里喷将出来，越发使我了解他的脸色何以黄瘦的原因，他只有一个儿子在身边，已没有了其他眷属。我问他："自己教育也许比上学堂更好吧？"他连连地回答说，"也不过以子代仆，以子代仆！"桌上摊着些字片画片，据他说是方丈托他补描写完整的，他大概是方丈的食客一流。他不但在寺里多年，熟悉寺内的一切传授系统，即与定慧方丈非常知己，所以他肯引导我到处参观。藏经共有五柜，当初制柜是全带抽屉的，制就以后始知安放不下，遂把抽屉统统去掉，但去掉以后又只能放满三柜，所以两柜至今空着。柜门外描有金彩龙纹，四个大金字是"钦赐龙藏"。花纹虽然清晰，但这五个柜确是经过祸难来的：最近是道光年间寺曾荒废，破屋被数个戏班作寓，藏经虽非全被损毁，但零落散失了不少；咸同间，某年循旧例于六月六日晒经,而不料是日下午忽有狂雨,寺内全体和尚一齐下手,还被雨打得半干不湿,那时老夫子还年轻,也帮同搬着的。但经有南北藏之分,南藏纸质甚好,虽经雨打,晾了几天也就好了;北藏却从此容易受潮,到如今北藏比南藏还差逊一筹。虽说宋代藏经,其实只是宋版明印,不过,南藏年代较早,是洪武时在南京印的。北藏较晚,是永乐时在北京印的。老夫子并将南藏残本,郑重地交我阅着,知纸质果然坚实,而字迹也甚秀丽。怪不得圣人见之,忽然起了邪念。我此次在陕,考查盗经情节,与报载微有不同。报载追回地点云在潼关,其实刚刚装好箱箧,尚未运出西安,即被陕人扣留。但陕人之以家藏古玩请圣人品评者,圣人全以"谢谢"二字答之,就此收下带走者为数亦甚不少。有一学生投函指摘圣人行检,圣人手批"交刘督军严办"字样。圣人到陕,正在冬季,招待者问圣人说,"如缺少什么衣服,可由这边备办"。圣人就援笔直书,开列衣服单一长篇,内计各种狐皮袍子一百几十件云。陕人之反对偷经最烈者,为李宜之、杨叔吉二先生。李治水利,留德学生,现任水利局长;杨治医学,留日学生,现任军医院军医。二人性情均极和顺,言谈举止,沉静而又委婉,可为陕西民族性之好的一方面的代表。而他们对于圣人,竟亦忍无可忍,足见圣人举动,必有太令人不堪的了。[6]

康有为当年在西安所为,的确"太令人不堪"。如李仪祉所言康氏"再三欲以二万四千金,售之西北大学",实在过分。但孙伏园所云的"开列衣服单一长篇,内计各种狐皮袍子一百

---

[6] 伏园:《长安道上(二)》,《晨报副镌》1924年8月17日。

几十件云"明显夸大。查考文献,康有为在西安期间,"带回狐皮四件,分与各人",因数量不够,答应家人"在陕补购"。更荒唐的是,他竟在终南山买地。他在致梁夫人的家书中说:"顷在终南山买得一地,为中龙第一,已往探土。"[7] "中龙"为堪舆家术语,康有为指的是终南山主峰。不知道他在此购地何用,莫不是曾想身后埋骨于此"天下第一福地"?

正所谓"祸兮福所倚",康有为"盗经"事件倒也产生了意想不到的积极效应,那就是引起了国内学界对《碛砂藏经》的重视。1931年,国民党监察院委员朱子桥与上海佛教界人士叶恭绰、蒋维乔等人发起"影印宋版藏经委员会",影印《碛砂藏经》计五百九十三册,凡五百部,成为当时佛教界的盛事。

---

[7] 吴天任:《康有为年谱》(下),第737—738页。

"孔子西行不到秦"：
促成鲁迅西安讲学的两个年轻人

第十一章

1924年，时任西北大学校长的傅铜，有感于陕西交通不便，文化闭塞，在陕西省督军兼省长刘镇华的支持下，联合陕西省教育厅组织了为期一个月的暑期学校，邀请新文学大家鲁迅以及北京师范大学教授王桐龄、李顺卿，南开大学教授李济之、蒋廷黻、陈定谟，北京大学前理科学长夏元瑮，东南大学教授陈钟凡、刘文海，法国大学法学博士王凤仪，《晨报》记者孙伏园，《京报》记者王小隐等十几位学者名流赴陕讲学。这对陕西来说是一场规模空前的文化盛宴，极大地推动了陕西新文化的发展，使陕西文化教育界出现了短暂的繁荣景象。

1924年6月28日下午，鲁迅前往北京先农坛附近"赴西北大学办事人之宴"，商议赴陕讲学事宜。从《新秦日报》1924年6月2日刊发的暑期学校预告中关于鲁迅的介绍——"周树人，北京大学教授"[1]——来看，鲁迅最晚在6月初已经答应

1 《筹办中之暑期学校（续）》,《新秦日报》1924年6月2日。

赴西安讲学。而促成此事的是两个年轻人：一个是鲁迅在1924年6月28日日记中提到的王品青（聘卿），就读于北京大学物理系；另一个是王品青的好友王捷三，就读于北京大学哲学系。

其实一开始，在拟邀名单中，原本没有鲁迅，王捷三知道后，敏锐机警的他认为，鲁迅既是北大、女师大的兼职讲师和教授，又在全国有巨大影响，因而很希望能邀请鲁迅到自己的家乡陕西讲学，传播新文艺和新学术。于是，他与王品青商议。王品青与王捷三和傅铜有同在北京哲学社的一层关系，"知道鲁迅先生为了创作历史小说,尝有西来之意,曾以'孔子西行不到秦'这句话劝先生答应游陕"[2]。因之，二人致函傅铜，表达了希望邀请鲁迅的意见。傅铜很快接受了他们的建议，向鲁迅发出邀请函。鲁迅也欲借此机会到西安为历史小说《杨贵妃》的写作积累感性的材料，便欣然接受了邀请。鲁迅在1924年6月28日的日记里说："至晨报社访孙伏园，而王聘卿亦在，遂至先农〔坛〕赴西北大学办事人之宴，约往陕作夏期讲演也，同席可八九人。"办事人之宴由陕西省长驻京代表、众议院议员郭光麟做东，宴请赴西安讲学学者及经办诸人。[3] 傅铜请王捷三以西北大学驻北京代表身份陪同鲁迅来陕讲学，并担任北京方面的招待员。

王捷三和王品青向傅铜的提议，直接促成了鲁迅的长安行。我们且看看这两个颇有远见的年轻人。

一 "才大如海"王捷三

在鲁迅1924年、1925年的日记中，曾八次提到王捷三。

---

2 单演义：《鲁迅讲学在西安》，第12页。

3 黄乔生：《鲁迅年谱》，第210页。杭州：浙江大学出版社，2021年。

第一次是1924年7月4日："王捷三来约赴陕之期。"

按照王捷三之约，鲁迅于7月7日由北京启程赴陕。当天日记载："晚晴。赴西车站晚餐，餐毕登汽车向西安，同行十余人，王捷三招待。"

鲁迅在西安期间，五次到易俗社观看秦腔。7月26日的日记："晚王捷三邀赴易俗社观演《人月圆》。"

鲁迅同孙伏园等人于8月4日"晨乘骡车出东门上船，由渭水东行"，离开西安返北京。可能由于暑假未完的原因，王捷三没有与鲁迅同行。直到11月5日，《鲁迅日记》记："上午王捷三来。"这可能是王捷三秋季开学返校后，专程去看望鲁迅。鲁迅为了感谢王捷三在西安之行中的关照和服务，与孙伏园特地请他吃饭。11月30日《鲁迅日记》云："与孙伏园同邀王品青、荆有麟、王捷三在中兴楼午饭。"

1925年初春，鲁迅与王捷三有过一次书信往来。《鲁迅日记》2月18日云："上午寄王捷三信。"2月20日云："下午得王捷三信。"往来信件的内容，没有记载。王捷三的名字最后一次出现在鲁迅日记中是1925年10月9日。鲁迅记："王捷三寄赠照相一张。"这时王捷三已从北大毕业，任河南督军机要秘书。照片是在开封铁塔下拍摄，赠鲁迅以留作纪念。此后无两人往来的文字记录。

王捷三（1898—1966），又名鼎甲，陕西韩城人。1919年毕业于陕西省立第一中学，考入北京大学预科，后转入哲学系学习。在北大学习期间，王捷三结识了在北大物理系上学的王品青。王品青爱好文学，与鲁迅熟识。由于王品青的关系，王捷三认识了鲁迅。

1925年夏，王捷三由北京大学毕业后投笔从戎，任北伐军第二集团军胡笠僧（景翼）督军的机要秘书。国民二军失败后，赴北京教书。

1926年，韩城拟创办初级中学（即今象山中学前身），王捷三回乡积极参与筹办，基本就绪后离开家乡。

1927年大革命时期，国民二军改编为第二集团军南路军，王捷三任秘书长，辗转于豫、鄂、皖一带。后因该军酝酿对抗冯玉祥，他力陈不可，但当局一意孤行。故之北伐失败后，王捷三深感失望，愤而辞职，赴南京教书。后任考试委员会高考科长。

1931年，王捷三送家眷返陕，受到杨虎城接见，两人相谈甚欢，十分投机。杨虎城非常器重他的才学，承允资助其留学。同年，王捷三赴英国入伦敦大学研究院，研究哲学与社会科学。两年后转入美国哥伦比亚教育学院学习。1934年学成回国，在南京考试院任专职考选委员。

抗战爆发后，考试院设办事处于西安，王捷三回陕任职。1938年他辞去考试院职务，受聘于国立西北联合大学，任教授兼陕西省立高中校长。1939年3月，王捷三被任命为陕西省教育厅厅长。他上任后深感陕西教育落后，学校太少、失学人数太多，即采取措施，克服困难，先后创办了陕西省立师范专科学校（陕西师范大学前身）等三所专科学校，办起百余所中学，增设小学千余所，扫盲约百万人，为陕西教育做出了重要贡献。针对西安城区和沦陷区来陕学生的失学问题，他在长安兴国寺创办兴国中学，修建土窑洞作为校舍，既节省资金，又便于防空。学校招收了千余名学生，他兼任校长，任命李瘦枝为教务主任，聘请武伯纶、李敷仁、冯一航、张暂我、曹冷泉等名师任教。这所学校是当时陕西规模最大的一所中学，教师阵容强大，学生学风端正，文体活动活跃，历届毕业生为高校输送人数最多。他亲自为兴国中学图书馆拟写了对联："此地是杜韦名区，新景留人，莫放春秋佳日去；所藏皆古今宝典，开卷有益，要将学问济时艰。"表达了对学生的殷殷期望。1944年,王捷三因"自由色彩浓厚,不能与异党'斗争'"而被当局免职。

1945年下半年,王捷三应李宗仁之邀,任北平行辕政务处处长。1946年,他接办蔡元培创办的华北学院(后改名为华北文法学院)并任院长。彼时他的老师傅铜也在学院兼课。傅铜上课时,有个学生顶撞老师,扰乱课堂秩序。王捷三知道后怒不可遏,为老师站台。他召集全院师生大会,宣布开除该生学籍,并讲:"如果在图书馆不能安静地看书,教室不能正常上课,这成何体统?傅老教授是我在北大读书时的老师,他受到辱骂,我负有管教不力之责,这里先向傅老师致歉。"说完转身向傅铜行了九十度鞠躬礼。他继续讲道:"我们学院前身是蔡元培先生创办的,蔡先生一贯倡导学术自由……我办这个学校,但绝不允许流氓捣乱!"他的尊师重教和身体力行,赢得了全体师生的热烈掌声和一致认可。

1948年冬,解放军包围了平津地区的傅作义部队。王捷三是"华北剿总"副总司令兼榆林地区国民党军司令邓宝珊多年的老朋友,两人过从甚密。他作为傅作义的顾问,也早有促成傅作义与邓宝珊率部起义、和平解放北平的想法。北平地下党负责与傅作义代表谈判的中共代表崔月犁,请王捷三出面邀请邓宝珊到位于南池子北口的王捷三家中密谈三次,说服了邓宝珊。傅作义从犹豫不决到下定决心,邓宝珊起到了重要作用。可以说,王捷三为北平的和平解放做了铺路搭桥人。

北平和平解放后,王捷三认为私立华北文法学院应当回到人民手中。正当他考虑学院的未来时,以吴玉章为校长,范文澜、成仿吾为副校长的华北大学由解放区迁来北平,急需校舍。王捷三和范文澜是多年的老朋友，他们磋商之后，两校迅速达成协议：华北文法学院的校园及校舍、图书、家具等资产全部合并给华北大学，留校学生考试转入华北大学学习，教职工在自愿原则下转到华北大学任教、工作。1949年12月16日，华北大学易名为"中国人民大学"。

1950年，王捷三应邀回到陕西，先后任西北大学、西安师范学院（后改为"陕西师范大学"）教授，讲授中国古典文学、中国哲学史、中国文学史等课程。曾被选为西安市人大代表、政协西安市常务委员会委员、民革陕西省委员会常务委员。

1956年10月19日，鲁迅逝世二十周年纪念，在西安师范学院举行的"纪念鲁迅报告会"上，王捷三做了《邀请鲁迅来西安讲学》的报告，讲述了自己邀请和接待鲁迅的前前后后，受到师生的热烈欢迎。

1958年以后，王捷三在西安文史馆工作。1966年3月1日，王捷三在西安逝世，享年六十八岁，葬韩城东仪门祖茔。

王捷三工于对联，多有佳作。他九岁时经过油坊看见用棉花籽碾磨榨油，即口占曰："眼眼吃得珍珠颗，口口吐出黄金丝。"一时传颂乡里。1937年淞沪会战中，上海四行仓库八百壮士英勇殉国，气壮山河，王捷三挽联写道："昔日孤城独守，援已尽，弹已绝，亡吾身不亡吾国，使天下苟全性命人愧死；际此盖棺论定，重于山，坚于石，有大仁始有大勇，任世间寡廉鲜耻辈偷生。"此联慷慨悲壮，读之令人热血沸腾。梁漱溟曾赠王捷三对联——"纵横百家才大如海，安坐一室意古于天"，[4]可谓知人之语。

---

4 本节王捷三生平事迹，主要根据王捷三之子王树中《回忆父亲》一文。见王捷三：《苏东坡论》，第164—179页。

二 鲁迅"所属望的青年之一"王品青

王品青是鲁迅"所属望的青年之一",是周作人所言的"我们朋友中颇有文学的天分的人",是对核物理学家钱三强"影响很大的语文老师"。

郁达夫在《回忆鲁迅》中说:"鲁迅的对于后进的提拔,可以说是无微不至。《语丝》发刊以后,有些新人的稿子,差不多都是鲁迅推荐的……还有当时在北大念书的王品青氏,也是他所属望的青年之一。"[5]

王品青在北大读的是物理系,但他爱好文学,因此与在北大哲学系就读的王捷三成为好友,并常带王捷三拜访鲁迅。他曾云"我的功课和我的关系恰好像没有爱情而强被结合的一双男女",以示自己所学非所爱的痛苦。他曾在北大旁听过鲁迅的小说史课,称那是"顶有趣味的小说史"[6]。

王品青是河南济源人,与傅铜为同乡。他曾参加北京哲学社,和傅铜有过来往。1920年,梁启超等人创办的"讲学社"邀请傅铜的导师罗素来北京演讲,王品青也参与了部分活动。程俊英回忆说:"记得罗素来时,在傅铜家开晚会,有罗素的情人勃拉克参加,那天晚上……参加会的有冯沅君和冯沅君的情人——北大的学生王品青。"[7]程俊英是冯沅君在北京女子高等师范学校的同学。由此可见,王品青与傅铜的关系是比较亲近的。他向傅铜建议西北大学邀请鲁迅赴陕讲学也就很有分量了。鲁迅的长安行正是在王品青和王捷三两人的提议之下促成的。

鲁迅1924年6月的日记中,涉及王品青的有两处:

---

[5] 郁达夫:《回忆鲁迅》,《宇宙风:乙刊》1939年创刊号。

[6] 品青:《宰羊——给M君的信》,《语丝》1925年第八期。

[7] 程俊英:《"五四"时期的北京女高师》。见《程俊英教授纪念文集》,第294页。上海:华东师范大学出版社,2004年。

二十八日　晴。……至晨报社访孙伏园，而王聘卿亦在，遂至先农〔坛〕赴西北大学办事人之宴，约往陕作夏期讲演也，同席可八九人。大风，旋止。……

三十日　晴。午访孙伏园，遇玄同，遂同至广和居午餐。下午同伏园至门匡胡同衣店，定做大衫二件，一夏布一羽纱，价十五元八角，又至劝业场一游。得傅佩青信，王品青转来。夜风。

人民文学出版社2005年版的《鲁迅全集》中，对王品青的注释如下："王品青（？—1927），名贵钐，字品青，日记又作王聘卿，河南济源人。1925年北京大学物理系毕业，任北京孔德学校教员。《语丝》撰稿人之一。1924年曾促成鲁迅往西安讲学。鲁迅曾为其所校点《痴华鬘》作题记。"台湾学者秦贤次补充得更为确切："王品青（1898—1927），学名贵钐，字聘卿，以笔名行，河南济源人。河南省立沁阳中学毕业，1919年9月考入北大预科甲部英文班，1921年9月升入物理系，但1925年6月未见毕业。"[8]

1924年11月2日，语丝社成立。鲁迅与钱玄同、周作人、川岛、林语堂等十六人被列为《语丝》周刊的撰稿人。王品青也是其中一员，他在《语丝》上共发表过五篇作品。有学者统计，《鲁迅日记》从1924年6月28日到1926年10月12日两年多的时间里，王品青与鲁迅交往达六十九次之多，包括借书、还书、赠书、通信、互访、吃饭、看电影、游玩等，由此可见当时二人关系之密切。[9]《鲁迅日记》中记录王品青曾和鲁迅通

---

[8] 《鲁迅全集》（第十七卷），第19页。北京：人民文学出版社，2005年。

[9] 宫立：《王品青与周氏兄弟及其他》，《上海鲁迅研究》2014年第2期。

信数次，可惜一封也没有留下。王品青与鲁迅的交往，最主要的有三件事情：第一，与王捷三一起促成鲁迅 1924 年 7 月赴西安讲学；第二，1925 年，王品青校点《痴华鬘》，鲁迅为之作"题记"，此书于 1926 年 6 月由北新书局出版；第三，1926 年，将冯沅君的短篇小说集《卷葹》推荐给鲁迅，希望鲁迅编入"乌合丛书"，并由陶元庆设计封面。

1920 年前后，王品青与冯沅君在北海公园举办的杜威先生平民教育思想讨论会上相识。冯沅君 1917 年考入北京女子高等师范学校国文专修科，在校期间深受五四新思潮影响，发表了不少诗词、散文和论文，崭露才华。爱好文学的王品青与冯沅君一见如故，产生了好感，又因为同样的遭遇和命运——王品青在老家有妻室，冯沅君在老家有包办的婚姻——两人逐渐相爱。1924 年，在北京大学研究所读书的冯沅君在创造社刊物上以"淦女士"为笔名，接连发表《隔绝》《旅行》《慈母》《隔绝以后》四部短篇小说，"充满了对爱情的大胆描写和反抗旧礼教的精神，其激烈的言辞、直切的告白在当时社会尤其青年读者中激起了热烈的反响"[10]。后来《中国新文学大系·小说二集》收入《旅行》《慈母》，鲁迅在"导言"中特别提到《旅行》"是提炼了《隔绝》和《隔绝之后》（并在《卷葹》内）的精粹的名文，虽嫌过于说理，却还未伤其自然"。冯沅君跟王品青的恋爱情景与心理状态，在她小说《隔绝》《旅行》《慈母》《隔绝以后》中多有描绘和展现。如写于 1924 年的《旅行》描写热恋中的女大学生镌华和男友士轸一同外出旅行，在旅馆里实行纯洁的同居，毅然向封建传统挑战：

---

[10] 唐正杰：《鲁迅与冯沅君——〈伤逝〉与〈卷葹〉》，见陈漱渝、唐正杰等：《鲁迅与中国现代女作家：匕首与玫瑰》，第 122 页。石家庄：河北人民出版社，2011 年。

……在这彼此拥抱的时间内,我似觉得大难已经临头了。各方面的压力已经挟了崩山倒海的势力来征服我们了。我想到了如山如陵的洪涛巨波是怎样雄伟,黄昏淡月中,碧水静静的流着的景色是怎样神秘幽妙,我们相抱着向里面另寻实现绝对的爱的世界的行为是怎样悲壮神圣。我不怕,一点也不怕!人生原是要自由的,原是要艺术化的。天下最光荣的事,还有过于殉爱的使命吗?总而言之,无论别人说长道短,我总不以为我们的行为是荒谬的。退一步说,纵然我们这行为太浪漫了,那也是不良的婚姻制度的结果,我们头可断,不可负也不敢负这样的责任。[11]

作者以细腻而大胆的笔触,刻画了女主人公热烈纯真的恋爱心理,表现出五四时代青年反对封建道德、争取个性解放与爱情自由的勇敢斗争精神。从1924年到1929年,冯沅君相继出版了《卷葹》《春痕》《劫灰》三部集子,成为中国现代文学史上第一代女性作家的代表。

1926年,王品青将冯沅君在创造社刊物上发表的《隔绝》《旅行》《慈母》《隔绝以后》交给鲁迅,请他编入"乌合丛书"。鲁迅于10月12日收到王品青所寄的书稿,当天日记云:"上午得品青所寄稿及钦文所寄《故乡》四本。"一周后,鲁迅将书稿编辑完毕,寄给北新书局老板李小峰。19日日记云:"寄小峰信并《卷葹》及《华盖续》稿。"同月29日,鲁迅致函画家陶元庆,请其帮忙设计封面。信中说:"关于《卷葹》,这是王品青所希望的。乃是淦女士的小说集,《乌合丛书》之一。

---

[11] 淦女士(冯沅君):《旅行》,《创造周报》1924年第四十五期。

内容是四篇讲爱的小说。卷葹是一种小草,拔了心也不死,然而什么形状,我却不知道。品青希望将书名'卷葹'两字,作者名用一'淦'字,都即由你组织在图画之内,不另用铅字排印。此稿大约日内即付印,如给他画,请直寄钦文转交小峰。"

王品青将冯沅君的稿子交给鲁迅编辑出版,是有自己的"小算盘"的,他没有讲清其中的隐曲。鲁迅明知自己被"利用",但仍不计利害予以帮携。1926年11月20日,鲁迅在致许广平的信中说:"说起《卷葹》,又想到了一件事。这是王品青送来的,淦女士所作,共四篇,皆在《创造》上发表过。这回送来要印入《乌合丛书》,据我看来,是因为创造社不征作者同意,将这些印成小丛书,自行发卖,所以这边也出版,借谋抵制的。凡未在那边发表过者,一篇都不在内,我要求再添几篇新的,品青也不肯。创造社量狭而多疑,一定要以为我在和他们捣乱,结果是成仿吾借别的事来骂一通。但我给她编定了,不添就不添吧,要骂就骂去吧。"同年12月5日,鲁迅在致韦素园的信中说:"前得静农信,说起《卷葹》,我为之叹息,他所听来的事,和我所经历的是全不对的。这稿子,是品青来说,说愿出在《乌合》中,已由小峰允印,将来托我编定,只四篇。我说四篇太少;他说这是一时期的,正是一段落,够了。我即心知其意,这四篇是都登在《创造》上的,现创造社不与作者商量,即翻印出售,所以要用《乌合》去抵制他们,至于未落创造社之手的以后的几篇,却不欲轻轻送入《乌合》之内。但我虽这样想,却答应了。不料不到半年,却变了此事全由我作主,真是万想不到。我想他们那里会这样信托我呢?"可见鲁迅对自己无故卷入与创造社的纠纷中颇为恼火。

在1927年1月11日致许广平的信中,鲁迅披露了他对高长虹和王品青的不满。他说:"这是你知道的,单在这三四年中,我对于熟识的和初初相识的文学青年是怎么样,只要有可以尽力之处就尽力,并没有什么坏心思。然而男的呢,他们自己之间也掩不住嫉妒,到底争起来了,一方面于心不满足,就想打杀我,给那方面也失了助力。看见我有女生在座,他们便造流言。这些流言,无论事之有无,他们是在所必造的,除非我和女人不见面。他们大抵是貌作新思想者,骨子里却是暴君酷吏,侦探,小人。如果我再隐忍,退让,他们更要得步进步,不会完的。我蔑视他们了。我先前偶一想到爱,总立刻自己惭愧,怕不配,因而也不敢爱某一个人,但看清了他们的言行思想的内幕,便使我自信我决不是必须自己贬抑到那么样的人了,我可以爱!那流言,是直到去年十一月,从韦漱(素)园的信里才知道的。他说,由沈钟社里听来,长虹的拼命攻击我是为了一个女性,《狂飙》上有一首诗,太阳是自比,我是夜,月是她。他还问我这事可是真的,要知道一点详细。我这才明白长虹原来在害'单相思病',以及川流不息的到我这里来的原因,他并不是为《莽原》,却在等月亮。但对我竟毫不表示一些敌对的态度,直待我到了厦门,才从背后骂得我一个莫名其妙,真是卑怯得可以。我是夜,则当然要有月亮的,还要做什么诗,也低能得很。那时就做了一篇小说,和他开了一些小玩笑,寄到未名社去了。那时我又写信去打听孤灵,才知道这种流言,早已有之,传播的是品青,伏园,亥倩,微风,宴太。"传播鲁迅和"一个女性"流言甚至说鲁迅将她带到厦门的,其中就有王品青。可能由于这些原因,鲁迅对王品青有所疏远。到了下半年,王品青就因病去世了。

  1927年1月,北新书局出版了《卷葹》。在今天的北京鲁迅博物馆内,仍可以看到鲁迅保存过的四本《卷葹》。1935年,鲁迅编选《中国新文学大系》小说二集，将冯沅君的《卷葹》中的《旅行》《慈母》两篇收入，并在"序"中对其予以透彻的评析：

冯沅君有一本短篇小说集《卷葹》——是"拔心不死"的草名，也是一九二三年起，身在北京，而以"淦女士"的笔名，发表于上海创造社的刊物上的作品。其中的《旅行》是提炼了《隔绝》和《隔绝之后》（并在《卷葹》内）的精粹的名文，虽嫌过于说理，却还未伤其自然；那"我很想拉他的手，但是我不敢，我只敢在间或车上的电灯被震动而失去它的光的时候，因为我害怕那些搭客们的注意。可是我们又自己觉得很骄傲，我们不客气的以全车中最尊贵的人自命。"这一段，实在是五四运动之后，将毅然和传统战斗，而又怕敢毅然和传统战斗，遂不得不复活其"缠绵悱恻之情"的青年们的真实的写照。和"为艺术而艺术"的作品中的主角，或夸耀其颓唐，或衔鬻其才绪，是截然两样的。然而也可以复归于平安。陆侃如在《卷葹》再版后记里说："'淦'训'沈'，取《庄子》'陆沈'之义。现在作者思想变迁，故再版时改署沅君。……只因作者秉性疏懒，故托我代说。"诚然，三年后的《春痕》，就只剩了散文的断片了，更后便是关于文学史的研究。这使我又记起匈牙利的诗人彼兑菲（petöfi Sándor）题B.Sz.夫人照像的诗来——"听说你使你的男人很幸福，我希望不至于此，因为他是苦恼的夜莺，而今沈（沉）默在幸福里了。苛待他罢，使他因此常常唱出甜美的歌来。"我并不是说：苦恼是艺术的渊源，为了艺术，应该使作家们永久陷在苦恼里。不过在彼兑菲的时候，这话是有些真实的；在十年前的中国，这话也有些真实的。

只可惜，即使《卷葹》如愿以偿被列入"乌合丛书"之一，也没有挽救王品青与冯沅君的爱情。王品青自北大物理系毕业后在北京孔德中学任教，他自由散漫，沉迷麻将，无法自拔，不但身体垮掉，而且债台高筑，与上进好强的冯沅君性格上产生了很大冲突。冯沅君因此多次提出分手，并患上头痛症。这个时候，陆侃如闯进了冯沅君的世界，两人书信来往频繁。从冯沅君《劫灰》中的短篇 EPOCH MAKING……可以寻绎到其对王品青情断义绝的蛛丝马迹："在六年前，我是不知道'爱'的，而且怕在异性朋友间发生'爱'。但是，我的心肠是很热的，也可说颇有侠义之风，我要牺牲我自己成全人家。某君虽然学问浅薄，但颇有才情。当时对我异常热，因此我很想成就他，安慰他在人生途中所受的苦恼。不意数年朋友的结果，他处处负我的期望：我于此发现我同他的志趣不合，我灰心之极！……他原来对我的爱情还未尽泯灭。已谢的花儿是不能复上故枝，我对他此时的状况，只有怜，没有当年的热情了——我自从感到他的志趣同我不合，我对他的热情就被灰心驱走了。"[12] 王品青读到这段文字之后，极为伤感，生病住进了医院，但并未心灰意冷。他托鲁迅将《卷葹》收入"乌合丛书"，即是想努力挽回这段感情。

鲁迅见王品青落魄不堪，经济困窘，便建议他校点《痴华鬘》（又名《百喻经》）补贴用度。1915 年 9 月，鲁迅曾捐银圆六十元，委托南京金陵刻经处刻印《百喻经》一百本，赠送许季上、周作人、钱稻孙、陈师曾、夏曾佑等亲友，极受欢迎。1926 年 5 月，由王品青校点、钱玄同题签、鲁迅题记作序的《痴华鬘》由北新书局出版。鲁迅说："佛藏中经，以譬喻为名者，亦可五六种，

---

12 严蓉仙：《冯沅君传》，第 84 页。北京：人民文学出版社，2008 年。

惟《百喻经》最有条贯。"又说："王君品青爱其设喻之妙，因除去教诫，独留寓言，又缘经末有'尊者僧伽斯那造作痴华鬘竟'语，即据以回复原名，仍印为两卷。"鲁迅将《痴华鬘》作为佛教文学来看，这部"除去教诫，独留寓言"的佛教经典，也是现代文学史上"饮崇慈亲，孝心肃祗"的典范，后人每一提及，莫不欢喜赞叹。[13]然而，校点《痴华鬘》也没有让王品青的生活状况和精神状态发生多少变化，未免枉费了鲁迅的一番苦心。

1925年夏，冯沅君从北京大学研究所毕业后离开北京，先后任教于金陵大学、复旦大学等学校。1926年秋，她与陆侃如确定恋爱关系。1929年，两人在上海结为夫妇。1931年，夫妻合著的具有开拓性的《中国诗史》由大江书铺出版，在当时学界产生了不小的影响。1932年，冯沅君考取巴黎大学文学院，专事古典词曲的研究，并获得博士学位。1933年，出版论文集《沅君卅前选集》。1935年回国，先后在河北女子师范学院、武汉大学、东北大学等校中文系任中国古典文学教授。1947年以后，任山东大学中文系教授，直至1974年离世。

陆侃如应该对冯沅君与王品青的恋情有所耳闻，"不过他对此不仅毫不介意，且能理解包容，并用柔情蜜意抚慰冯沅君心中的伤痕。他对她的爱持之以恒，百折不回"[14]，最终两人珠联璧合，成为中国现代学术史上的一对神仙眷侣。程俊英在文章中说："冯沅君死的时候，她的丈夫陆侃如写了一篇文章，说王品青是冯沅君的一个亲戚的朋友，这是错误的。王品青经常给冯写信，我都看到的。有一次还送她一个玻璃丝的相框子，并说我对你就像这个玻璃丝一样，表示他相思的意思，这

---

[13] 薛林荣：《鲁迅的饭局》，第167页。桂林：广西师范大学出版社，2021年。

[14] 严蓉仙：《冯沅君传》，第108页。

都是题外之话了。"[15] 陆侃如后来将冯沅君和王品青的故事,挪移到冯沅君的表姐吴天与王品青身上。陆侃如说:"吴天认识的王某,人很聪明,学的是物理学,但爱好文学,能写些优美的散文,由鲁迅先生介绍发表在北京各种文艺刊物上,在文艺界有一定的名誉。为了满足'博士迷'的哥哥的要求,沅君劝吴天和王一起参加河南教育厅'官费'留学的考试。只要考上了,就可以出国去搞一个博士头衔。沅君小说《旅行》所写的,背景就是吴天和王两人从北京坐火车到开封去参加考试,可惜这个计划未能实现。吴天这时的苦闷,不仅由于王考试一再失败,也由于王沉溺于打麻将的嗜好中。在北大男同学中,王的确是一位优秀的青年,他聪明,有写作才能。鲁迅先生也很赏识他,知道他屡考不中,曾介绍他在北京一些中学内做语文教师,颇得到学生们的欢迎。不过这时旧大学师生宿舍里,赌风极盛,每夜打麻将声劈啪不断。王不幸染上这个恶习,常常深夜赌博不睡。日子久了,不免要输钱,把他微薄的工资都输光了,到月底常无钱交付伙食费,有时连必要的参考书都无钱去买。王有时不得不求助于吴天。但吴天家中给她上学的零花钱数目很有限,无力满足王打牌输钱的无底洞,有时只好求助于沅君。不过冯家给她的上学零花钱也有限。沅君与吴天两人有限的零花钱,这时要供应她们自己和王赌博的需要就感到很拮据了。王渐渐疑心吴天'变心'了,所以不肯在钱上支援他。王身体本来不强壮,因打牌失眠,渐渐形成肺病。又加上对吴天'变心'的怀疑,心情不快,所以肺病渐渐严重化了。严重了又无钱支付医药费,病势不免日渐危险了。终于一天就因病

---

15 程俊英:《"五四"时期的北京女高师》。见《程俊英教授纪念文集》,第294页。

逝世了。"[16] 陆侃如说的王某，实际上就是王品青，吴天就是冯沅君。由此看来，他对妻子冯沅君与王品青的恋爱过程是知根知底的，之所以如此遮掩，或许是"为逝者讳"，或许是出于自己某种说不清道不明的心理。后来许志杰的《陆侃如和冯沅君》、严蓉仙的《冯沅君传》、赵海菱等合著的《冯沅君传》等，基本上都是综合了程俊英和陆侃如的回忆文章，并对照冯沅君的小说，将冯沅君和王品青的恋情进行了揭橥与复原。

王品青当时在北京文坛比较活跃，同鲁迅、周作人、郁达夫、钱玄同、章衣萍等文化名人都有较多交集，因而逝世之后，引起不少人的伤感和悼念。

王品青与周作人的往来较多，两人曾有"不喜吃鱼之辩解"。1926年11月，周作人以"岂明"笔名在《语丝》第一〇四期上发表《苦雨斋尺牍》之七《郊外》与之八《南北》，谈到各省朋友"习惯嗜好之不同"时，举例"品青之不喜吃鱼"[17]。王品青回函周作人，感谢周作人"慰问贱恙"。对于"不喜吃鱼"，他说，"鱼汤是我所爱喝的"，只是不喜欢多骨的鱼，"最讨厌的是普通的作法，鱼肉和骨头混在一起，不能畅畅快快大嚼大咽"。周作人回函说："你不喜欢多骨的鱼，似乎总还不能算'喜'吃鱼。吃鱼那里能管骨头多不多呢。"[18] 两人的信函同刊在《语丝》第一〇六期上。王品青离世后，周作人专门写了《关于失恋》，刊于《语丝》1928年第五期。文章开头说："王品青君是阴历八月三十日在河南死去的，到现在差不多就要百日了，春蕾社诸君要替他出一个特刊，叫我也来写几句。我与品君虽是熟识，在孔德学校上课时常看见，暇时又常同小峰来苦雨斋闲谈，夜

---

16 陆侃如：《忆沅君：沉痛悼念冯沅君同志逝世四周年》，《新文学史料》1979年第三辑。

17 岂明：《苦雨斋尺牍》，《语丝》1926年第一〇四期。

18 品青、岂明：《不喜欢吃鱼之辩解》，《语丝》1926年第一〇六期。

深回去没有车雇,往往徒步走到北河沿。但是他没有对我谈过他的身世,所以关于这一面我不很知道,只听说他在北京有恋爱关系而已。他的死据我推想是由于他的肺病,在夏天又有过一回神经错乱,从病院的楼上投下来,有些人说这是他的失恋的结果,或者是真的也未可知。至于是不是直接的死因我可不能断定了,品青是我们朋友中颇有文学的天分的人,这样很年青地死去,是很可惜也很可哀的,这与他的失不失恋本无关系。"对于王品青的死,除了痛心同情之外,周作人还从他的内在性格和外部环境上进行了分析——"品青的死的原固(缘故)我说是肺病,至于发狂的原因呢,我不能知道。据他的信里看来,他的失恋似乎是有的罢。倘若他真为失恋而发了狂,那么我们只能对他表示同情,此外没有什么说法。有人要说这全是别人的不好,本来也无所不可,但我以为这一半是品青的性格的悲剧,实在是无可如何的。我很同意于某女士的批评,友人'某君'也常是这样说,品青是一个公子的性格,在戏曲小说上公子固然常是先落难而后成功,但是事实上却是总要失败的。公子的缺点可以用圣人的一句话包括起来,就是'既不能令,又不受命'。在旧式的婚姻制度里这原不成什么问题,然而现代中国所讲的恋爱虽还幼稚到底带有几分自由性的,于是便不免有点不妥:我想恋爱好像是大风,要当得她住只有学那橡树(并不如伊索所说就会折断)或是芦苇,此外没有法子。"[19]1935年,周作人作《隅卿纪念》回忆他在北京孔德学校与马隅卿、钱玄同、王品青一起"闲谈不够,还要大吃",喝啤酒汽水聊到深夜的往事。在《隅山川两岸一览》中提到他曾同王品青比赛喝酒,"三

---

[19] 岂明:《关于失恋》,《语丝》1928年第五期。

和居的一斤黄酒两人分喝，便醺醺大醉了"[20]。以上足见两人交情匪浅。

　　章衣萍的悼念文章《吊品青》与周作人的《关于失恋》发表在《语丝》同期上。文章开头写道："从小峰处得来的消息，知道品青已于两三个月（？）前在河南病故了。这实在很令人悲伤，但为品青自己，沉默的死或是他自己所希求的吧？"章衣萍说："孔德的一位朋友说起你已经疯了，整日一个人在外面乱跑。并且总怀疑旁人害你，连对于我们最敬爱的岂明先生也有微词。我知道你已经神经变态，但我想不出什么法子可以安慰你，因为我知道能够愈你的病的世界上也许只有一个人罢。后来又听说他们把你送进医院，你要从医院的楼上跳下，大家没有法子，只得由你的家人把你送回河南去了。"章衣萍回忆自己与李小峰、王品青一起"去西三条访鲁迅先生或往八道湾访岂明先生"的往事，以及听台静农说起"你在河南正在用鸦片消磨你的生命"，不禁在文末感叹："品青，你竟用鸦片麻醉你自己的心灵么？人世太寂寞了。桃色的爱又常常变成灰色的虚幻。你不能寂寞以生，自然希望沉默以死。况且你的故乡的河南正在刀兵水火之中，你的家庭也有若干的纠缠罢？你的死是我们意料所及的事。品青，你竟永久地平安地沉默地去了。在这样扰攘不安的诡谲而黑暗的乱世，死对于人生也许算是幸福的事罢。但是，品青，你的清瘦而苍白的影子却印在语丝社的几个朋友的心里，直到永远！"[21]

---

[20] 知堂：《隅山川两岸一览》。见《周作人散文全集》（6），第832页。桂林：广西师范大学出版社，2009年。

[21] 衣萍：《吊品青》，《语丝》1928年第五期。

第十二章 "道中喝了不少的黄河水"：鲁迅的赴陕之旅

1924年7月7日晚十时，鲁迅一行十二人，从北京西车站坐火车出发，西行前往西安。

出发前，陕西省长驻京代表在西车站食堂设饯行宴，饭后鲁迅等十二人即乘火车前往西安。与鲁迅同行的有《晨报》记者孙伏园，《京报》记者王小隐，北京师范大学历史系教授王桐龄，天津南开大学哲学教授陈定谟、人类学教授李济之、西洋史教授蒋廷黻，基泰公司工程师关颂声、邝伟光、郭如松、沈汝楠，天津南开大学社会学系毕业生刘鸿恩，北大哲学系三年级学生王捷三。据许钦文回忆，那天晚上，陶元庆刚到北京不久，他们经过西车站时，陶元庆忽然叫了他一声说："周建人在这里吃夜饭！"许钦文"顺着他的视线望去，在玻璃门内的灯光下，映着昂着微翘胡子的鲁迅先生的侧影"。[1] 陶元庆之前没见过鲁迅，但在上海认识了周建人，远距离加之光线问题，

---

1 许钦文：《鲁迅和陶元庆》，《新文学史料》1979年第二辑。

故陶元庆将鲁迅误认作周建人。

卢照邻在《长安古意》中云:"长安大道连狭斜,青牛白马七香车。"不过那是在唐朝,1924年的长安道并不好走。从北京到西安一千一百公里,今天乘飞机不过两小时,坐高铁不过五小时。当时鲁迅一行乘火车、坐渡船、换汽车、倒骡车,用时八天七夜,才到达西安。旅途中最危险的是乘船渡过黄河时遇到暴雨逆风,相当惊险。看鲁迅的赴陕日记,真可谓"路长人困蹇驴嘶"了。

7月7日,"昙。……晚晴。赴西车站晚餐,餐毕登汽车[2]向西安,同行十余人,王捷三招待"。

8日,"忽晴忽雨。下午抵郑州,寓大金台旅馆。晚与四五同伴者游城内"。

9日,"晴。上午登汽车发郑州。夜抵陕州,张星南来迎,宿耀武大旅馆"。

鲁迅一行7月8日下午抵达郑州。晚上四五人结伴稍作游览。9日晚到陕州驿,即今河南三门峡市。时任陕西省长公署秘书兼西北大学英文系讲师张辛南(按:鲁迅日记写作"星南",系同声而误)等人前往迎接,夜宿耀武大旅馆。

当时陕州为陇海路西段终点,鲁迅一行面临两个选择:一是走陆路,先乘骡车到潼关,再坐汽车到西安;二是走水路,坐船经黄河到潼关,再坐汽车到西安。考虑到陆路不易雇车,沿途山路崎岖难行,恐有土匪出没,为避免意外的风险,张辛南提议走水路,大家一致赞成。故次日,鲁迅等改由黄河水路西进。

东南大学教授兼国文系主任陈钟凡也应西北大学暨暑期学

---

2 鲁迅这里说的"汽车"是日语中"火车"的说法。

校校长傅铜和陕西省教育厅厅长马凌甫函聘,任暑期学校国学讲席,去西安讲学。当时西北大学暑期学校邀请了东南大学的三位教授,即陈钟凡(国文系)、吴宓(西洋文学系)、刘静波(政治系)。最终陈钟凡与刘静波成行。1924年7月9日晚,他们在陕州与鲁迅相遇,次日一起前往西安。陈钟凡(字斠玄)《陕西纪游》9日记:"晚九时,北京天津讲师七人至。"这里七人是王桐龄(北京师大教授)、李济之(南开大学教授)、夏元瑮(北京大学理科学长)、蒋廷黻(南开大学教授)、孙伏园和鲁迅(北京大学教授)等人。鲁迅虽在日记中没有提到陈钟凡,但陈钟凡及王桐龄对他们从陕州到西安的旅途细节记录甚详,可与鲁迅的日记对读互参。

7月10日,鲁迅记:"晴。晨登舟发陕州,沿河向陕西。下午雨。夜泊灵宝。"

陈钟凡记录稍详,10日"晨七时,乘民船沿黄河西行,两岸乱山嶙峋,浊流汹涌,倚舷湿足,凉爽沁人。晚七时宿灵宝,暴风大作"[3]。

王桐龄记录更详:

十日午前八点,发陕州,由黄河乘船,溯流西上,向潼关。

陕州为水陆通衢,州南门外为大道,北门外为黄河。自陕至潼约一百八十里——当地人谓一里等于平常里数一里八分,谓之大里——本可坐车以行,然山路崎岖,颠簸殊甚,久旱无雨,尘埃障天蔽日,鼻为之塞。同行者人数较多,雇车殊不易——此间车夫多天津人,又刁又狡,故辛南已先决计乘船。余等亦

---

[3] 陈斠玄(钟凡):《陕西纪游》,《西北大学周刊》1924年10月21日。

以乘船较为舒服,乐得赞成。

既乘以后,觉着甚不舒服。盖黄河无客船,仅有载货船,前后尖,中间宽,两头之舱不能容物;中间之舱有席顶,无木顶,席甚薄,下雨则漏;两旁用木板作围屏,板皆用钉钉住,不能启闭,闷坐舱中,不能睹两旁之物;前后有窦无门,无物遮护,遇风由窦通风,甚凉爽,遇雨则由窦溅水,甚沾濡。余等十七人,分乘二船,余船三舱,共乘九人,每舱三人,船顶甚低,舱甚窄,每舱又各有行李二三件,局促殊甚。余等卧则屈膝,坐则折腰,立则鞠躬,人人终日抱膝长吟,无自由回旋之余地。余等皆久居陆地,不惯在船上出恭。黄河中流多滩,船旁滩拉纤以行,旁(傍)岸之机会甚少。偶尔旁岸,船主为赶程道计,多不停留。故余等在船上四日之间,上岸出恭之机会绝少。此起居之不便也。

黄河之水半杂泥沙、灰尘、便溺,饮之辄胸前作恶。余等携汽水,可以解渴,但多饮则腹作泄。途中不旁岸,无处可以吃饭,故托船夫做面汤、馒头疗饥,然粗恶殊甚。余等携有罐头鱼肉,然此物多陈旧,常吃则肠胃不适。此饮食之不便也。

余船水手共五人,一人在船后扶舵,一人在船头撑篙,三人在岸上拉纤,途中行四日,皆遇西风,不能急行,是日宿灵宝县东,约行五十里左右。[4]

由王桐龄的描述来看,他们所乘之船空间狭小,又不能观看沿途风景,加之起居和饮食又极为不便,这样的旅行无疑是极为难受的。鲁迅生在江南水乡,并不以为苦。据迎接鲁迅等人的张辛南回忆:"从陕州乘民船到潼关这一段,我记得天气

[4] 王桐龄等:《西北望:陕西新疆旅行记》,第7—8页。沈阳:辽宁教育出版社,2013年。

[日]加地哲定：陕州西门外，1925年6月

颇清朗，有的在舱里看书谈天，有的在船外流览风景。鲁迅先生总在一个舱的当中盘腿而坐对我们讲些故事。因为时间久了，他所讲的我不能一一记住，但是他初到北京造谒江叔海先生时，寒暄数语后，江先生即谈起那天的天气，就哈哈大笑了几声，这件事却是他船上告诉我们的。鲁迅这一段富有处世哲学意味的故事，只是叙述，未曾批评。"[5]

7月11日，鲁迅记："晨发灵宝。上午遇大雨，逆风，舟不易进，夜仍泊灵宝附近。"

鲁迅一行在河南灵宝"遇大雨"，黄流滚滚，航行十分危险；且"逆风"，"舟不易进，夜仍泊灵宝附近"，一天并没有前进多少。陈钟凡记："十一日晨四时，发灵宝，八时抵函谷。……是日阻风，只行三十里。晚狂飙大作，船身摇荡，榜人裸体入水，与逆风相搏，二时始脱险。"[6] 从陈氏的记录来看，情况很严重，并不是鲁迅轻描淡写的那样。王桐龄记道："十一日，遇雨，数行数止，宿于灵宝县西，仅行二十里左右。夜间上端雨水暴至，溜头甚高——夜间不能见，大约至少亦在一尺以上——冲动船锚，船向下行，漂流数里。余知船身颇旧，而未知水手驾驶之能力何若；稍有疏虞，则河身宽数里，流甚急，雨甚大，天气甚冷，夜色已深，对面不能睹物，虽善泅水者，亦难达到岸上，将有葬身鱼腹之虑，心甚惴惴。然恐惊同伴，故坚卧不起，不敢声张。幸而船长年老，颇谙练，顺风水之性，漂流数里，止于水较浅、流较缓之河滩上，遂停泊焉。"[7]

同行的孙伏园回忆："陕州下车后就坐船在黄河内溯流西上，至灵宝附近夜间上游暴雨，黄河滚滚东流，在急流之处，

---

[5] 张辛南：《追忆鲁迅先生在西安》，《中央日报》（重庆）1942年6月15日《艺林》。

[6] 陈斠玄（钟凡）：《陕西纪游》，《西北大学周刊》1924年10月21日。

[7] 王桐龄等：《西北望：陕西新疆旅行记》，第8页。

犹如一泻千里，航行十分艰险。"张辛南的记录更为惊险："上船之后，大风大雨整夜不息，我以责任在身，恐有不测，时时出舱探望情况，船主总是劝我回舱去。但我总不放心，我最后出舱探望的那一次，船主就板起面孔来向我说：'你不懂船上的规矩，今晚大风大雨何等利害，如果龙王爷动了气，全船上的生命，我就不能负责了。'次早风雨停息，我又出来。那位船主很严重的向我说：'你不知道，昨天晚上险呀！如此大风大雨，船不能下锚，倒行十余里，如果倒行到鬼门（陕州近处黄河中有砥柱山，兀峙中流，分河为人、神、鬼三门，惟人门可通舟楫，其险过于长江之三峡），那就没救了。幸托庇龙王保佑，得安然无事，诸位先生真是大命。'"[8] 船主所说的"鬼门"就是黄河三门峡中水流最湍急的地方。每逢夏秋水涨，黄土峡谷都会涌出携带大量泥沙的洪流，河窄湍急，旋涡密布，激流深险，船只一般不敢通过。鬼门岛上据说有三百多年前刻下的"削壁雄流，神工鬼斧"一行大字。由此可见鲁迅一行坐船西行的惊险。如果翻了船，中国文学史恐怕就要改写了。

12日，鲁迅记："晴。晨发舟，仍逆风，雇四人牵船以进。夜泊阌乡。腹写（泻）。"

陈钟凡记："晨发达子营，西风阻舟，行驶极缓。五时抵阌乡……"风雨过后，依然不顺。12日，鲁迅等人因为船上饮食不卫生，开始腹泻。13日抵达潼关后，腹泻还未愈，继续服用止泻药"Help[9] 两次十四粒"。

13日，鲁迅记："晴。晨发阌乡。下午抵潼关，夜宿自动车站。腹写，服Help两次十四粒。"

---

[8] 张辛南：《追忆鲁迅先生在西安》，《中央日报》（重庆）1942年6月15日《艺林》。

---

[9] Help，即海儿补。伪满时期日本生产向中国东北销售的一种肠胃药，治腹痛、泻肚、痢疾、消化不良等。

陈钟凡记："十三日晨发阌乡，见北岸王屋山林木葱茏，炊烟缕缕，山西地沃民殷于此可验。晚六时抵潼关，憨玉琨师长派骡车来迓，入城住汽车公司。"此日，刘镇华下属第三十五师师长憨玉琨受命接待，派副官李品三用骡车把鲁迅一行接到城里的汽车站住下。

14日，鲁迅记："晴。晨发潼关，用自动车。午后抵临潼，游华清宫故址，并就温泉浴。营长赵清海招午饭。下午抵西安，寓西北大学教员宿舍。寄母亲信。晚同王峄山、孙伏园至附近街市散步，买枰桐扇二柄而归。"

提起华清池，人们极易联想到《长恨歌》，国外汉学家和文人墨客也几乎都要征引白居易的"春寒赐浴华清池，温泉水滑洗凝脂"和许浑的"闻说先皇醉碧桃，日华浮动郁金袍。风随玉辇笙歌迥，云卷珠帘剑佩高"（《骊山》），以及其他描写华清宫的著名诗句。鲁迅长安行的主要目的是为写《杨贵妃》做准备，但其没有留下文字记录在华清宫游览及在华清池洗浴的感受。

陈钟凡记："十四日晨七时，乘汽车西行，土路崎岖，车至颠顿头晕至不能支。……十时二十五分至临潼，城南对骊山，北临潼水，为东西孔道。出南门里许，唐离宫华清池在焉。池分内外数泓，水色绀碧，清澈见底。予等就浴内池，深甫及腹，温度适宜，浣濯逾时，沿途缁尘，为之净尽。……一时进东关，由大东街达西北大学。"[10] 王桐龄记："十四日早七点，借妥憨师长汽车二辆，陆路赴长安。余等十五人分乘二汽车，留王捷三、刘鸿恩二君乘骡车搬运行李。……十一点，至临潼县，赴华清

---

10 陈斠玄（钟凡）：《陕西纪游》，《西北大学周刊》1924年10月21日。

[日]关野贞来：骊山温泉，1906-1935年

池沐浴。"[11]

1925年6月7日，日本汉学家加地哲定游览华清池，体察细致，因其距鲁迅长安行不到一年时间，特征引如下：

我仿佛看到玄宗与杨贵妃的玉辇叮铃叮铃响着，从宫门出来。但这也不过只是属于文学的世界而已，只是被美化了的天宝文化的意象。吞六国、筑长城、于阿房宫东端自建陵墓，誓言纳万世之敬仰的始皇又如何，脆弱地只传到二世，秦便灭亡了。作为繁荣一时的标志，这个陵墓如今也只是孕育着夏日芳草的一堆土罢了。

温泉之水至今依然滑润如初，但那不久之后，玄宗便蒙尘逃亡四川。历史的车轮总是不断前行而毫无回转的余地。回顾荣枯盛衰的历史，现实真令人感伤又深感痛惜。时有今昔，世有兴亡，唯有超时空的大自然之河川方能万世永存。渭水清澈，湍流不息；骊山青翠，巍然屹立；夕阳沉落，余晖映天，鱼鳞状的云彩飘浮在空中。从临潼的东北门进去，出南门到华清旅馆，由于是军营而不得进入，于是就借一间房的一角小憩。我们和中国人一起到地塘洗澡，今天晚上吃的依然是面条和馒头。时值十六日，一轮皓月悬挂在骊山边上，温泉四周也飘浮起白蒙蒙的蒸气（汽）。想来唐玄宗和杨贵妃也曾共赏过同一轮明月啊。[12]

唐太宗贞观十八年（644）置温泉宫于骊山之下，玄宗天宝六载（747）改称华清宫。太宗之后，唐代皇帝多游幸此地，以玄宗时最为盛大。"每年十月，玄宗照例率后宫行幸华清宫，

---

11 王桐龄等：《西北望：陕西新疆旅行记》，第9—10页。

12 [日]加地哲定《秦陇纪行》，翁建文译，[日]加地有定校，第32页。

至岁尽始返回长安。御汤九龙殿是玄宗的浴室。浴室周围砌以白玉，台阶上刻有鱼龙花鸟浮雕。浴室中央设置一对用白玉雕刻的莲花。由于莲花上能喷出清澄的泉水，泉水中又夹杂着一些碎玉，因此被称作莲花汤。芙蓉汤是杨贵妃的沐浴之处，也就是《长恨歌》中所说的'春寒赐浴华清池，温泉水滑洗凝脂'的地方。著名的长生殿是有流涧清音和驯鹿之声所在。天宝十载七月七日夜半无人之时，唐明皇与杨贵妃在此私语盟誓：要做比翼鸟和连理枝，天长地久永不变。经过安史之乱，这些殿阁楼台均已颓败，无法再现其盛况，徒为唐代诗人寄发感慨的话题。"鲁迅一行和加地哲定所见的华清宫，为清乾隆以后所建，1906年足立喜六游历之后云："温泉与过去相比，也发生了很大的变化。现在的温泉由莲花汤、鱼汤、太子汤、香汤、盘汤等五汤组成。莲花汤为主要泉源，想必与唐代的莲花汤处于同一位置。浴槽为大理石砌筑，上部为穹隆形堆积砖瓦的亭榭，有'华清池上夕佳楼'题额。前面的柱础上，有雕刻精美的莲花座，可以确认是唐代遗物。莲花汤中的泉水流出后被导入前房内，与太子汤、鱼汤相合，然后再流出墙外潴溜，形成盘汤，以供仆役人、牛马等洗濯之用。香汤是后世偶然掘出的，据说其位置与唐代的芙蓉汤相当。"[13]鲁迅在华清池沐浴时，是否会联想到"温泉水滑洗凝脂""侍儿扶起娇无力"的杨贵妃，不得而知。单演义说，"鲁迅先生一定会联想到历史小说典型人物'杨贵妃'的浴罢娇态，因为现在他的创作兴致还没有被损坏"[14]。那倒也未必，从他没有留下更多文字以及在灵宝时孙伏园提醒"宜乎美人出生在这里了"的反应来看，也许在从陕

[13] [日]足立喜六：《长安史迹研究》，王双怀等译，第173—175页。

[14] 单演义：《鲁迅讲学在西安》，第23页。

州登上渡船时,他就已经提不起多大兴趣了。

需要补充的是,鲁迅乘汽车往西安途中经过灞桥,也没有留下文字。倒是同行的陈钟凡将一路见闻尽收笔底。灞桥是西安东边的门户,为进入长安的必经之地。"灞柳风雪"是长安八景之一,"灞桥折柳"的典故更是千古闻名。古时"长安人士远送东行者至此,照例要折下柳枝,以表达惜别之情。故《开元天宝遗事》又称此桥为'销魂桥'"[15]。

与鲁迅同行,陈钟凡途中听到鲁迅三斥"苍蝇之声",印象极为深刻。五十多年后,他回忆这段往事道:

一九二四年七月,我三十五岁,应陕西教育厅及西北大学之约,赴西安讲学,东南大学政治系教授刘静波(文海)同行。乘津浦路车北行,经商丘、开封、郑州、洛阳到陕州。越日,鲁迅、夏元瑮、王桐龄、孙伏园自北京南下,偕同西行。次朝,苍蝇哄鸣,扰人清梦,鲁迅说:"《毛诗·齐风》所咏'匪鸡则鸣,苍蝇之声',于今朝验之矣。"

《鸡鸣》在《诗经》里并不有名,也不引人注意,鲁迅凭借记忆随手征引,恰切幽默,颇为好玩。由此可见,鲁迅在私塾读书时打下的坚实的旧学底子。

过洛阳时,曾任北大理科学长的夏元瑮特地拜访军阀吴佩孚。吴问夏:"在北大教什么课?"夏答:"担任新物理中的电子研究。"吴指其壁上所悬八卦图问:"此中亦有阴阳变化奥妙,能为我阐述否?"夏回答:"此旧物理,与新物理非一回事。"

---

[15] [日]足立喜六:《长安史迹研究》,王双怀等译,第15页。

[日]加地哲定：灞桥，1925年6月

吴佩孚强词夺理："旧有旧的奥妙，新有新的道理。"夏元瑮与众教授谈及此事，众人皆笑。鲁迅揶揄道："这也是苍蝇之声耳。"

有人问刘静波教什么课。刘答："研究国际问题中的大国家主义。"鲁迅说："是指帝国主义吧？其扰乱世界，比苍蝇更甚千百倍。"

有人回忆五四运动时，蔡子民（元培）先生在天安门发表演说，强调"只有洪水能消灭猛兽"。遂有人感叹问："这些蝇营狗苟的琐屑，自当同时消灭否？"鲁迅先生回答说："这虽是小题大作，将来新中国自有新环境，当然把一切害人虫，一扫精光。"[16] 鲁迅先生讨厌苍蝇，曾在《战士和苍蝇》《夏三虫》等杂文中痛斥过那些嗡嗡营营的"虫豸们"。但陈钟凡回忆所谈到的"将来新中国自有新环境，当然把一切害人虫，一扫精光"似乎"拔高"了鲁迅对未来的展望，未必可信。联系到陈钟凡回忆此事的那个特殊年月——1976年7月17日——自然就不难理解了。

---

16 陈中（钟）凡：《鲁迅到西北大学的片断》。见单演义编：《鲁迅在西安（资料汇编）》，第102页。西安：西北大学鲁迅研究室资料组印，1978年。

"暑期学校讲师不日到陕"：
西安报纸对暑期学校之预告

第十三章

近代以来，西安由于地处偏僻，交通闭塞（陇海铁路 1934 年才通车西安），经济落后，新思想、新文化很难传入。正如旅京陕西学生联合会 1920 年 1 月 20 日在北京创刊的《秦钟》发刊词中所言："陕西僻处西陲，交通闭塞，兼之强权凭陵压力甚大，数年以来陕西痛苦达于极点。政府视同化外，充耳不闻而金钱收买与昧心议员又钳口不言，以故国人亦不过问，鲜有知其内情者。窃思陕西者中国人之陕西也，陕西之痛苦，国人当共救之……吾陕志士闻而兴起。"

五四新文化运动虽然也对陕西青年产生了影响，但主要限于杨钟健、李子洲、赵国宾、段韶九、王震东等在京津沪等地求学的学子。他们在北京创办的《秦钟》《共进》等刊物，"提倡桑梓文化，改造陕西社会""为地方社会造福"，主要刊发政治时评，对军阀陈树藩、刘镇华等在三秦大地纵兵害民、勒索捐税、强迫百姓种植罂粟等劣迹恶行予以强烈谴责，发起了声势浩大的"救陕运动""驱刘运动"，产生了不小影响。受"白话文运动""为人生""问题小说""血与泪"等思潮的影响,《秦钟》《共进》也刊发了杨钟健的《乞儿》、陈顾远的《只为一个馒头》、武少文的《枪声》等与旧文学截然不同的新文学作品,表现出积极进步的姿态,但总体上处于对五四新文学的模仿阶段,艺术上比较稚嫩。因而可以说,1920年前后,五四新文学以及现代学术的"春风"依然没有吹过函谷关。这时候,西北大学与陕西省教育厅联办的暑期学校邀请京津宁的全国著名学者前来讲学,人们如同"久旱"期待"甘霖"一样,期待他们的到来。西安的报纸也对其非常重视,全程进行了追踪报道。

最早报道暑期学校的是《新秦日报》,其在1924年6月1日就刊发了《筹办中之暑期学校》的新闻。7月10日,《新秦日报》发布了《暑期学校讲师不日到陕》的报道:"兹闻此次所聘讲演多人,均已联翩来陕,现已行抵河南陕、灵等县,该暑期学校闻讯后,已派人前往欢迎,计其路程三五日即可到省云。"16日的《建西报》公布了《暑期学校的筹备就绪及组织》。18日的《旭报》公布了《暑期学校简章》及讲师姓名、别号、籍贯、略历、讲演题目等详细信息。《暑期学校简章》第一条云:"本校以利用暑期介绍新学术为宗旨。"

据西北大学姜彩燕教授查阅文献统计,在暑期学校开讲之前,西安的主要报纸《新秦日报》《建西报》《旭报》陆续刊发了二十多条报道:

报纸名称	报道日期	报道内容
《新秦日报》	6月1日	筹办中之暑期学校
	6月2日	筹办中之暑期学校(续)
	6月8日	暑期学校讲师定期来陕
	7月5日	暑期讲演会兴平听讲员将莅省
	7月9日	暑期学校进行消息

续表

报纸名称	报道日期	报道内容
《新秦日报》	7月10日	暑期学校讲师不日到陕
	7月13日	南郑听讲学员将抵省
	7月14日	暑期学校三原听讲员已报到
	7月15日	（1）暑期学校三原学员旅费均系分担 （2）兴平听讲员陆续抵省
	7月16日	暑期学校讲室已择定
	7月18日	暑期学校定期开讲
	7月19日	暑期学校听讲员又到一批
《建西报》	6月19日	暑期学校之组织
	7月16日	暑期学校近讯：不日开学……各县派员纷纷来省听讲
	7月19日	国立西北大学、陕西教育厅合办暑期学校启事
	7月20日	国立西北大学、陕西教育厅合办暑期学校启事
	7月21日	国立西北大学、陕西教育厅合办暑期学校启事
《旭报》	7月8日	渭北各县选派暑期讲习学员
	7月13日	学者来陕讲演之预闻
	7月16日	暑期学员来省
	7月18日	暑期学校简章已发出 国立西北大学、陕西教育厅启事 国立西北大学、陕西教育厅合办暑期学校简章
	7月19日	国立西北大学、陕西教育厅启事 国立西北大学、陕西教育厅合办暑期学校简章——（讲演题目）续
	7月20日	国立西北大学、陕西教育厅启事 国立西北大学、陕西教育厅合办暑期学校简章——（讲演题目）续
	7月21日	国立西北大学、陕西教育厅启事
	7月22日	（1）国立西北大学、陕西教育厅启事 （2）学者讲演期已定

由以上报道，不难看出陕人对暑期学校及学术名家之期待。正如姜彩燕所言："1924年的暑期学校的确为当地文化教育界的一件盛事，本地报纸尤其是《新秦日报》和《旭报》几乎全程追踪，报道甚为详尽。

从暑期学校筹备期间的组织、简章、聘请讲师及讲演题目预告，到详细报道各县选派听讲员经过，暑期学校开讲及存在问题，到暑期学校结束，讲师东归，学校张榜发布结业证，整个过程可谓巨细无遗。"[1]

---

[1] 姜彩燕：《鲁迅西安讲学与当地报纸相关报道新考》，《现代中文学刊》2021年第4期。

第十四章 名家云集：1924年暑期学校的师资阵容及讲演题目

与1923年的"陕西省城之学术演讲会"相较，1924年7月由西北大学和陕西省教育厅联办的暑期学校，名家云集，阵容更为强大，讲题更为丰富。根据当时的暑期学校简章及后来出版的讲演集，现将讲师姓名、籍贯、略历及讲演题目罗列如下：

姓　名	别号（字）	籍贯	略历	讲演题目
王桐龄	峄山	直隶（今河北）	北京师范大学历史教授	一、《中国文化之发源地》 二、《历史上中国六大民族之关系》 三、《历史上汉民族之特性》 四、《历史上亚洲各民族之关系》，讲演时题目易为《陕西在中国史上之位置》，分为： 第一章：《陕西之地势》 第二章：《陕西在中国文化史上所占之位置》 第三章：《陕西在中国政治史上所占之位置》 结论：《现在陕西在中国之位置如何》 附录：《历史上中国民族之研究》
李顺卿	干臣	山东	北京师范大学教授兼农业大学教授	《森林与文化》 《中国之兵工兵农问题》

续表

姓 名	别号	籍贯	略历	讲演题目
林砺儒			北京师范大学教授	《新教育之哲学的根据》
李济之			南开大学教授	一、《社会学概要》 二、《人类学概要》
柴春霖		甘肃	北京政法大学教授	《欧洲革命史》
夏元瑮	浮筠	浙江	北京大学前理科学长	《物理学最新之进步》
陈钟凡	觉元	江苏	东南大学教授、国文系主任	一、《中国国文教学法》 二、《中国文字演进之顺序》 三、《读古书的途径》
陈定谟			南开大学教授	一、《知识论》 二、《行为论》
周树人			北京大学教授	据《讲演集》（二） 《中国小说的历史的变迁》 第一讲：《从神话到神仙传》 第二讲：《六朝时之志怪与志人》 第三讲：《唐之传奇文》 第四讲：《宋人之"说话"及其影响》 第五讲：《明小说之两大主潮》 第六讲：《清小说之四派及其末流》
梁龙	犹聃	广东	英国阿巴丁大学法学学士、文学硕士，剑桥大学哲学博士，广州大学法政院院长	讲题未定
王凤仪	来亭	陕西	法国大学法学博士	讲题未定
蒋廷黻			南开大学教授	一、《欧洲近世史》 二、《法兰西革命史》
刘文海	静波	陕西	东南大学教授	《近代世界变迁史》
吴宓	雨僧	陕西	东南大学教授	讲题未定

需要说明的是，根据《国立西北大学周年纪念特刊》中的《暑期学校讲师及所讲题目一览表》以及《讲演集》，暑期学校简章中所列讲师及题目，与暑期学校后来的讲演实际有所不同。主要有以下变化：

（一）林砺儒、柴春霖、梁龙、吴宓四位讲师没有应约到校。

（二）暑期学校简章中"讲题未定"的有两位，分别是周树人与王凤仪。讲题后来为：

周树人：《中国小说的历史的变迁》

王凤仪：《社会主义与共产主义之源流》

《卢梭之教育观》

（三）暑期学校简章中没有列入的讲师及讲题有：

孙伏园：《何谓文化》（《新秦日报》写为"《何为文化》"）

王小隐：《人生地理概要》《戏曲与文化之关系》

（四）张辛南《追忆鲁迅先生在西安》一文谈到暑期学校讲师时，漏掉了李干臣和王凤仪，多说了胡小石。[1]胡小石于1924年3月受西北大学校长傅铜之邀任西北大学国文系教授兼系主任，同年6月因母病回南京，并未参加暑期学校的讲学活动。[2]

（五）西北大学除政治经济科主任王凤仪做了专题讲演外，水利工程科主任李仪祉也做了专题讲演。[3]

（六）鲁迅当时为北京大学讲师，而非教授。1920年8月2日，鲁迅被北京大学聘为讲师。按当时北大规定，兼职教员不能聘为教授。

---

[1] 以上内容主要参考单演义：《鲁迅讲学在西安》，第7—9页。

[2] 周勋初编：《胡小石文史论丛》，第249—250页。南京：南京大学出版社，2008年。

[3] 李永森、姚远主编：《西北大学校史稿·上卷·1902—1949》（修订本），第18页。

并不都"当作朋侪"：
鲁迅与暑期学校其他讲师之关系

第十五章

暑期学校讲学的学者里，与鲁迅关系最亲密的是孙伏园。

孙伏园（1894—1966），原名福源，笔名伏庐等，浙江绍兴人。幼年毕业于敬敷小学，1911年入绍兴山会初级师范学堂，因担任级长而与鲁迅相识。周树人（鲁迅）时为绍兴府学堂学监（即校长），对孙伏园颇为赏识。[1]1918年，孙伏园入北京大学国文系旁听，次年转为正科生，再次成为鲁迅学生。后曾参加新潮社。1920年参与发起成立文学研究会。次年，孙伏园北大毕业，先后主编《晨报副刊》《京报副刊》，发表了鲁迅大量作品，催生了《阿Q正传》，还是鲁迅第一部小说集《呐喊》的出版人。1924年7月，以记者身份陪同鲁迅赴西安讲学。同年11月，以鲁迅为首的语丝社成立，孙伏园成为该社主要成员。1926年下半年，孙伏园随鲁迅离京赴厦门大学，任国学研究院编辑部干事。次年1月，随

---

[1] 孙伏园：《哭鲁迅先生》。见孙伏园：《鲁迅先生二三事》，第4页。北京：中国文史出版社，2020年。

鲁迅赴广州,任中山大学史学系主任。著有《伏园游记》《鲁迅先生二三事》等。

孙伏园是鲁迅的绍兴同乡,又两度成为鲁迅学生,二人关系非同一般。到北京后,孙伏园与鲁迅交往甚密,两人亦师亦友。1924年长安行前夕,6月30日下午鲁迅"同伏园至门匡(框)胡同衣店,定做大衫二件,一夏布一羽纱,价十五元八角,又至劝业场一游"。长安之行,孙伏园一路陪同,其《长安道上》对往返所见所闻记录甚详。1942年4月,上海作家书屋出版了孙伏园的《鲁迅先生二三事》,收录了《长安道上》《杨贵妃》等文章,为了解鲁迅长安行之重要文献。

其他讲学的学者里,与鲁迅关系较好的是李济之、蒋廷黻、夏元瑮与陈定谟。

李济之(1896—1979),原名李济,字受之,后改济之,湖北钟祥人,人类学家、考古学家,被誉为"中国考古学之父"。李济之1918年毕业于清华学堂,赴美国克拉克大学学习心理学,1919年获文学学士学位。同年作为研究生继续在克拉克大学读人口学课程,1920年获硕士学位。随即入哈佛大学攻读人类学,1923年6月以《中国民族的形成》获哲学博士学位。同年夏回国,任南开大学人类学和社会学教授。1924年兼任南开大学文科主任。1924年开始从事田野考古,对河南新郑的春秋铜器进行调查清理。1926年发掘山西夏县西阴村遗址,为中国学者第一次主持的科学考古发掘。其最主要的学术成就,是1929年主持安阳殷墟第二次、第三次考古发掘。对殷墟陶器和青铜器的系统研究,奠定了其在中国考古学及世界考古学界的地位。后任中央研究院第一届院士,历史语言研究所考古组主任。1949年以后任台湾大学教授，创办了台湾大学考古人类学系。[2]

19世纪末到20世纪二三十年代，国外探险家与考古学家纷纷潜入中国西北，以"探险""考察""发掘"等为名义，进行寻宝盗掘式的考古和科学考察，发现了一系列震惊世界的奇迹，也极大地触动了中国学者。西方的考古学也随此逐渐传入中国，"这个学科的思想，教育部的人关注的很多，随之开始关注中国的出土文物"。鲁迅也受到这一风气的影响，收藏了大量汉代画像，"生前搜购历代拓本五千一百余种，六千余张，品类丰富，多为罕见之作"，"藏书里德文和日文的考古报告有很多"，在给朋友的信中，他"希望对考古做一详细的记录"。虽然他在写文章的时候从不谈这些，"可是这些思想暗化在他的文化精神里面"[3]。职是之故，西安期间鲁迅同李济之交往频繁。7月16日，"午后同李济之、蒋廷辅（黻）、孙伏园阅市"；17日，"午同李、蒋、孙三君游荐福及大慈恩寺"；18日，"午后同李济之、夏浮筠、孙伏园阅市一周，又往公园饮茗"；20日，"赠李济之《小说史略》上、下二本"；8月3日，"以猿首赠李济之"；10日，返京途中"寄李济之信"。返京后，29日"下午，李济之来访"。1925年2月23日，"寄李济之以《呐喊》一部"；3月3日，"下午得李济之信"。1933年，鲁迅与李济之还有往来，2月24日，"午杨杏佛邀往新雅午餐，及林语堂、李济之"。

蒋廷黻与李济之同于1923年自美学成回国，又一同任教于南开大学。1924年7月，两人又同应西安暑期学校之约。李济之说："因为只有我们两人是从天津去的，其他的都是从北京去的，无形中我们两人显得更亲近了一点。我们的交情由此更为

---

[2] 李济：《考古琐谈》，第278—279页。武汉：湖北教育出版社，1998年。

[3] 孙郁：《鲁迅的暗功夫》。见孙郁：《民国文学十五讲》，第96—97页。

密切。"⁴ 因而，李济之与鲁迅一起阅市逛街时，蒋廷黻也多同行。

蒋廷黻（1895—1965），字绶章，笔名清泉，湖南邵阳人，著名历史学家、外交家。六岁入私塾接受旧式教育。十岁入长沙明德小学，次年转入美国基督教长老会所办的益智学堂，开始学习英文。1912年，17岁的他只身自费到美国读书，进入半工半读的派克学堂。1914年毕业，因成绩优异获得湖南省官费转入奥伯林学院，主修历史，1918年获得文学学士学位。1919年入哥伦比亚大学研究院，师从卡尔顿·海斯（Carlton Hayes）攻读历史，1923年获哲学博士学位。随即返国，先后任教于南开大学、清华大学，曾任南开大学历史系主任兼文科主任、清华大学历史系主任兼文学院院长等职，主讲西史大纲、欧洲近代史、法兰西革命史、欧洲势力扩充史、近代中国外交史等课程，并开始从事中国近代外交史的研究。蒋廷黻以主张史学改革著称于时，被郭廷以誉为中国近代史"开山的人"。1935年12月，蒋廷黻离开清华大学，以非国民党员的学者身份参加国民党政府，任行政院政务处处长，后从事外交事务，1945年被任命为中国驻联合国常任代表。其代表作《中国近代史》提出中国人能否近代化将关系国家兴亡的观点，在学术界影响巨大。在其1965年口述的《蒋廷黻回忆录》中，他提到1924年夏天的西安之行，对鲁迅颇有误解和偏见：

演讲人中有鲁迅（周树人），他后来成为名小说家，支持中国共产党。一九二五年我们还闻不出他有什么共产味道。他曾出版过一本《中国小说史略》，书中铺陈的全是旧说，很少有新义，

---

4 李济：《廷黻先生对学术界的贡献与关切》。见《蒋廷黻回忆录》（增补版），第287页。

据我所知,他在西安所讲的仍为他那本书中的旧套。他有点儿瘸,走起路来慢吞吞的。他和我们相处不仅很客气,甚至可以说有点胆怯。有一天我看到他和一群孩子们在一起玩一门青铜造的玩具炮。他告诉我,如果把一个小石子放在适当的位置上,可以弹出二十码远,像弹弓一样。他说那门玩具炮可能是唐代设计的,但他买时价钱很低,所以他不相信那是唐代的东西。我问他为什么不相信,他说:"如果我一定说是唐代的古物,别人就一定说它不是。如果我一开始说它可能不是,就不会引起争论了。"在鉴定古物方面,他倒是个不与人争的人。人们绝不会料到他居然是一个文学与政治纷争中的重要人物。[5]

蒋廷黻说鲁迅"后来成为名小说家",明显是错误的。鲁迅这个时候已经是著名的小说家了。说《中国小说史略》"铺陈的全是旧说,很少有新义",完全是外行话,并且带着情绪。"玩具炮"按其叙述,应该是"弩机"。至于其所记的鲁迅其他方面,倒能窥见鲁迅的可爱和与世无争。

值得一提的是,蒋廷黻和李济之"对内地的经验有同样的感受",都表现出对底层百姓的体恤和同情。李济之说:"到了西北大学暑期讲习班完了之后,有位北平师范大学历史学教授王桐龄老先生,在刘雪亚将军的饯别宴上,当面要求刘督军招待我们免费游历西岳华山。那时候刘雪亚将军对我们这班人当然是非常的客气,当下就答应了,这差事就交到华阴县办理。我们到华山时,看到实际的情形,觉得有点难过,因为差事交到华阴县政府,县政府就硬派到老百姓身上去了,跟着就是拉

---

[5] 蒋廷黻:《蒋廷黻回忆录》(增补版),第124页。

夫，强迫很多壮丁办这些差事，而又不给他们工资。我们对此事很感觉到不平，我们又不好意思说话。这一段经验，廷黻先生跟我更感到中国的行政上的的确确存在着一些问题。从吸鸦片烟的问题到行政上的不合理，这些都是我们实际的亲身经验，我们两人的反应，可说是完全一致的。"[6]

夏元瑮（1884—1944），字浮筠，杭州人，我国现代物理学家、教育家，专长于理论物理学。1904年入上海南洋公学。1905—1912年先后在美国伯克利大学、耶鲁大学，德国柏林大学学习物理学。1912年回国，1912—1919年任北京大学理科学长。夏元瑮是中国第一代理论物理学家，曾介绍并翻译爱因斯坦《相对论浅释》（今译为《狭义与广义相对论浅说》，商务印书馆1922年初版），是我国第一本有关相对论的译著，20世纪上半叶在中国和东南亚各国华侨中颇具影响。毕生从事高等教育工作，培养了大量物理学和工程技术人才，是我国大学物理本科教育的开创者。

夏元瑮为清末民初诗人、历史学家、学者夏曾佑之子。鲁迅在教育部任社会教育司第一科科长时，夏曾佑任社会教育司司长，是鲁迅的直接上级。夏兼任京师图书馆馆长，实际工作则由鲁迅与沈商耆负责。夏曾佑和鲁迅均应教育总长蔡元培之召，几乎同时赴教育部工作。因工作关系，鲁迅与夏交往较多，常陪同夏视察，对夏印象甚好。[7]夏"喜欢喝酒而不喜欢管事，逮着鲁迅就要陪他喝酒，而鲁迅却是真对图书馆特别热心，于是二人各得其所。无论是图书馆的规划，还是管理人员的安排，都是鲁迅建议，夏曾佑点头，事就办妥了。鲁迅想把京师图书

[6] 李济：《廷黻先生对学术界的贡献与关切》。见《蒋廷黻回忆录》（增补版），第288—289页。

[7] 鲁迅偶尔也对夏曾佑有所不满。如1913年9月27日，教育总长汪大燮命令教育部部员往国子监祭拜孔子，鲁迅"闻此举由夏穗卿主动"，在次日的日记中云其"阴鸷可畏也"。

馆办成什么样子，也就基本能办成什么样子"[8]。夏曾佑的《中国历史教科书》应商务印书馆编译所所长张元济之请而编写，"为中国第一部成名的新式历史教科书"，鲁迅甚为推崇。胡适也"深佩夏先生之功力见地"[9]。1927年12月24日，鲁迅在《谈所谓"大内档案"》一文中说："胡先生（胡玉缙）因此想到武英殿失火的故事，深怕麻袋缺得多了之后，敬一亭也照例烧起来；就到教育部去商议一个迁移，或整理，或销毁的办法。专管这一类事情的是社会教育司，然而司长是夏曾佑先生。弄些什么'国学'的人大概也都知道的，我们不必看他另外的论文，只要看他所编的两本《中国历史教科书》，就知道他看中国人有怎地清楚。他是知道中国的一切事万不可'办'的；即如档案罢，任其自然，烂掉，霉掉，蛀掉，偷掉，甚而至于烧掉，倒是天下太平；倘一加人为，一'办'，那就舆论沸腾，不可开交了。结果是办事的人成为众矢之的，谣言和谗谤，百口也分不清。所以他的主张是'这个东西万万动不得'。"对夏曾佑评价甚高。在1934年2月11日致姚克的信中，鲁迅向他推荐了夏曾佑的《中国古代史》，说："关于秦代的典章文物，我也茫无所知，耳目所及，也未知有专门的学者，倘查书，则夏曾佑之《中国古代史》（商务印书馆出版，价三元）最简明。"1935年4月19日鲁迅在致唐弢的信中谈到清代的史书，再一次推荐夏曾佑的书："清朝的史书，我没有留心，说不出什么好。大约萧一山的那一种，是说了一个大略的。还有夏曾佑做过一部历史教科书，我年青时看过，觉得还好，现在改名《中国古代史》了，两种皆商务印书[馆]版。"夏曾佑于1924年4月

---

8 李新宇：《鲁迅的官场生涯》，《齐鲁学刊》2018年第3期。

9 夏曾佑：《中国古代史》，第527—528页。北京：东方出版社，2012年。

1917年1月26日京师图书馆新馆开馆纪念合影。
第二排左起第五人为鲁迅，第一排左起第五人为时任北京大学校长蔡元培，
第二排左起第四人为时任社会教育司司长夏曾佑。

18日去世。可能因为这层关系，鲁迅和夏元瑮比较亲近，在赴西安之前就比较熟悉。鲁迅1924年3月1日的日记写道："赠夏浮筠《小说史》一本。"在西安时，7月18日鲁迅"同李济之、夏浮筠、孙伏园阅市一周，又往公园饮茗"；8月3日，"上午同夏浮筠、孙伏园往各处辞行"；次日清晨，与夏浮筠、孙伏园同程返京；返京后，19日"晚夏浮筠同伏园来，邀至宣南春夜饭"。

陈定谟（1889—1961），江苏昆山人。清华学校留美预备部毕业后，入美国哥伦比亚大学，1915年获哲学硕士学位，1916年获社会学硕士学位。曾任留美东方学生会主席及泛亚洲会议第一任会长。回国后曾在北京大学、复旦大学、南开大学任教。1924年秋任教于西北大学，1925年任教厦门大学，与鲁迅为同事。1924年8月3日，鲁迅与孙伏园、夏元瑮提前返京，临行前，鲁迅"即托陈定谟君寄北京五十，又捐易俗社亦五十"，可见对陈定谟之信任。在厦门时，鲁迅在致许广平的信（第四十二）中说："教员内有一熟人，是先前往陕西去时认识的，似乎还好。"在厦门大学时，两人交往较多，曾一起出游南普陀寺，关系比较亲近。鲁迅日记中记有（1926年9月8日）"陈定谟君来"、（9月9日）"午后访陈定谟君，同游南普陀"、（12月17日）"午，郝秉衡、罗心田、陈定谟招饮于南普陀寺，同席八人"等。陈定谟有时也向鲁迅透露一些讯息，如渐渐地感觉到几个同时到厦门大学的人排挤鲁迅。他叹息道："玉堂敌人颇多，但对于国学院不敢下手者，只因为兼士和你两人在此也。兼士去而你在，尚可支持，倘你亦走，敌人即无所顾忌，玉堂的国学院就要开始动摇了。玉堂一失败，他们也站不住了。而他们一面排斥你，一面又个个接家眷，准备作长久之计，真是胡涂。"鲁迅说："我看这是确的，这学校，就如一部《三国志演义》，你枪我剑，好看煞人。北京的学界在都市中挤轧，这里是在小岛上挤轧，地点虽异，挤轧则同。但国学院内部的排挤现象，外敌却还未知道（他们误以为那些人倒是兼士和我的小卒，我们是给他们来打地盘的），将来一知道，就要乐不可支。我于这里毫无留恋，吃苦的还是玉堂，但我和玉堂的交情，还不到可以向他说明这些事情的程度，即使说了，他是否相信，也难说的。我所以只好一声不响，自做我的事，他们想攻倒我，一时也很难，我在这里到年底或明年，看我自己的高兴。至于玉堂，我大概是爱莫能助的了。"[10] 后来果不出鲁迅所料，鲁迅离开厦门大学后，林语堂无法支撑，不久也离开，其他"准备作长久之计"的人，也只好卷铺盖走人。

鲁迅后来在杂文中批评过的有王桐龄、李顺卿和王小隐。

王桐龄（1878—1953），字峄山，号碧梧，河北任丘人，著名历史学家。清末考取秀才，1902年进入京师大学堂师范馆学习。1904年作为京师大学堂首批官费生被派往日本留学，1907年毕业于东京第一高等学校，1912年毕业于东京帝国大学文学系，获文学学士学位，是我国第一个在国外攻读史学而正式毕业的学人。回国后曾任北京政府教育部参事，后应聘为北京高等师范学校教务主任，1921年任史地部主任。北京高等师范学校改为北京师范大学后，1926年任史地系教授。先后在北京法政大学、燕京大学、清华大学、北京大学等校任课。著译丰硕，代表作有《中国民族史》《中国历代党争史》等，在中国通史编纂、民族史研究方面有重要影响。[11] 1924年7月与鲁迅一起赴西安讲学。暑期学校结束后，王桐龄提议刘镇华招

10　鲁迅在1926年10月21日致许广平信中转述陈定谟的话。按：玉堂即林语堂，兼士即沈兼士。

11　隋树森：《记王桐龄先生》。见北京图书馆《文献》丛刊编辑部编：《文献》1983年第十八辑。北京：书目文献出版社，1983年。

待教授们游览终南山、华山等名胜。其8月14日至15日与李顺卿、陈钟凡游终南山，17日返京途中与李顺卿、陈钟凡、李济之、蒋廷黻游华山，并记有游记，非常详细。返京后，王桐龄撰成《陕西旅行记》（1928年2月北京文化学社出版发行）与《陕西在中国史上之位置》，是了解暑期学校、20世纪初西安以及陕西的至为重要的文献材料。

李顺卿（1894—1972），字斡忱，又作斡臣、干臣，山东海阳人。植物生理学家、生态学家、林学家。李顺卿是1919年金陵大学林科首届毕业生，获农学学士学位。同年留学美国耶鲁大学森林学院，获林学硕士学位；后入美国芝加哥大学理学院，获植物学博士学位。毕业归国后，先后任河北大学农学院教授，国立北平大学农学院教授、系主任，国立北平师范大学教授、系主任、教务长、代理校长，安徽大学教授兼农学院院长及校长，国立中央大学农学院教授兼森林系主任，国民政府农林部林业司司长兼垦务总局协办，联合国粮农组织林业顾问委员会委员等职。1932年，在美国哈佛大学及英国皇家植物园从事禾本植物分类学的研究工作。

早先，鲁迅对王桐龄的印象还是不错的。1913年4月17日，鲁迅得知教育部参事王桐龄、蒋维乔、钟观光等抗议总长陈振先在中央学会选举中徇私舞弊而辞职的消息后，随教育部全体成员辞职抗议。[12]对王桐龄印象的改变是"女师大风潮"之后。1925年北京女子师范大学爆发驱逐校长杨荫榆的学生斗争风潮，鲁迅和进步学生一起反对强权。1925年12月14日，陈西滢、王世杰、燕树棠等人发起成立"教育界公理维持会"，

12 《教育部全体辞职之风潮》，《平报》1913年4月23日。

次日改名为"国立女子大学后援会",该会旨在声援章士钊创办的女子大学,反对女师大复校,压迫该校学生和教育界进步人士。王桐龄、李顺卿为该会成员。鲁迅在18日所写的《"公理"的把戏》一文中说:"以人论,我与王桐龄、李顺卿虽曾在西安点首谈话,却并不当作朋侪。"

王小隐(1895—1946),原名王乃潼,又名梦天,字梓生,号忆婉庐主,祖籍山东费县,后随父移家兖州。17岁肄业于山东高等学堂。1915年考入北京大学学习土木工程,后转入历史系。1919年参加五四运动。

在北大读书时,王小隐即喜欢写小品,处女作《烟霭晴晖都好斋笔记》洋洋三万余言,刊诸有正书局出版的《小说时报》上,甚有盛誉。北大肄业后在北京平民大学任讲师,兼任《京报》记者和《上海画刊》通讯员,"与徐凌霄在《京报》合写三言两语小段,每日百十字,极为隽永"[13]。其后久居天津,任《北洋画报》记者,又兼任《商报》"古董摊"栏目主编。王小隐擅交际,嗜烟酒,好游乐,"恃才傲物,任情放纵,崇尚清淡,怡情自适"[14],有名士伯乐之风,积极提携后进,在当时颇受崇拜与仰慕。1932年,王小隐离开天津,出任驻家乡兖州的国民军第二十师师长孙桐萱的秘书,并兼任曲阜衍圣公府秘书,著有介绍儒学的《圣迹导游录》。抗战爆发后,孙桐萱奉命南撤,王小隐脱离军界,仍据兖州。

1924年,王小隐以《京报》记者身份与鲁迅等人受邀赴西安讲学。鲁迅"旧日学生"荆有麟在《哈哈论的形成》中说:"据鲁迅先生回来时形容,王小隐那次是穿的双梁鞋——即鞋

---

[13] 吴云心:《编印精美的〈北洋画报〉》。见中国人民政治协商会议天津市委员会文史资料委员会编:《天津报海钩沉》,第133页。天津:天津人民出版社,2003年。

---

[14] 杨永泉:《论名士》,《南京社会科学》2004年第6期。

前面有两条鼻梁。当时北京官场中人及遗老多穿此种鞋。见人面，总是先拱手，然后便是哈哈哈。无论你讲的是好或坏，美或丑，王君是绝不表示赞成或否定的，总是哈哈大笑混过去。鲁迅先生当时说：'我想不到，世界上竟有以哈哈论过生活的人。他的哈哈是赞成，又是否定。似不赞成，也似不否定。让同他讲话的人，如在无人之境。'于是才写了那篇《立论》。"[15]鲁迅在西安孔庙看到历代帝王画像"其中有一张是宋太祖或是什么宗"，穿长袍，胡子向上翘起，"于是一位名士就毅然决然地说：'这都是日本人假造的，你看这胡子就是日本式的胡子。'"（《说胡须》）。这位"名士"就是王小隐。回京后，鲁迅以此为由头，写了《说胡须》一文。

不过王小隐对鲁迅的批评并不服气，一直耿耿于怀。日军攻占兖州后，王小隐转任邹县孟翰博府秘书。山东邹县南关农民孟昭楠（字香南）说："王小隐号称'才子''名士'，能写会画，还懂点金石。鲁迅在《说胡须》中批评过他，他一直不服气，几次和我发牢骚。他说鲁迅关于胡须的说法是不对的，还是他说的对。"孟昭楠时任孟氏小学教员，和王小隐有过从。在孟府期间，王小隐置民族大义于不顾，投敌卖国，多次参加日军"慰灵祭"，追悼死在中国的日军"亡灵"，吹捧他们是"成仁取义"；出席"剿共委员会"，发表"剿共"讲演；把孟府的石头献给山东新民会石田顾问，做日伪纪念塔基石。他还创制了亚圣府旗，白底，中央一个"亚"字，外绕醒目的红圈，一见就令人想起日军鼓吹的"东亚共荣圈"。后来王小隐曾任日伪山东省新民会委员、兖州道委员等职。[16]在倪斯霆的文章中，或可通

---

15 倪斯霆：《成为鲁迅"模特"的王小隐》，见倪斯霆：《老天津的文坛往事》，第7—8页。天津：天津社会科学院出版社，2022年。

---

16 黄清源：《〈说胡须〉中的"名士"与〈随感录〉中的"神童"考》，《鲁迅研究月刊》1999年第12期。

151

过王小隐一息尚存的骨气,略窥其懦弱性格和矛盾心态——"沦陷时期,他因会说日语,曾为日军翻译。但日伪推其出任兖济道尹,他却坚决不就,而许以滋阳县长,他也拒不履任。即使汪伪政府开伪国大,山东代表指定其为副议长,他仍托病不去南京。日伪见此,遂改变策略,多次假借其名气哄骗乡里推行伪政,而此时他不但没有出面澄清,反而有时也以名士身份'清高'地参与日伪组织的文化活动,并接受俸禄。故而抗战胜利后,朋友及乡人均视其为汉奸。一生玩世不恭的王小隐这回没有'哈哈哈',在大节问题上他认真了。尽管政府当时尚未对其动手,然而他却因愧食伪禄,于1946年底自缢于蔦园其父坟前,身后留有绝命诗曰:'一步蹉跎万事休,懒将姓字世间留。半文不值何须说,百岁分明已到头。饱历艰危沦孽海,空怀孤愤赋离忧。此心略可质今古,犹幸归来正首丘。'"[17]

---

[17] 倪斯霆:《成为鲁迅"模特"的王小隐》。见倪斯霆:《老天津的文坛往事》,第13页。

"陕西人多是安静、沉默、和顺的"：
孙伏园等的秦人印象

第十六章

　　1924年7月14日，孙伏园与鲁迅等人到达西安，当时北方苦旱。他们经过郑州，"知郑州一带已有两月不曾下雨，而且以关闭南门，禁宰猪羊为他们求雨的手段"。到了陕西境内，所见更加有趣——"一到渭南，更好玩了：我们在车上，见街中走着大队衣衫整洁的人，头上戴着鲜柳叶扎成的帽圈，前面导以各种刺耳的音乐。这一大群'桂冠诗人'似的人物，就是为了苦旱向老天爷游街示威的。我们如果以科学来判断他们，这种举动自然是太幼稚。但放开这一面不提，单论他们的这般模样，却令我觉着一种美的诗趣。长安城内就没有这样纯朴了，一方面虽然禁屠，却另有一方面不相信禁屠可以致雨，所以除了感到不调和的没有肉吃以外，丝毫不见其他有趣的举动。"孙伏园觉得渭南人祈雨"戴着鲜柳叶扎成的帽圈"虽然滑稽，却有"一种美的诗趣"，而西安人，则相对朴实木讷多了。总之，他对陕西人有一种"了解之同情"，印象不坏——

自然所给予他们的并不甚薄,而陕西人因为连年兵荒,弄得活动的能力几乎极微了。原因不但在民国后的战争,历史上从五胡乱华起一直到清末回匪之乱,几乎每代都有大战,一次一次地斫丧陕西人的元气,所以陕西人多是安静、沉默、和顺的;这在知识阶级,或者一部分是关中的累代理学家所助成的也未可知。不过劳动阶级也是如此:洋车夫、骡车夫等,在街上互相冲撞,继起的大抵是一阵客气的质问,没有见过恶声相向的。说句笑话,陕西不但人们如此,连狗们也如此。我因为怕中国西部地方太偏僻,特别预备两套中国衣服带去,后来知道陕西的狗如此客气,终于连衣包也没有打开,并深悔当时以小人之心度君子之腹。(北京尝有目我为日本人者,见陕西之狗应当愧死。)陕西人以此种态度与人相处,当然减少了许多争斗,但用来对付自然,是绝对的吃亏的。我们赴陕的时候,火车只以由北京乘至河南陕州,从陕州到潼关,尚有一百八十里黄河水道,可笑我们一共走了足足四天。在南边,出门时常闻人说"顺风!"这句话我们听了都当作过耳春风,谁也不去理会话中的意义;到了这种地方,才顿时觉悟所谓"顺风"者有如此大的价值,平常我们无非托了洋鬼子的洪福,来往于火车轮船能达之处,不把顺风逆风放在眼里而已。[1]

孙伏园对陕西人"安静、沉默、和顺的"性格形成的历史和现实原因的分析,只是来自短短二十来天的走马观花,未免流于皮相。说"陕西不但人们如此,连狗们也如此",无疑是玩笑话了。他对陕西人的印象不差,但有时也不免存在认知上

---

[1] 伏园:《长安道上(一)》,《晨报副镌》1924年8月16日。

的偏差。孙伏园的《长安道上》在《晨报副镌》1924年8月16、17、18日连载之后，即有名为"甘生"的读者8月30日致函孙伏园，反映其中一些夸大失实的部分,孙伏园将其发表在1924年9月8日的《晨报副镌》上。孙伏园说"陕西人多是安静、沉默、和顺的""洋车夫、骡车夫等，在街上互相冲撞，继起的大抵是一阵客气的质问，没有见过恶声相向的"。甘生则认为："先生何其滑稽！然而说是说，笑是笑，毕竟事实失真，是要不得的。我对此也不便多说，只有干脆的一句话：据我们许多人的观察，恰恰和先生所说相反。——或者先生在此处也故意说反话吗？"实际上,正如甘生所言,陕西人性格以"生、蹭、冷、倔"而出名,一言不合,大打出手并不少见。孙伏园是外地人,在陕时日不多,印象片面也没有必要求全责备。

孙伏园说"长安差不多家家户户，门上都贴诗贴画，式如门地而较短阔，大抵共有四方，上面是四首律诗，或四幅山水等类，是别没有见过的，或者还是唐人的遗风罢"。甘生认为也是无稽之谈——门上所贴"原是从贴门神演进而来，是入春过年时才贴的，……既不算陕西的特色，怕说不上唐人的遗风吧"。其言不谬。

此外，孙伏园说，据传甘肃的物质生活水平很低，穷苦人家的十几岁的孩子，衣不蔽体，"这是多么不调和的现象！我劝甘肃人一句话，就是穿衣服，给那些穷苦孩子们穿衣服"。甘生认为孙伏园"有意虚夸、有意关心"而反唇相讥道："甘肃十七八岁的孩子，男男女女，何止成千上万？如果如先生所说，常赤裸裸一丝不挂，则满街上，满学校里，乃至满家庭里，都那样——赤裸裸的——走来走去，那真是活泼自然而好看极了！而且如果男女结婚时——甘肃男女，十七八岁时结婚的，实在不少，看一对赤裸裸的新人，行结婚大礼，那更是再好玩没有了。

那么比所谓新文化运动所号召的什么'解放','自然','打破虚伪'……怕还要彻底而新鲜些吧!……——然而可恨甘肃人实在没有那样彻底的觉悟,实在没有那样打破虚伪而赤裸裸一丝不挂的勇气!"

至于孙伏园所说的"夫死守节是极普通的道德,即十几岁的寡妇也得遵守"。甘生说"不能说没有",但"不能说满地皆是",绝对没有江浙多。孙伏园的《长安道上》正如甘生所言"……描写细致。中间所有意见,又多高明而切实",[2] 给我们留下了珍贵的史料。至于其中的失真之处,对于一介游客,我们也不能过于苛责。

1928年,民国政府提出开发西北的战略,很快得到全国的支持和呼应。政府当局和公民个人无不以建设西北为当务之急,一时间,各种关于开发建设西北的计划、方案、报告和研究成果纷纷出炉,"到西北去""开发西北""建设西北"成为流行口号。他们或为西北开发和建设建言献策,或提供资金上的帮助,或游历考察西北,或到西北去工作,一时间,西北开发和建设掀起前所未有的高潮。作为西北桥头堡的西安,自然成为西北开发和建设的重中之重。1932年一·二八事变以后,民国中央政府决定以洛阳为行都,以西安为陪都,并将西安易名为"西京"。政治地位的提高,使得西安更加受到重视。不过,由于交通不便,西安的发展限制依然很大。

1931年,陈必贶游历西安,他觉得西安人衣装实在是古朴"老土","大概在西安市上无论男女、衣服的颜色,百分之九十以上是蓝和黑的,很少有鲜艳的颜色。然而少女们有时免

---

2 甘生:《〈长安道上〉的小小订正》,《晨报副镌》1924年9月8日。

不了穿些鲜艳的衣服，戴一顶花边帽，但是那比之上海的鲜艳来，西安的衣服要退到十八世纪去了"。当时的西安，自然与大上海无法相比。不过，他对西安人的印象不错，"这一带的民情倒很刚直，而且质朴耐苦，为他处所不能及。另一方面，人民的思想也并不十分顽固，原来陕西革命分子相继不绝，也就可以表现出来。在南方，湖南人别号叫作'湖南牛'，这是对湖南人的艰困耐劳表示得十分像了。我以为北方的陕西人与南方的湖南人很有些相像，他们往往都是易于进步的而又是能耐苦的。"诚哉斯言，陕西是北方第一个响应辛亥革命的省份（南方是湖南首应），也是全国大革命运动开展最为蓬勃的地区之一。更难得的是，他在西安的古风中发现了酝酿中的新气息——"西安的风虽然还很浓厚，然而在目前却也布满了一股清明的风气。假如一个游客的感觉不是十分麻木的话，他到了目前的长安道上，必然感觉得，他是在伟大的同时又是新鲜的氛围之中，仿佛一切都在生动、萌芽，如同现时春天的野外一样。"[3]

在"到西北去""开发西北"的声浪里，后来成为著名教育家的严济宽，同几个青年同伴来到西安任教。在他的印象里，"西安的民情，十分淳厚，崇尚朴质，不事浮华。从衣食住行四大需要上都可以看得出来。他们的性情是刚强的，直爽的。不像南方人的滑头滑脑，这一点还保存着古人的风度，在奸刁诡诈的二十世纪，这种人是不多见的了。可是他们也有短处，就是懒惰和吸食鸦片"。他觉得，"西安人和西安的地方一样，是很古朴的"：老人长袍大袖，飘飘然有古风；中年人也是长袍，不过款式多些；青年学生，夏天是白色的学生装，春秋是灰色

3　陈必贶：《长安道上纪实》，《新陕西》1931年第一期。

的学生装,冬天,外面加件大衣。西装少年很少见,即使有也是从南方来的。无论老中青,"他们所用的衣料都是棉制成的粗布,绝不用外国货的。……他们的朴素,就如江浙的乡下人差不多,这实在是一种极好的风气"。尤其是西安学生的彬彬有礼,给他留下了深刻的印象——"自五四运动之后,旧礼教被打倒,不知不觉的把一般的礼貌也打倒了。于是学生不敬仰师长也成为习见的事情。但是在西安,学生们仍然是有礼貌的。他去看先生,必先敲门,见面,一立正,然后讲话,讲完话后,又一立正,始慢慢地退出。如在路上遇着先生,必一面鞠躬,一面叫'×先生',等先生走过了,再向前进。这样有礼的情形,在现在国内是很少见的。"[4]但他觉得西安学生的天资,似乎不尽如人意。比如上英语课时他发现,有几个人把 day 读 die,他纠正了几次,没有一点成效。总体看来,西安的教育还很落后,学校虽不少,但派别太多,缺少团结一致的朝气,成绩尤少。严济宽在西安工作了半年,对西安的印象是——"西安是个弥漫着古香古色的都市,没有电灯,没有自来水,一切都是东方固有的东西。"和他同去西安的几位朋友,皆是江南的时髦少年,站在时代前面的人,"一到西安,他们就要大读其诗词歌赋,大卖其古董字画,俨然是冬烘头脑的老先生,足见这古老的都市,蕴藏着极大的复古的魅力"[5]。回到上海之后,他回想在西安的生活,觉得"俨然是在太古时代一般",自己是从古代到现代穿梭了一次,"差别如是之大,这实在是梦想不到的"[6]。严济宽在西安待的时间较长,他的所见所感所言,颇能切合当时西安及西安人的实际。

---

4 严济宽:《西安:地方印象记》,《浙江青年》1934年第二期。

---

5 严济宽《西安》,《中学生》1935年第五十四期。

---

6 严济宽:《西安:地方印象记》,《浙江青年》1934年第二期。

对于王鲁彦的到来,"蓦然有一个那么有名气的文艺家到西北来,的确是很使人兴奋的"。1934年2月上旬,王鲁彦离开上海到陕西合阳县立中学任教,8月下旬转任西安陕西省立高级中学教师(其间,7月下旬回上海),1935年底回到上海。在陕西期间,他先后创作了《惠泽公公》《车中》《桥上》《鼠牙》《枪》等小说,《新年试笔》《西行杂记》《西安印象》《幸福的幻影》《关中琐记》《驴子和骡子》等散文,翻译了波兰作家斯文妥珂夫斯基的长篇戏剧《阿斯巴西亚》[7],"把这荒僻的西北介绍到外面去"[8],同时把新鲜的空气带进来。这些作品都在省外发表或结集出版(多在上海)。王鲁彦所看到的西安,破败荒凉,寒鸦丛集。他在《西安印象》中写道:

……西安的建设还在开始的尖梢上,已修未修和正在修筑的街道泥泞难走。行人特殊的稀少,雨天里的店铺多上了牌门。只有少数沉重呆笨的骡车,这时当做了铁甲车,喀辘喀辘,忽高忽低,陷没在一二尺深的泥泞中挣扎着,摇摆着。一切显得清凉冷落。

然而,只要稍稍转晴,甚至是细雨,天空中却起了热闹,来打破地上的寂寞。

"哇——哇——"

天方黎明,穿着黑色礼服的乌鸦就开始活动了,在屋顶,在树梢,在地坪上。

接着几十只,几百只,几千只集合起来,在静寂的天空中出发刷刷的拍翅声,盘旋地飞了过去。一队过去了,一队又来了,

---

[7] 连载在当时在西安出版的《西京日报》副刊《明日》上。

[8] 戴思:《西北作家小志》,《西北文化月刊》1941年第五期。

这队往东，那队往西，黑云似的在大家的头上盖了过去。这时倘若站在城外的高坡上下望，好像西安城中被地雷轰炸起了冲天的尘埃和碎片。

到了晚上，开始朦胧的时候，乌鸦又回来了，一样的成群结队从大家的头上刷了过来，仿佛西安城像一顶极大的网，把它们一一收了进去。

这些乌鸦是常年住在西安城里的，在这里生长，在这里老死。它们不像南方的寒鸦，客人似的，只发现在冷天里，也很少披着白色的领带，它们的颜色和叫声很像南方人认为不祥的乌鸦，然而它们在西安人却是一种吉利的鸟儿。据说民国十九年西安的乌鸦曾经绝了迹，于是当年的西安就被军队围困了九个月之久，遭了极大的灾难。而现在，西安是已经被指定作为民国政府的陪都了，所以乌鸦一年比一年多了起来，计算不清有多少万只，岂非是吉利之兆？[9]

女作家王莹这一时期也在西安任教，在她的眼里，西安是"一个墓场似地荒凉的旧都"，是一个沙漠里的城市。有风时黄沙满天，她"迎着那沙漠里的寒风"，离开了这个闭塞落后而又热情淳朴的古都。西安的黄昏留给她难以磨灭的印象——"是天空卷着了黄沙的时候，在满是乌鸦的院落里，窗口飘进了使人窒息着的叫声，屋子是灰暗的，火油灯闪闪地在寒冷的风中飘摇着，心是那么沉着的。"不过西安的女儿们，天真、可爱、俭朴，她们"恨许多女孩子缠脚哩"，"恨许多抽鸦片的人哩"，讨厌"街道也不清洁哩"。她们"有真挚的热情"，"有坦白的心

---

[9] 鲁彦：《西安印象》，《文学》1936年第六卷第一号。

胸""在天真的头脑里是不断地在织着美丽的梦"[10]，把对社会的不满，一件一件告诉了外地来的女老师，给王莹留下了深刻的印象。王莹以女性自身的细腻和敏感，把握住了西安女儿们的灵魂。直至今天，西安的女孩子们，跟王莹所言也差不了多少。

历史学家和文学批评家李长之1938年到西安，一共住了三个夜晚，他觉得"这古城给人印象顶深的，是感觉宗教气息的浓厚，并且想见中国当时受外邦文化影响的剧烈。还有一点，就是一到长安，才对于唐代的文字，特别是诗，格外亲切起来。附带的，也了解唐代所谓隐士的一部分人的生活，他们隐是隐在终南山，就是京城的南城门外边。这样自然是很方便的，看了风景，却还不会和政局隔膜。所以大抵隐士是只有聪明人士会作的"[11]。

孙伏园、陈必贶、严济宽、王鲁彦、王莹、李长之等人笔下的西安，是古色古香的古都，虽有零星的现代气息，但总体上破败不堪、百业凋敝、教育落后、文苑荒芜，没有受到五四以来新思想、新文学和新文化的洗礼，是一个在经济思想和文学上与外隔绝的孤立的闭塞的盆地。[12]

---

10 王莹:《西安的女儿们——"古城里的记忆"之一》,《现代》（上海）1934年第四卷第六号。

11 李长之:《从长安到安阳》,《旅行杂志》1938年第十二卷第三号。

12 王鹏程:《民国文人的西安记忆与文学想象》,《山西大学学报》(哲社版)2018年第5期。

第十七章 "西安太荒凉太寂寞"：
鲁迅、王桐龄等人的西安观感

鲁迅对于西安的印象，在给山本初枝的信中用一句话概括了——"连天空都不像唐朝的天空。"接待鲁迅的李级仁说："他感到西安太荒凉太寂寞，教育很落后，妇女受旧的风俗习惯约束得很厉害，在街道上几乎见不到她们的踪迹。"[1]那么，西安的具体情况如何呢？王桐龄因精研史学、社会学之故，观察敏锐，各方面林林总总均有记录，可使我们一窥西安当时的城市格局、市政面貌、人文环境与社会状况。

由于地处内陆，交通不便，在中国的近代转型中，西安与西方文明的交汇，远远滞后于东部沿海城市，在经济、文化、商业等方面更是衰落闭塞。直到民国十七年（1928），西安才从隶属的关中道脱离出来，首次设市。[2]昔日辉煌的故都，其经济、文化和商业的容量不及东南沿海的一个县城。1934年陇海铁路通车西安，西安才缓慢地融入整个中国社会的剧烈变革之中。

---

1 单演义：《鲁迅讲学在西安》，第77页。

---

2 《陕西经济十年（1931—1941）》，第6页。西安市档案局、西安市档案馆编，1997年。

王桐龄清末在日本留学时，即奉清政府之命对东、西两京做过比较研究，积累了较为丰富的城市研究经验。[3]他到陕西境内，发现"有二事最容易惹人注目：一为官道旁之高柳，一为城门脸或大街转角处白灰墙上所书之格言。柳树为左文襄公（按：左宗棠）在陕甘总督任内所栽，现今已几六十年，多数高逾五六丈。公清廉公正，遗爱在民，陕西人比之召伯之甘棠。格言系冯前督（按：冯玉祥）在任时所书，专训导人为善。自民国成立以来，伟人土匪，相携举兵，将陕西境内之官柳斩伐大半。冯在任未久，旋即去职，灰墙经雨淋日晒，一大部分格言，已陆续剥蚀矣"[4]。

1924年的西安城格局，与今天大致相同。王桐龄记录道："长安城东西宽约七八里，南北长约四五里，周围约二十四五里，东、西二门及由东至西之大街稍偏南，故北半城较大，南半城较小。东大街之北为旧满城，占城内地约三分之一，前清西安将军驻此，民国成立时，全城被焚毁，现在夷为平地，满人散居各处矣。北大街之西、西大街之北一带，俗名回城，实则有街、有巷、无城，不过为回教徒集中之地耳。长安城内居民，据西北大学法科主任蔡江澄先生言：'从前所调查之数约十二万，回教徒不足一万，然团体颇坚固。'繁华街市为西大街、桥梓口及南苑门，前二处为旧式商店集中之处，后一处为新式商店集中之处，经济之中心点，全城精华之所萃也。省长公署、财政厅、警察厅、长安县署，皆在西大街，实业厅亦距此不远，又政治之中心点也。"[5]王桐龄所记，是辛亥革命之后西安的城市格局，今天依然大致如此，不过后来城门有所增加而已。辛亥

---

[3] 王桐龄：《日本东西两京之比较》，《教育杂志》1910年第二卷第十二号。

[4] 王桐龄等：《西北望：陕西新疆旅行记》，第11—12页。

[5] 王桐龄等：《西北望：陕西新疆旅行记》，第17页。

革命之后，西安城区空间结构发生了很大变化。1911年10月10日，辛亥革命在武昌爆发。西安作为最早响应辛亥革命的北方省会城市，10月22日发动了武装起义，以张凤翙为总指挥的陕西革命党人当天就占领了满城[6]以外的西安城区。两日后，经过激战，攻克了八旗军驻守的满城。战后满城内的官署、营房、寺庙、民宅以及城墙毁坏严重，满族、蒙古族人纷纷迁徙，留下一片狼藉。当时"西、南两面城墙又占据着东大街和北大街，这种状况不仅妨碍东北隅与其他城区的沟通，也阻碍了城市整体的发展。民国元年9月，陕西都督府下令拆除满城西、南两面城墙，将墙基重新恢复为东大街和北大街。自1645年起建，至1912年拆除，存在了二百六十七年的西安满城自此消失。满城城墙的拆除是明初扩城以来西安城市格局的又一次大变化，这一变动使城区重新回复到明末一城八区的状态。东、西、南、北四条大街重新连通四座城门，钟楼居中绾系四条大街，其四个门洞与四座城门洞相望，甚而与四关城居中郭门相望无阻，城内各区的联系重又畅通。满蒙族的军事禁地已不复存在，汉、回族人口又逐渐进入东北隅居住生活"[7]。南院门（王桐龄写为"南苑门"）为西安当时的核心商业区，其位置优越，东由竹笆市至五味什字，南由马坊门至南边马路，交通便利，行业齐备，店铺云集，商货丰富，驰名省内外，流传有"进城先逛亮宝楼，再到市场游一游"[8]的民谚。据1924年以前的官方调查数据，西安城区人口为十二万，经过1926年的围城和1929年的大旱，1931年减少到十万八千人。1934年陇海铁路通车西安以后，西安人口开始快速增长。[9]蔡江澄告诉王桐龄

6 满城：清朝统治期间，将占全西安面积四分之一左右的城东北角，划归为满族居住区，称之为满城或驻防城。

7 史红帅、吴宏岐：《古都西安·西北重镇西安》，第54—55页。西安：西安出版社，2007年。

8 王克刚：《南院门的过去》。见中国人民政治协商会议西安市碑林区委员会文史资料研究委员会主办：《碑林文史资料》（第二辑），1987年，第164—168页。

9 田克恭：《西安城的过去与现在》。见中国人民政治协商会议陕西省西安市委员会文史资料研究委员会编《西安文史资料》（第一辑），1981年，第229—230页。

的人口数不虚。

建筑方面，"长安为中国故都，间有数百年前建筑，如卧龙巷之卧龙寺，化觉巷之清真寺，大学习巷之清真寺等，顺庄严瑰丽，伟大可观，然此种古建筑，现存者绝少。新建筑之房屋，因木材缺乏，故梁栋椽柱多用杨木；因石灰缺乏，故多用黄土涂壁；因燃料缺乏，砖瓦价昂，故院墙屋壁多用土坯替代，既缺美观，又难耐久，官衙、学校皆如此，不独民居也"[10]。

道路方面，"街道较为宽阔，然新式之马路尚未动工，旧有之路分二种：大街皆石路，用长四五尺、宽二三尺之大石砌成，多系数百年前旧物，高低凹凸不平，车行颠簸特甚。小巷皆土路，多坑坎，遇风则扬灰沙，下雨则成泥泞，行人裹足"[11]。

交通方面，"城内之交通器具，约有六种：一、单套骡车，系普通中等以上之人——陕西官场不用轿，省长以下皆乘车——所用，但行石路则颠簸殊甚，且时间不大经济。二、人力车，行路较快，且不大颠簸，但道路太坏，雨天人力车不能行。三、轿，赁价太昂，行路又不甚快，时间、金钱俱不经济，故用者绝少。四、大车。五、二套轿车。六、小手车。三者皆用以载货，行人乘之者绝少。汽车仅督署及各师旅长各有数辆，用以作远路之交通机关，平时不用也"[12]。

饮水方面，"自来水尚无有，新式之洋井仅有数处：一、督军公署；二、红十字会；三、西北大学；四、西华门；五、东门外。但上层含有杂质之水多渗入，颇咸卤不适用。其余概用旧式井，水内含有硝质，于卫生殊不相宜，洗衣服亦多不洁。

10—12 王桐龄等：《西北望：陕西新疆旅行记》，第19页。

惟西门外瓮城内路北有甜水井一,水源甚旺,足供多数人用"[13]。当时西安的供水渠主要沿用明清通济渠故道,从西安城南丈八沟处引潏(河)水入城,称为龙渠[14]。城内居民饮水多购于西门甜水井,但价格昂贵,并含有杂质。其他水井均苦涩,不能饮用。据《陕西交通挈要》记载,"唯西门内瓮城之大井及甜水井车家巷一带之数小井水为佳,故水之买卖甚盛。市中推车、大车之搬运者,络绎不绝。煮沸者每杯价约六七厘"[15]。

公共设施方面,下水道"地沟尚欠疏通,雨后时存积水"。路灯"大街仅有数盏,小巷尚无"。消防方面"无水龙及消防队之设置,大街各有太平水缸数个,小巷尚无"[16]。

卫生方面,令人不堪忍受的是排泄物,"路旁虽有官中厕,但稍僻静之处,常有人随便出恭。路旁多尿坑及秽水坑,行人过者掩鼻。秽土废料——如瓜皮果核等——随便弃置于道旁,苍蝇繁殖其中,为各种传染病之媒介"[17]。

交通方面,"陇海铁路仅修到河南陕县,以西尚无有"。长途汽车路,"仅由长安修到潼关,汽车由去年开行,因路途不平——多为重载大车所毁坏,车多破损,新购之汽车尚未到,故现在停驶,仅有人力车通行"。大车路"甚崎岖,可行单套车、二套轿车及重载大车,但颠簸甚殊,每日至多不过行百里。除去秦岭山脉以外,陕西全省大路皆可行车"。电车尚无。邮政"甚迟滞,由长安达北京之信,平时行七日"。电报"不甚发达,电杆甚矮小,皆用杨木"。城内"仅有电灯电话及电报局,规模俱不甚宽敞,此外一切电气工业尚无有"[18]。从1905年陕西官绅呼吁自办铁路起,陇海铁路前后历经三十多年方得

14 西安市档案局、西安市档案馆编:《筹建西京陪都档案史料选辑》,第103页。西安:西北大学出版社,1994年。

15 刘安国:《陕西交通挈要》,第37页。北京:中华书局,1928年。

13 王桐龄等:《西
16 北望:陕西新
17 疆旅行记》,第20页。

18 王桐龄等:《西北望:陕西新疆旅行记》,第22—23页。

修通。其 1905 年开始由东向西修筑，1915 年通到河南灵宝附近的观音堂，1931 年 12 月修至陕西潼关，1934 年 7 月通车渭南，1934 年 12 月 27 日通车西安，1937 年 3 月 1 日通车宝鸡。至此，陇海铁路关中段全线贯通。陇海铁路的修通，"促进了西安与中、东部地区的联系，也大大提升了西安在军政、商贸、文化等方面的重要地位，促进了城市人口增长、城区扩展、商贸繁荣，对西安的城市发展意义重大，影响深远"[19]。据资料，1922 年 1 月 27 日西安城区开通城内第一条公共汽车线路，路线从钟楼到东门，以大差市为界，分东、西两段，每段票价五分，全程一角，仅有两辆汽车。此前城内交通主要靠马车、轿车和人力车。[20] 但仅维持半年就因亏损严重而停运，直至 1934 年陕西省汽车管理局正式开通 1 路公交车。

教育方面，研究新学与旧学的人员均太稀少，学校欠缺，教员短缺，"本省人才不足，专门以上学校之教员，多系借材异地。又因交通不便关系，本省之毕业于外国大学之学生，多在交通便利之外省就事，不肯回本省"。据史料，1924 年，西安城区有中学十五所，学生四千九百九十八人，教职工二百九十六人。[21] 不过，当时西安城区人口仅有十二万，相当于今天一个小县城的人口，这样的师生数量也属正常。

报刊出版方面，"杂志仅有二种：一、实业厅办之《实业杂志》；二、实业会出版之《实业浅说》。日报仅有六种：一、《建西日报》；二、《新秦日报》；三、《陕西日报》；四、《民生日报》；五、《旭报》；六、《平报》。其内容多系剪裁京、津、沪各报纸凑成，关于陕西本省之特别记事及论说较少；销数极不畅旺，

---

[19] 史红帅、吴宏岐：《古都西安·西北重镇西安》，第 284—285 页。

[20] 陕西省交通史志编写委员会编：《陕西公路运输史》（第一册），第 28 页。北京：人民交通出版社，1988 年。

[21] 史红帅、吴宏岐：《古都西安·西北重镇西安》，第 113 页。

多者三百余份，少者数十份而已"。出版所及印刷所缺乏，"现在尚无出版所，印刷所之能印报纸者，仅有三处：一、教育图书社，教育厅办；二、艺林印书社；三、新秦日报社。此外小印刷所只能印广告、传单，于宣传文化上无甚重要关系也"。[22]

通俗教育方面，"全城仅有教育图书馆一处，在南苑门。通俗图书馆一处，在北大街。通俗演讲所一处，在北门内雷神庙门。阅报社仅有四处，附属在两图书馆、陕西实业会及碑林内"[23]。

公共娱乐方面，公园"仅有南苑门一处，与图书馆在一院内，规模狭小，无足观。但其中用花树造成陕西地图一幅，颇具美术及科学思想"。实际上，当时的公园还有1912年辟成的著名的莲湖公园。戏园"有易俗社、共乐社、三意社、万福社、正俗社五处，皆秦腔，惟共乐社兼演二黄"。电影"青年会偶一演之，但不能常演，尚无特设之电影馆"。妓院"公娼无有，闻私娼甚多"。此外，"动植物园、博物馆等之高尚娱乐品，尚未着手筹备，落子馆亦尚无有，社会太单调，故一般下等娱乐品，若赌博、鸦片等，颇受一部分人欢迎"。[24]

风俗方面：（衣）"甚朴素，除去政界以外，皆穿布不穿绸，军人、教员、大商人亦然，不独细民也"。（食）"一般之人食小麦粉，较直隶人之食玉蜀黍、小米，奉天之人食高粱者，食品尚优，惟由外输入之食品太贵，一般人不能享用"。（住）"房屋院落尚宽敞，惟房屋多土壁，院落多土墙，城外之人，间有住窑者"。（嗜好）"卷烟、水烟甚流行，鸦片、赌博，亦尚未能绝对禁止"。（信仰）"科学知识尚薄弱，迷信尚流行，占卦、相面、看八字、看阴阳风水之小摊，长安城内颇不少"[25]。

22—25 王桐龄等：《西北望：陕西新疆旅行记》，第18—24页。

女子问题尤为严重，王桐龄发现，女子"尚被认为男子之附属品，平日不出门；社会中公开之职业不许女子加入；缠足者尚多，亦甚纤小；长安市街，不见女子踪迹，故与余同来之友，几有投身入光棍堂之感焉"。孙伏园也感受到了西安妇女生活现状的问题，他说："陕西女子的地位，似乎是极低的，而男女之大防又是甚严。一天我在《新秦日报》（陕西省城的报纸共有四五种，样子与《越铎日报》《绍兴公报》等地方报纸差不多，大抵是二号题目，四号文字，销数总在一百以外，一千以内，如此而已）上看见一则甚妙新闻，大意是：离西安城十数里某乡村演剧，有无赖子某某，向女客某姑接吻，咬伤某姑嘴唇，大动众怒，有卫戍司令部军人某者，见义勇为，立将佩刀拔出，砍下无赖之首级，悬挂台柱上，人心大快。末了撰稿人有几句论断更妙趣横生，他说这真是快人快事，此种案件如经法庭之手，还不是与去年某案一样含胡（糊）了事，任凶犯逍遥法外吗？这是陕西一部分人的道德观念，法律观念，人道观念。城里礼教比较的宽松，所以妇女竟可以大多数出来听戏，但也许因为相信城里没有强迫接吻的无赖。"[26]陕西女性生存的困境，很长时间都没有改观。

1940—1945年，女作家谢冰莹在西安主编《黄河》[27]。她对西安投以详细的观察，对女性的命运尤为关注。在她的眼里，西安可以看到"两种情调不同、相差两个世纪的女人"：一种"是代表十八世纪的女人"，"她们一双裹得像红辣椒一般的小脚，走着东倒西歪的步子，夹在人丛里面，时时都有被挤倒的危险"。另一种"是代表着二十世纪时代的新女性"，"她们穿

---

26 伏园：《长安道上（三）》，《晨报副镌》1924年8月18日。

27 《黄河》是当时西安影响最大的纯文艺刊物。

着和男子一样的军装,打着裹腿,扎着皮带,穿着草鞋,走起路来那么雄赳赳,气昂昂地挺着胸膛,两眼直向前视。她们是正在中央战干团或者劳动营受训的'女兵'"。还有无数穿着中山装或学生装的女性,有的是机关的公务员,有的是在校的学生。这两种不同的女性,常常令人有时空错乱之感。小脚老太永远无法想象会遇到小姑娘这样的"天足",这些和男人一模一样的小姑娘,在她们的脑海里,"不但是个奇迹,简直是个神话"。也有开明的老太太,诅咒"自己已死去了的黄金时代",但少之又少。比如,邻居一位开明的老太太,就不让自己的孙女缠足。在她看来,现在是大脚时代,"世界变了,缠足不时髦,再说跑警报也不方便呀"。女人们很少出门,即使跑警报,也将自己用头巾包得严严实实……因此,在西安居住,要雇用一个老妈子或者奶妈,很是困难。偌大的城市,没有荐头行(即职业中介机构)。仅红十字会街有两家介绍河南妈子的挂着牌子,大车家巷有一位张老太帮忙介绍本地的老妈子,但没有挂牌,非有熟人介绍不可。而外地人,几乎都不习惯本地的老妈子,"最大的原因是语言不通,其次是价钱太贵(她们要比河南女工贵一倍或二分之一),不清洁,而且脾气很大,动不动就回家"。不过也有例外,谢冰莹用过的郭妈,除了喜欢小偷小摸贪小便宜外,简直无可挑剔。她个性强、爱清洁,从不糟蹋东西,思想进步,同情遭遇家暴的同性,关心战事,一看到主人看报就问:"打到哪里了?日本鬼快败了吧?汪精卫死了没有?"谢冰莹称她"真是个西安的老新女性"。在谢冰莹看来,西安"妇女教育还在萌芽时期"——"许多家长送他们的女儿上学,并不是他们重视妇女应该与男子一样受同等教育,而是害怕女儿不读书,不能嫁一个比较有好地位的女婿,因此他们送女儿上学,为的获到一张可以当作嫁奁用的文凭。"在女孩子本身，大多数学习也不认真，将精力花在选择时装、烫头发和染指甲上。抗战爆发以后，大批学生随高校迁移流亡到西安，大量文化机关设在西安，杂志也雨后春笋般出版，西安群众的文化水平得到提升，文化教育事业大为进步。可能是西安长期作为帝都的原因，一般人的思想相当保守，妇女受到严重的轻视，男女极为不平等，女性好似一件物品一样没有半点自由。妇女识字班，很少有人去；妇女活动，很少有人参加；从事妇女工作的，一般都是外省的妇女。"西安的妇女运动实在太沉闷了。"谢冰莹担心抗战胜利后，外省妇女撤走，西安的妇女工作岂不要停顿下来。[28] 事实正如她所料，西安的妇女工作非但停顿了下来，而且好长时间也没有进步。

从王桐龄、谢冰莹详细的描述中，我们不难看出，20世纪20—40年代的西安，其城市的现代化刚刚起步，在交通、金融、市政、实业等标志着一个城市现代化的诸多领域，这所古都都处于空白阶段，但现代文明的意识，已随着王桐龄、鲁迅等京津宁等地学者的到来而逐渐萌生或者苏醒。

---

28 谢冰莹：《西安的妇女》，《妇女新运》（南京）1942年第八期。

第十八章

"猗欤盛哉"：
暑期学校开学仪式

1924年7月20日，天气晴朗，西北大学与陕西省教育厅联合暑期学校开学仪式在西北大学礼堂举行。鲁迅当天日记记："赴夏期学校开学式并摄景（影）。"

当时的西北大学校址位于西安城内东木头市。这里原为1902年陕西大学堂的故址，1912年西北大学成立，本部在习武园万寿宫，预科在东木头市。1923年刘镇华在东木头市重新筹建国立西北大学。这里面积六十多亩，房屋七百余间，北半边被陕西教育会、水利局、林务处等机关占用，学校发展受到限制。加之"学校房舍，皆系旧式建筑，不宜作讲堂等室之用；大一点的讲堂内柱子很多，有碍学生的视线；大礼堂纵短横宽，亦不适宜于人多听讲"，因而"暑期学校以人多教室不敷应用，曾商借教育会大庭作为讲堂"。不过校园环境不错，"院落的周围有回廊，既避风雨，又壮观瞻；院内佳木繁荫，空气清新，使人感到特别愉快！两旁的跨院，为教职员的办公室、宿舍及学生的寝室，以面积不大，颇感拥挤"。[1]鲁迅到西北大学后，即住在校内教员宿舍北院。

开学仪式由陕西省教育厅厅长马凌甫和西北大学校长傅铜共同主持。陕西省省长、督军刘镇华没有出席（不知是事务繁忙还是不够重视），特委派郭涵为省长代表、范滋泽为督军代表。关于开学仪式，1924年7月21日《新秦日报》以《暑期学校举行开学式》为题，报道如下：

> 二十日在西大礼堂先举行一开学式，是日到者有省长代表郭涵、督军代表范滋泽、教育厅长马凌甫、实业厅长刘宝濂、警文厅长马浩、西大校长傅铜以及其他军政界要人、讲师、职员、听讲员约二百余人，上午十时开会，于未开会以前，先在后院合摄一影始入场，由教长马凌甫与西大校长傅铜主持，按照顺序：一、奏乐。二、全体向国旗行三鞠躬礼。三、由西大校长傅铜介绍各讲师之略历，并谓暑期学校在陕省是第一次开办，诸君（指听讲员）均踊跃而来，足征向学心切。此次所聘讲师，均国内外学术专家、各大学教授，今冒暑跋涉而来，为吾陕灌输新的知识，我们应同申谢云云。四、续由省长代表郭涵致词，略谓陕西鄙处西北，一切事业，常落人后；此次暑期开办，诸讲师对于吾陕军事、政治、教育、实业、交通，必有极大贡献也云云。五、次由教长马凌甫致词，略谓陕西因交通不便，以致文化闭塞；今夏西大与本厅商办暑期学校，聘请国内外学者为讲师，因仅在省城讲演，不能普及，外赴外县，又为事实上所不许，故召集各县人士来省听讲，须知此次即普及全陕文化之先声，望勿

---

[1] 单演义：《鲁迅讲学在西安》，第3—4页。

忽略焉云云。六、由王桐龄代表讲师全体致答词，略谓此次贵省创设暑期学校，招致同人来陕担任讲师，沿途备受优待，并得各界热烈之欢迎，鄙人谨代表全体致谢。至于讲演，陕西实为中国文化发源地，不过因交通不便，逊于沿海各省。同人学识浅陋，恐与关内学人，难相比较；但同人能力所及，绝不稍吝，以后开讲，当然有缺漏之处，或言语不明了时，尽可于下堂后来寓研究云云。七、全体听讲员向各讲师行一鞠躬礼。八、奏乐散会。

从上述报道来看，暑期学校的开学仪式可谓隆重庄严。同时也透露出一些讯息：

一是刘镇华尽管接受西北大学校长傅铜建议倡办暑期学校，但远不如前一年康有为来西安讲学时一路迎接和军政要员夹道相迎那么重视。刘镇华未出席，可能有其他事情，也可能对新学不感兴趣。相较"康圣人"之到来，暑期学校的"开学式"就不那么"猗欤盛哉"了。

1923年10月26日，康有为辞别张钫奔赴西安，刘镇华派骑兵、步兵在观音堂、阌乡、华阴、赤水、渭南、零口、新丰、临潼等地相迎护卫，所到之地，行政长官更是殷勤招待，伴其游览当地名胜，"观者如堵"。11月6日晚，康有为到达西安东关，刘镇华亲率官绅商在八仙庵迎接，锣鼓喧天，彩旗招展，众人夹道欢迎，长达数里，传呼"圣人来了"。康有为自戊戌变法后避难海外，流落异乡，惶惶如丧家之犬，在西安受此礼遇，激动不已。当夜下榻五味什字中州会馆可园后，即兴写下了一百六十八字的长诗《游陕西纪盛》，其中有"笳鼓震地旌旗扬，灿烂彩棚灯荧煌。夹道聚观如堵墙，整齐不哗静以翔。长途数里士女昌，屏气无声立相望"描述迎接之盛况，有"皆若衔枚登战场，敬若神明共祈禳。传呼圣人何以当,谬窃虚誉悚恧惶"描述康有为之自得。康有为之女曾代父作游陕诗,模仿韩愈《石鼓歌》中的"孔子西行不到秦,掎摭星宿遗羲娥",写下"孔子西行不到秦,我今到秦第一人"之句。[2] 的确,康有为是以"圣人"之誉到陕西的第一人。1924年鲁迅赴西安讲学时,绝对不会料到多年后自己也被封为"圣人"。1937年10月19日,延安陕北公学纪念鲁迅逝世一周年大会上,毛泽东发表演讲,确立了鲁迅的崇高地位:"鲁迅在中国的价值,据我看要算是中国的第一等圣人,孔夫子是封建社会的圣人,鲁迅则是现代中国的圣人!"如果承认毛泽东对鲁迅追谥的"圣人",那么,鲁迅就是以"圣人"之称到陕西的第二人。

鲁迅一行到河南陕州下了火车以后,就被陕西省长公署秘书兼西北大学英文系讲师张辛南、陕西督军公署副官兼驻扎陕州办公处主任马思骏、陕西督军卫队团骑兵营独立排排长牛冠斗等人迎接到耀武大旅馆,在潼关又被受省长委托的第三十五师师长憨玉琨所遣副官李品三迎接。尽管如此,与康有为所到之处的排场和隆重还是不能同日而语的。

7月15日晨,暑期学校讲师到西北大学的第二天,省长兼督军刘镇华携教育厅厅长马凌甫前去看望。[3] 此后,暑期学校进行期间,刘镇华自始至终没有听讲。据鲁迅日记和当时报纸报道,只是礼节性地宴请了讲师三次:一次是7月24日晚在督军署[4],可以视为欢迎宴;一次是8月1日在储材馆,鲁迅当天日记载"晚储材馆招宴,不赴";一次是8月3日在宜春园[5],为欢送宴会。

---

2 单演义:《康有为在西安》,第13页。

3 陈斠玄(钟凡):《陕西纪游》,《西北大学周刊》1924年10月21日。

4 《省署昨午欢宴暑校讲师(特)》,《新秦日报》1924年7月25日。按:鲁迅日记载为"晚宴",本文从鲁迅说。

5 《当局欢宴暑校讲师》,《新秦日报》1924年8月4日。按:易俗社社址在宜春园(今西一路上)。

1924年7月20日暑期学校开学礼后合影（第二排右起第十一人为鲁迅）

刘镇华之所以对康有为优礼有加，固然跟吴佩孚的"相托"有很大关系，但更多的同刘镇华的思想认知和隐而不彰的诉求密切相关——"为了镇压人民的反抗，平息'驱刘'风潮，维护自己在陕西的统治，刘镇华不仅需要借助于武装力量，同时也乞灵于封建文化，企图在思想文化领域寻求支持和依靠。康有为的西行讲学正为他提供了粉饰自身、欺世盗名的绝好机会"[6]。从西安民众对康有为夹道欢迎长达数里以及高呼"康圣人来了"，也可以看出普通民众思想文化上的守旧和落后。对鲁迅等新派学人和进步知识分子，刘镇华不过是做足表面文章，实际上内心对他们还是存在隔膜的。

二是王桐龄作为讲师代表发言，可见并非一些人所讲的鲁迅是此次讲学的核心人物，暑期学校对讲师一视同仁，但也不排除鲁迅拒绝以讲师代表身份发言。

据当年听讲者回忆，暑期学校讲演会场有两处，"一是校内大礼堂，一是风雨操场(当时在教育厅院内)，鲁迅先生和王桐龄、夏元瑮诸人在大礼堂，刘文海、蒋廷黻等在风雨操场，听众可以自由选择参加"[7]。暑期学校听讲的对象，除了西北大学的师生外，还有西安各中小学教员及各县劝学所选派的代表，总计听讲人数约七百人，致使西北大学的校舍难以容纳，许多人只好在附近找客栈住。西北大学一时车马盈门，热闹异常。

20世纪50年代初，单演义为了寻找鲁迅在西北大学讲学的资料，曾到北京访问过傅铜。傅铜为其讲述了关于鲁迅的三则故事：

其一，陈焕章在某年的8月27日丁祭之前，到教育部社

---

[6] 单演义：《康有为在西安》，第4页。

[7] 李瘦枝：《"刘记西北大学"的创办与结束》。见《陕西文史资料选辑》（第三辑），第182—183页。

会教育司，向鲁迅借祭祀用的祭服，鲁迅答之曰：上司不借。陈氏再三纠缠，鲁迅终于被说服，答应借之。鲁迅称陈氏之举为"疲劳说服"。

其二，鲁迅曾对王品青说："傅铜很会写文章，为什么搞哲学而不搞文学？"

其三，"国立西北大学"的牌匾，是康有为书写的。鲁迅见到后，称之"不坏！"

1924年7月21日，到西安的第七天，鲁迅开始在西北大学礼堂开讲。此前的暑期学校简章中，鲁迅讲演的题目还未确定，等到开讲，学员们才知道讲的是《中国小说的历史的变迁》——"他所以选择这个题目，因为他是文学家，他对古今小说涉猎最多，最有研究；这个讲题又是在北大的现成讲稿，信手拈来，再加发挥，原是很自然的事"[8]。

---

[8] 王淡如：《一段回忆——纪念鲁迅先生逝世二十周年》，《西安日报》1956年10月9日。

第十九章 "周树人"原来就是"鲁迅"：
西安报纸上的鲁迅

在暑期学校讲师中，鲁迅起初并没有受到特别的关注，这是因为暑期学校在介绍鲁迅时用了"周树人"的名字。当时西安的普通人不知道"周树人"就是鲁迅。

这从当时西安报纸的报道也可以窥见。

目前所见的当年西安报纸对鲁迅的报道，据姜彩燕统计整理，共有六次。前三次都是在关于暑期学校的简章及讲题预告里，对鲁迅的介绍一概是："周树人，北京大学教授。"

第一次以"周树人"名字出现，是1924年6月2日《新秦日报》教育界消息之《筹办中之暑期学校（续）》，其中预告了暑期学校讲师姓名及讲演题目。介绍到鲁迅时，只有简单的一句："周树人，北京大学教授。"其与梁龙"二人讲题尚未发表"。

第二次出现，是6月19日《建西报》所载的《暑期学校之组织》中预告了所邀请的讲师之履历及演讲题目。第十位介绍的是鲁迅，内容为："北京大学教授周树人,讲演未详。"

第三次出现,是在7月20日《旭报》所登的《国立西北大学、陕西教育厅合办暑期学校简章——(讲演题目)续》中,里边列举了各位讲师的姓名、别号、籍贯、略历和讲演题目。关于鲁迅仅有一行:"周树人,北京大学教授,讲题未定。"

鲁迅在北大任教时为讲师(当时北大规定,兼任教师只能聘为讲师),西安报纸一律写为北大教授,可能信息资料不够准确,但也不排除特意将讲演人职级抬高以示尊敬,并以此来壮大讲演队伍之声势。

鲁迅日记中最早提到赴西安讲演是1924年6月28日,他当天日记云:"(下午)至晨报社访孙伏园,而王聘卿亦在,遂至先农〔坛〕赴西北大学办事人之宴,约往陕作夏期讲演也,同席可八九人。"王聘卿即邀请鲁迅赴西安讲学的王品青。从《新秦日报》6月2日和《建西报》6月19日的报道来看,鲁迅最晚6月初就已答应暑期学校的邀请(由王品青和王捷三经办)。28日,"赴西北大学办事人之宴"为商讨相关事宜或促进感情。6月30日,鲁迅得到由王品青转来的正式邀请函,遂开始置办行装。7月4日,"王捷三来约赴陕之期"。7月7日,"赴西车站晚餐,餐毕登汽车向西安"。

暑期学校开讲后,学员自由选择听讲内容,一开始教育厅风雨操场的听众多,西北大学大礼堂的听众少。当不少学员知道"周树人"就是五四新文化运动的主将、著名小说家鲁迅后,纷纷从风雨操场移到大礼堂听讲,大礼堂的听众慢慢多了起来,以至后来座无虚席,还有不少人站着听讲。据当时在场的李瘦枝回忆:

这时,鲁迅先生的《狂人日记》《孔乙己》《阿Q正传》等伟大作品都早已发表过了。《中国小说史略》已由新潮社出版,讲习会期间商务印书馆西安分馆曾在西北大学前院设临时售书处,介绍有关讲演人的著述出售,但是陕西一般人对鲁迅之名当时尚不熟悉,鲁迅先生在讲演时,又是以周树人介绍给听众的,这位中国文化革命的主将在开始和群众见面时并没有引起人们的注意(并非全部听讲的人都不知道鲁迅)。记得鲁迅先生穿着一件半新的白市布长衫,平底布鞋,比之其他衣绸衫和洋服革履者似乎是不够学者"气派"的,由于鲁迅先生的讲演内容丰富、见解深刻,特别是他在讲演中的那种昂扬的战斗精神,感染力强,不多几天礼堂上即座无虚席,及至讲到唐宋以后,就有不少人争不到座位站着听讲了。[1]

鲁迅很善于讲演,小说史又讲了多年,内容非常熟悉,再加上见解独到深刻,学员蜂拥而至,纷纷慕名去大礼堂听讲。至于李瘦枝所云鲁迅"讲演中的那种昂扬的战斗精神,感染力强",考虑到他写下这段文字时处于20世纪60年代的特殊环境,故而并不可信。今天我们看鲁迅的讲稿《中国小说的历史的变迁》,就学术论学术,反映不出丝毫"战斗精神";而且鲁迅在西安时,也从不对时事政治发表看法。

此后,西安的报纸开始以"鲁迅"之名报道,强调了鲁迅的"小说大家"身份。

"鲁迅"的名字第一次出现在西安的报纸上,是7月30日《新秦日报》所登之《暑期学校新闻三则》。其中第三则为"鲁迅讲演已终,定于今日离陕":

---

[1] 李瘦枝:《"刘记西北大学"的创办与结束》。见《陕西文史资料选辑》(第三辑),第183页。

小说大家周树人别号"鲁迅",此次来陕所讲演之《中国小说之历史的变迁》,截至昨日,业已终讲,现已定于今日离陕东返云。

说周树人别号"鲁迅"并不妥当。准确地说,应该是周树人笔名"鲁迅"。实际上,鲁迅是8月4日才动身返京的。

第二次报道还是《新秦日报》,7月31日的《暑期学校昨闻纪略》,对前一日的报道进行了更正和补充:

小说大家鲁迅君(即周树人)讲演终结,即将返京一节,业志昨报。兹闻周君因事阻留,尚未离省,此间各学员以周君此次来陕,虽为日无多,然对于小说方面,已灌输不少之新的知识;拟定于日内开一欢送会,欢宴周君,借联师生间之感情云。

第三次报道是8月8日《旭报》的一则消息《学者又去二人》:

学者王小隐、孙复元拟即去陕已志昨报,兹据西北大学某君谈述暑期学校讲师夏元栗、周树人亦于日昨回京,但各讲师对于所讲者均未讲完中辍而归,一般听讲者意颇不满云。

这条消息明显滞后,人名多写错,内容也有错误。8月4日鲁迅"晨乘骡车出东门上船,由渭水东行",与孙伏园、夏元瑮同行返京。鲁迅讲演内容已于7月29日"全讲俱讫",并非"中辍而归"。《新秦日报》7月30日已报道过此条消息。

中国现代文学诞生之初,鲁迅以划时代的《呐喊》《彷徨》,奠定了其无与伦比的崇高地位和无远弗届的巨大影响,用孙伏园的话来说——"在小说之国,鲁迅先生实为'国父'"[2]。因而,当学员知道周树人就是鲁迅后,争先恐后去聆听其讲演,就属自然而然了。

---

[2] 孙伏园:《鲁迅先生的小说》,《星岛周报》(香港)1951年12月27日。

第二十章 钩玄提要与表里发挥：
鲁迅的讲演与《中国小说史略》

鲁迅应西北大学和陕西省教育厅联办的暑期学校之邀时，并未确定讲演题目。最终他讲演的是"中国小说的历史的变迁"，实际上这个主题即是他《中国小说史略》的浓缩和精华。他曾在北京大学、北京师范大学等学校讲了五年中国小说史，可谓烂熟于心、胸有成竹。

1920年8月6日，鲁迅被北京大学聘为讲师，秋季开始在北京大学讲授中国小说史。

鲁迅对中国古典小说有着浓厚的兴趣。从日本归来在杭州、绍兴教书时，他在课余辑录了《古小说钩沉》，收录从周代到隋朝的散佚小说三十六种。到教育部工作后，开始整理唐宋传奇，搜集了《湘中怨辞》《异梦录》《秦梦记》等。他开设中国小说史课程，不仅是兴趣使然，而且做了长期的准备，"因为鲁迅掌握了很多有关古小说的材料，又有他独到的见解，请他来讲这一门课真是找对人了，特别是这时他已经在《新青年》等报刊上发表过不少深受读者喜爱的作品，在青年学生中有很高的声望,更使他的讲课受到学生的欢迎"[1]。

1920年8月26日,北京高等师范学校(1922年改为国立北京师范大学)聘鲁迅为国文系讲师。1923年秋,北京女子高等师范学校(1924年改为北京女子师范大学)和世界语专门学校聘请鲁迅为兼职教师。在这四所学校,鲁迅讲授的课程都是中国小说史,深受学生喜爱。

以上述四所高校讲授中国小说史课程的讲义为基础,1923年12月,鲁迅修订出版了《中国小说史略》(上卷);1924年6月,出版了《中国小说史略》(下卷),上、下卷均由新潮社出版。[2]《中国小说史略》"勾勒出中国小说发展的基本轮廓,为小说史作为一门独立的学科奠定了基础"[3]。胡适评价此书"是一部开山的创作,搜集甚勤,取材甚精,断制也甚谨严,可以替我们研究文学史的人节省无数精力"。郭沫若更是将《中国小说史略》和王国维的《宋元戏曲史》并誉为"中国文艺史研究上的双璧",认为两者所从事的,"不仅是拓荒的工作,前无古人,而且是权威的成就,一直领导着百万的后学"。

从7月21日开始,鲁迅在西北大学礼堂作了题为《中国小说的历史的变迁》的系列讲演,到29日结束,总计八天,共十一场次,十二小时。7月30日,又受邀在刘镇华开办的陆军讲武堂对军官讲演半小时,内容仍为小说史。鲁迅日记云:

21日,"上午讲演一小时。晚讲演一小时"。

22日,"午前及晚各讲演一小时"。

23日,"上午小雨。讲演二小时"。

24日,"午前讲演一小时"。

---

[1] 朱正:《鲁迅传》,第161页。北京:人民文学出版社,2023年。

[2] 《中国小说史略》1925年9月由北京北新书局合为一册出版。1931年7月上海北新书局出版修订本初版,1935年6月第10版时又作了改定。以后各版均与第10版相同。鲁迅生前共印行11版次。

[3] 黄乔生:《鲁迅年谱》,第203页。

25日,"上午讲演一小时"。

26日,"午前讲演一小时"。

28日,"上午讲演一小时。午后收暑期学校薪水泉百。下午讲演一小时"。

29日,"午前讲演一小时,全讲俱讫"。

30日,"下午往讲武堂讲演约半小时"。

《中国小说的历史的变迁》共分六讲:

第一讲,《从神话到神仙传》;

第二讲,《六朝时之志怪与志人》;

第三讲,《唐之传奇文》;

第四讲,《宋人之"说话"及其影响》;

第五讲,《明小说之两大主潮》;

第六讲,《清小说之四派及其末流》。

鲁迅的讲演鞭辟入里、引人入胜,为陕西新文化、新文艺与新学术播下了种子,给学员留下了不可磨灭的印象。这次讲演的讲稿为鲁迅讲学时的记录稿,经鲁迅本人修订后,收入由西北大学出版部于1925年3月印行的《国立西北大学、陕西教育厅合办暑期学校讲演集(二)》中。1957年7月又刊于《收获》创刊号。后收入人民文学出版社2005年版《鲁迅全集》第九卷。

鲁迅在暑期学校的讲演《中国小说的历史的变迁》是《中国小说史略》的精缩版,其"综学在博,取事贵约",深入浅出、钩玄提要,同时又"众美辐辏,表里发挥",将文言口语化,可谓学术普及的范本。下面将对鲁迅开讲引言及《中国小说的历史的变迁》六讲内容与《中国小说史略》做一简明之比较。

鲁迅在西安暑期学校讲学时的住室

"反复"和"羼杂"：
中国小说演化的两种样态

第二十一章

在正式开讲《中国小说的历史的变迁》前，鲁迅开宗明义，讲了下述"引言"：

我所讲的是中国小说的历史的变迁。许多历史家说，人类的历史是进化的，那么，中国当然不会在例外。但看中国进化的情形，却有两种很特别的现象：一种是新的来了好久之后而旧的又回复过来，即是反复；一种是新的来了好久之后而旧的并不废去，即是羼杂。然而就并不进化么？那也不然，只是比较的慢，使我们性急的人，有一日三秋之感罢了。文艺，文艺之一的小说，自然也如此。例如虽至今日，而许多作品里面，唐宋的，甚而至于原始人民的思想手段的糟粕都还在。今天所讲，就想不理会这些糟粕——虽然它还很受社会欢迎——而从倒行的杂乱的作品里寻出一条进行的线索来，一共分为六讲。

在《中国小说史略》的"序言"里，鲁迅虽自谦"此稿虽专史，亦粗略也"，但也暗示了该书的拓荒意义——"中国之小说自来无史；有之，则先见于外国人所作之中国文学史中，而后中国人所作者中亦有之，然其量皆不及全书之什一，故于小说仍不详"。正如鲁迅所言，不仅"中国之小说自来无史"，而且整个中国文学"自来无史"。中国文学史最早出现于19世纪中叶之后，由外国学者编写。如德国学者萧特的《中国文学论纲》（1853年），俄国学者瓦西里·巴甫洛维奇·瓦西里耶夫的《中国文学史纲要》（1880年），日本学者末松谦澄的《中国古文学略史》（1882年）、古城贞吉的《支那文学史》（1897年）、川种郎的《支那文学史》（1898年）、久保天随的《支那文学史》（1901年），英国汉学家翟理思的《中国文学史》（1901年）、德国葛禄博的《中国文学史》（1902年）等。受其影响，"中国人所作者"有林传甲《中国文学史》（1904年编印）、窦警凡《历朝文学史》（1906年）、黄人《中国文学史》（1907年陆续出版），但都未谈或很少论及小说。谢无量的《中国大文学史》（1918年）凡六十三章，也只有六个章节论及小说。因而，鲁迅的《中国小说史略》无疑是开辟榛芜的学术著作。

但在《中国小说的历史的变迁》的"引言"里，鲁迅并没有提及自己中国小说史研究的拓荒价值，而是深入中国小说发展的内部，发现中国小说的发展，并未遵循自己学生时代就笃信的"进化论"，而是经常出现倒退、混杂，遵循"演化"的路径。

我们知道，鲁迅在南京矿路学堂读书时期，痴迷于严复翻译的《天演论》，并接受了"进化论"思想。此后近三十年中，鲁迅保持着对进化论的认同，虽然他对进化论的理解与弱肉强食、优胜劣汰的社会达尔文主义有很大区别，但他"一向是相信进化论的，总以为将来必胜于过去,青年必胜于老人"(《三闲集·序言》)。一般认为,1927年广州"四一五"大屠杀后,鲁迅彻底抛弃了进化论,实现了向共产主义的飞跃。但看这段"引言",我们发现,鲁迅早在1924年就已经不再推崇进化论,转而相信稳妥的"演化论"。这由他概括出的中国进化的"两种特别的现象"可以看出:第一种"是新的来了好久之后而旧的又回复过来,即是反复";第二种"是新的来了好久之后而旧的并不废去,即是羼杂"。这种"演化论"来自鲁迅对辛亥革命以来中国社会种种怪相乱象的深刻洞察,如尊孔读经、一心复古、袁世凯称帝、张勋复辟等。

文学上亦是如此,"反复"和"羼杂"的现象屡见不鲜,翻译介绍《天演论》的严复一度党附袁世凯,卷入洪宪帝制,成为复古派;译介外国文学的林纾(琴南)也曾发表《荆生》《妖梦》《论古文白话之消长》《致蔡鹤卿太史书》等反对新文化运动。此外,旧文学非但未因五四新文学的兴起而销声匿迹,甚至更加流行,正如鲁迅1931年8月12日在社会科学研究会所做的《上海文艺之一瞥》的讲演中,谈到清光绪三十二年(1906)林纾所译的言情小说《迦茵小传》(英国小说家哈葛德著)时所言:"然而才子+佳人的书,却又出了一本当时震动一时的小说,那就是从英文翻译过来的《迦茵小传》(H.R.Haggard:*Joan Haste*)。但只有上半本,据译者说,原本从旧书摊上得来,非常之好,可惜觅不到下册,无可奈何了。果然,这很打动了才子佳人们的芳心,流行得很广很广。后来还至于打动了林琴南先生,将全部译出,仍旧名为《迦茵小传》。……这时新的才子+佳人小说便又流行起来,但佳人已是良家女子了,和才子相悦相恋,分拆不开,柳阴花下,像一对胡(蝴)蝶,一双鸳鸯一样,但有时因为严亲,或者因为薄命,也竟至于偶见悲剧的结局,不再都成神仙了,——这实在不能不说是一个大进步。到了近来是在制造兼可擦脸的牙粉了的天虚我生先生所编的月刊杂志《眉语》出现的时候（按：鲁迅所记有误，《眉语》乃高剑华主编），是这鸳鸯胡蝶式文学的极盛时期。后来《眉语》虽遭禁止，势力却并不消退，直待《新青年》盛行起来，这才受了打击。这时有伊孛生（按：即易卜生）的剧本的绍介和胡适之先生的《终身大事》的别一形式的出现，虽然并不是故意的，然而鸳鸯胡蝶派作为命根的那婚姻问题，却也因此而诺拉（Nora）似的跑掉了。……以前说过的鸳鸯胡蝶派，我不知道他们用的是什么方法，到底使书店老板将编辑《小说月报》的一个文学研究会会员撤换，还出了《小说世界》，来流布他们的文章。这一种刊物，是到了去年才停刊的。"

鉴于上述杂乱现象，鲁迅所讲的"中国小说的历史的变迁"要做的工作，是从"倒行的杂乱的作品里寻出一条进行的线索来"，即从文体的角度，以整体的、"演进"的观念，勾勒中国小说的发展历程，揭示不同时期小说之间的内在联系。

第一讲　从神话到神仙传

该讲概括了《中国小说史略》第一篇"史家对于小说之著录及论述"、第二篇"神话与传说"、第三篇"《汉书·艺文志》所载小说"、第四篇"今所见汉人小说"共四篇的内容，主要讲了以下五个方面：

（一）神话是文艺的萌芽。

（二）中国的神话很少。

（三）所有的神话，没有长篇的。

（四）《汉书·艺文志》上载的小说都不存在了。

（五）现存汉人的小说，多是后人伪作。

这五个方面，《中国小说史略》论述甚详，鲁迅在讲演中将其口语化，且简明扼要，条理清楚，很便于听讲者接受。

同时，这一讲中有不少《中国小说史略》中没有的创造性的发挥，撮要胪列如下：

（一）据《汉书·艺文志》上说："小说家者流，盖出于稗官。"稗官采集小说的有无，是另一问题；即使真有，也不过是小说书之起源，不是小说之起源。

（二）我想，在文艺作品发生的次序中，恐怕是诗歌在先，小说在后的。诗歌起于劳动和宗教。其一，因劳动时，一面工作，一面唱歌，可以忘却劳苦，所以从单纯的呼叫发展开去，直到发挥自己的心意和感情，并偕有自然的韵调；其二，是因为原始民族对于神明，渐因畏惧而生敬仰，于是歌颂其威灵，赞叹其功烈，也就成了诗歌的起源。至于小说，我以为倒是起于休息的。人在劳动时，既用歌吟以自娱，借它忘却劳苦了，则到休息时，亦必要寻一种事情以消遣闲暇。这种事情，就是彼此谈论故事，而这谈论故事，正就是小说的起源。

（三）中国古代的神话材料很少，所有者，只是些断片的，没有长篇的，而且似乎也并非后来散亡，是本来的少有。我们在此要推求其原因，我以为最重要的有两种：一、（中华民族）太劳苦；二、易于忘却。因为中国古时天神，地祇，人，鬼，往往殽杂，则原始的信仰存于传说者，日出不穷，于是旧者僵死，后人无从而知。

（四）如果儿童能继续更受良好的教育，则将来一学科学，自然会明白，不至迷信，所以（读《列仙传》《神仙传》中片段的神话）当然没有害的；但如果儿童不能继续受稍深的教育，学识不再进步，则在幼小时所教的神话，将永信以为真，所以也许是有害的。

以上四条创见，无不发人深思。尤为关键的是，鲁迅令人信服地解决了中国古代小说的起源问题，为后面的讲演铺设好了路基。

第二讲　六朝时之志怪与志人

此讲浓缩了《中国小说史略》第五篇"六朝之鬼神志怪书（上）"、第六篇"六朝之鬼神志怪书（下）"、第七篇"《世说新语》与其前后"三篇内容。《中国小说史略》多举证，而讲演多阐述，创见迭出。

（一）中国本来信鬼神的，而鬼神与人乃是隔离的，因欲人与鬼神交通，于是乎就有巫出来。巫到后来分为两派：一为方士；一仍为巫。巫多说鬼，方士多谈炼金及求仙，秦汉以来，其风日盛，到六朝并没有息，所以志怪之书特多。……六朝人视一切东西，都可成妖怪，这正就是巫底思想，即所谓"万有神教"。此种思想，到了现在，依然留存，像：常见在树上挂着"有求必应"的匾，便足以证明社会上还将树木当神，正如六朝人一样的迷信。其实这种思想，本来是无论何国，古时候都有的，不过后来渐渐地没有罢了，但中国还很盛。

（二）……这就是所谓晋人底风度。以我们现在的眼光看去，阮光禄之烧车，刘伶之放达，是觉得有些奇怪的，但在晋人却并不以为奇怪，因为那时所贵的是奇特的举动和玄妙的清谈。这种清谈，本从汉之清议而来。汉末政治黑暗，一般名士议论政事，其初在社会上很有势力，后来遭执政者之嫉视，渐渐被害，如孔融，祢衡等都被曹操设法害死，所以到了晋代底名士，就不敢再议论政事，而一变为专谈玄理；清议而不谈政事，这就成了所谓清谈了。但这种清谈的名士，当时在社会上却仍旧很有势力，若不能玄谈的，好似不够名士底资格；而《世说》这部书，差不多就可以看做一部名士底教科书。

以上两点，可谓《中国小说史略》第五篇至第七篇点睛之阐发与补充，有助于对原书做提纲挈领之把握。因而读《中国小说史略》，不可不读《中国小说的历史的变迁》。

第三讲　唐之传奇文

此讲为《中国小说史略》第八篇"唐之传奇文（上）"、第九篇"唐之传奇文（下）"与第十篇"唐之传奇集及杂俎"的撮要。

讲演中省去了第八篇"唐之传奇文（上）"中对唐传奇源流的梳理："传奇者流，源盖出于志怪，然施之藻绘，扩其波澜，故所成就乃特异，其间虽亦或托讽喻以纾牢愁，谈祸福以寓惩劝，而大归则究在文采与意想，与昔之传鬼神明因果而外无他意者，甚异其趣矣。"省去了第九篇"唐之传奇文（下）"对李朝威《柳毅传》、杜光庭《虬髯客传》等的介绍论述。两处省略使得所讲内容不够清晰和全面。此讲发挥创见有：

（一）清楚地论述了唐传奇流行的原因：

唐至开元，天宝以后，作者蔚起，和以前大不同了。从前看不起小说的，此时也来做小说了，这是和当时底环境有关系的，因为唐时考试的时候,甚重所谓"行卷";就是举子初到京,先把自己得意的诗钞成卷子,拿去拜谒当时的名人,若得称赞,则"声价十倍",后来便有及第的希望,所以行卷在当时看得很重要。到开元,天宝以后,渐渐对于诗,有些厌气了,于是就有人把小说也放在行卷里去,而且竟也可以得名。所以从前不满意小说的,到此时也多做起小说来,因之传奇小说,就盛极一时了。

(二)《中国小说史略》对《莺莺传》介绍颇详,但未论及其对后来曲子的影响,此讲给予了补充:

……后来许多曲子,却都由此而出,如金人董解元的《弦索西厢》,——现在的《西厢》,是扮演;而此是弹唱——元人王实甫的《西厢记》,关汉卿的《续西厢记》,明人李日华的《南西厢记》,陆采的《南西厢记》等等,非常之多,全导源于这一篇《莺莺传》。但和《莺莺传》原本所叙的事情,又略有不同,就是:叙张生和莺莺到后来终于团圆了。这因为中国人底心理,是很喜欢团圆的,所以必至于如此,大概人生现实底缺陷,中国人也很知道,但不愿意说出来;因为一说出来,就要发生"怎样补救这缺点"的问题,或者免不了要烦闷,要改良,事情就麻烦了。而中国人不大喜欢麻烦和烦闷,现在倘在小说里叙了人生底缺陷,便要使读者感着不快。所以凡是历史上不团圆的,在小说里往往给他团圆;没有报应的,给他报应,互相骗骗。——这实在是关于国民性底问题。

(三)论述李公佐的《李汤》时,引述了自己与胡适以及俄国汉学家钢和泰(Alexander von Stael-Holstein)不同的学术观点:

《李汤》：此篇叙的是楚州刺史李汤，闻渔人见龟山下，水中有大铁锁，以人、牛之力拉出，则风涛大作；并有一像猿猴之怪兽，雪牙金爪，闯上岸来，观者奔走，怪兽仍拉铁锁入水，不再出来。李公佐为之解说：怪兽是淮涡水神无支祁。"力逾九象，搏击腾踔疾奔，轻利倏忽。"大禹使庚辰制之，颈锁大索，徙到淮阴的龟山下，使淮水得以安流。这篇影响也很大，我以为《西游记》中的孙悟空正类无支祁。但北大教授胡适之先生则以为是由印度传来的；俄国人钢和泰教授也曾说印度也有这样的故事。可是由我看去：1.作《西游记》的人，并未看过佛经；2.中国所译的印度经论中，没有和这相类的话；3.作者——吴承恩——熟于唐人小说，《西游记》中受唐人小说的影响的地方很不少。所以我还以为孙悟空是袭取无支祁的。但胡适之先生仿佛并以为李公佐就受了印度传说的影响，这是我现在还不能说然否的话。

鲁迅将唐代传奇流行的原因讲得深中肯綮，《中国小说史略》虽列举了史料，但没有阐述透彻。他由《莺莺传》的大团圆结局联系到中国人的文化心理，认为其是"国民性"的问题，启人深思。并且增加了新的学术动态，罗列了不同的学术观点，视野开阔，也有助于引发听讲者的思考。

第四讲　宋人之"说话"及其影响

此讲是《中国小说史略》第十一篇"宋之志怪及传奇文"、第十二篇"宋之话本"、第十三篇"宋元之拟话本"、第十四篇"元明传来之讲史（上）"、第十五篇"元明传来之讲史（下）"五篇的归纳。

（一）进一步申论唐传奇消亡的原因，并将唐代小说与宋代小说进行了比较：

传奇小说，到唐亡时就绝了。至宋朝，虽然也有作传奇的，但就大不相同。因为唐人大抵描写时事；而宋人则极多讲古事。唐人小说少教训；而宋则多教训。大概唐时讲话自由些，虽写时事，不至于得祸；而宋时则讳忌渐多，所以文人便设法回避，去讲古事。加以宋时理学极盛一时，因之把小说也多理学化了，以为小说非含有教训，便不足道。但文艺之所以为文艺，并不贵在教训，若把小说变成修身教科书，还说什么文艺。宋人虽然还作传奇，而我说传奇是绝了，也就是这意思。

（二）概括论述了宋代的"说话"：

宋建都于汴，民物康阜，游乐之事，因之很多，市井间有种杂剧，这种杂剧中包有所谓"说话"。"说话"分四科：一、讲史；二、说经诨经；三、小说；四、合生。"讲史"是讲历史上底事情，及名人传记等；就是后来历史小说之起源。"说经诨经"，是以俗话演说佛经的。"小说"是简短的说话。"合生"，是先念含混的两句诗，随后再念几句，才能懂得意思，大概是讽刺时人的。这四科后来于小说有关系的，只是"讲史"和"小说"。那时操这种职业的人，叫做"说话人"；而且他们也有组织的团体，叫做"雄辩社"。他们也编有一种书，以作说话时之凭依，发挥，这书名叫"话本"。南宋初年，这种话本还流行，到宋亡，而元人入中国时，则杂剧消歇，话本也不通行了。至明朝，虽也还有说话人，——如柳敬亭就是当时很有名的说话人——但已不是宋人底面目；而且他们已不属于杂剧，也没有什么组织了。到现在，我们几乎已经不能知道宋时的话本究竟怎样。——幸而现在翻刻了几种书，可以当作标本看。

（三）《中国小说史略》只是介绍了《五代史平话》，但未提到该书的影响。此讲鲁迅进行了补充发挥：

……《五代史平话》，是可以作讲史看的。讲史的体例，大概是从开天辟地讲起，一直到了要讲的朝代。《五代史平话》也是如此；它的文章，是各以诗起，次入正文，又以诗结，总是一段一段的有诗为证。但其病在于虚事铺排多，而于史事发挥少。至于诗，我以为大约是受了唐人底影响：因为唐时很重诗，能诗者就是清品；而说话人想仰攀他们，所以话本中每多诗词，而且一直到现在许多人所做的小说中也还没有改。再若后来历史小说中每回的结尾上，总有"不知后事如何？且听下回分解"的话，我以为大概也起于说话人，因为说话必希望人们下次再来听，所以必得用一个惊心动魄的未了事拉住他们。至于现在的章回小说还来模仿它，那可只是一个遗迹罢了，正如我们腹中的盲肠一样，毫无用处。

（四）《中国小说史略》第十四篇"元明传来之讲史（上）"中对罗贯中《三国志演义》写人只有简短之评论——"至于写人，亦颇有失，以致欲显刘备之长厚而似伪，状诸葛之多智而近妖；惟于关羽，特多好语，义勇之概，时时如见矣。"此讲对以上短论进一步加以开掘，并对《三国志演义》全书之优劣进行了评价：

若论其书之优劣，则论者以为其缺点有三：（一）容易招人误会。因为中间所叙的事情，有七分是实的，三分是虚的；惟其实多虚少，所以人们或不免并信虚者为真。如王渔洋是有名的诗人，也是学者，而他有一个诗的题目叫"落凤坡吊庞士元"，这"落凤坡"只有《三国演义》上有，别无根据，王渔洋却被它闹昏了。（二）描写过实。写好的人，简直一点坏处都没有；而写不好的人，又是一点好处都没有。其实这在事实上是不对的，因为一个人不能事事全好，也不能事事全坏。譬如曹操他在政治上也有他的好处；而刘备，关羽等，也不能说毫无可议，但是作者并不管它，只是任主观方面写去，往往成为出乎情理之外的人。（三）文章和主意不能符合——这就是说作者所表现的和作者所想象的，不能一致。如他要写曹操的奸，而结果倒好像是豪爽多智；要写孔明之智，而结果倒像狡猾。——然而究竟它有很好的地方，像写关云长斩华雄一节，真是有声有色；写华容道上放曹操一节，则义勇之气可掬，如见其人。后来做历史小说的很多，如《开辟演义》，《东西汉演义》，《东西晋演义》，《前后唐演义》，《南北宋演义》，《清史演义》……都没有一种跟得住《三国演义》。所以人都喜欢看它；将来也仍旧能保持其相当价值的。

（五）《中国小说史略》第十五篇"元明传来之讲史（下）"对《水浒传》的"招安"问题未予评价。此讲做了正面的具体的分析：

其中招安之说，乃是宋末到元初的思想，因为当时社会扰乱，官兵压制平民，民之和平者忍受之，不和平者便分离而为盗。盗一面与官兵抗，官兵不胜，一面则掳掠人民，民间自然亦时受其骚扰；但一到外寇进来，官兵又不能抵抗的时候，人民因为仇视外族，便想用较胜于官兵的盗来抵抗他,所以盗又为当时所称道了。至于宋江服毒的一层,乃明初加入的,明太祖统一天下之后,疑忌功臣,横行杀戮,善终的很不多,人民为对于被害之功臣表同情起见,就加上宋江服毒成神之事去。——这也就是事实上缺陷者,小说使他团圆的老例。

(六)《中国小说史略》第十五篇"元明传来之讲史(下)"罗列了《水浒传》的六种不同版本,论述了最主要的四本,没有论述作者问题。此讲鲁迅认为"《水浒传》是集合许多口传,或小本《水浒》故事而成的":

《水浒传》有许多人以为是施耐庵做的。因为多于七十回的《水浒传》就有繁的和简的两类,其中一类繁本的作者,题着施耐庵。然而这施耐庵恐怕倒是后来演为繁本者的托名,其实生在罗贯中之后。后人看见繁本题耐庵作,以为简本倒是节本,便将耐庵看作更古的人,排在贯中以前去了。到清初,金圣叹又说《水浒传》到"招安"为止是好的,以后便很坏;又自称得着古本,定"招安"为止是耐庵作,以后是罗贯中所续,加以痛骂。于是他把"招安"以后都删了去,只存下前七十回——这便是现在的通行本。他大概并没有什么古本,只是凭了自己的意见删去的,古本云云,无非是一种"托古"的手段罢了。但文章之前后有些参差,却确如圣叹所说,然而我在前边说过:《水浒传》是集合许多口传,或小本《水浒》故事而成的,所以当然有不能一律处。况且描写事业成功以后的文章,要比描写正做强盗时难些,一大部书,结末不振,是多有的事,也不能就此便断定是罗贯中所续作。至于金圣叹为什么要删"招安"以后的文章呢?这大概也就是受了当时社会环境底影响。

第五讲　明小说之两大主潮

此讲是《中国小说史略》第十六篇"明之神魔小说（上）"、第十七篇"明之神魔小说（中）"、第十八篇"明之神魔小说（下）"、第十九篇"明之人情小说（上）"、第二十篇"明之人情小说（下）"五篇内容的缩略。第二十一篇"明之拟宋市人小说及后来选本"略去未提。

鲁迅此讲涵盖章节较多，涉及的作品也较多。"神魔小说"讲了《西游记》《封神传》《三宝太监西洋记》三部代表作；"世情小说"讲了《金瓶梅》《续金瓶梅》《玉娇梨》等代表作。

（一）详尽论述了吴承恩本《西游记》的艺术魅力及小说大旨。《中国小说史略》第十七篇"明之神魔小说（中）"谈到吴承恩本《西游记》时说："吴则通才，敏慧淹雅，其所取材，颇极广泛，于《四游记》中亦采《华光传》及《真武传》，于西游故事亦采《西游记杂剧》及《三藏取经诗话》（？），翻案挪移则用唐人传奇（如《异闻集》《酉阳杂俎》等），讽刺揶揄则取当时世态，加以铺张描写，几乎改观。"讲演云：

玄奘西天取经一事，自唐末以至宋元已渐渐演成神异故事，且多作成简单的小说，而至明吴承恩，便将它们汇集起来，以成大部的《西游记》。承恩本善于滑稽，他讲妖怪的喜，怒，哀，乐，都近于人情，所以人都喜欢看！这是他的本领。而且叫人看了，无所容心，不像《三国演义》，见刘胜则喜，见曹胜则恨；因为《西游记》上所讲的都是妖怪，我们看了，但觉好玩，所谓忘怀得失，独存赏鉴了——这也是他的本领。至于说到这书的宗旨，则有人说是劝学；有人说是谈禅；有人说是讲道；议论很纷纷。但据我看来，实不过出于作者之游戏，只因为他受了三教同源的影响，所以释迦，老君，观音，真性，元神之类，无所不有，使无论什么教徒，皆可随宜附会而已。如果我们一定要问它的大旨，则我觉得明人谢肇淛所说的"《西游记》……以猿为心之神，以猪为意之驰，其始之放纵，上天下地，莫能禁制，而归于紧箍一咒，能使心猿驯伏，至死靡他，盖亦求放心之喻"这几句话，已经很足以说尽了。

（二）具体讨论了《金瓶梅》的作者问题，认为《金瓶梅》非王世贞所作。《中国小说史略》第十九篇"明之人情小说（上）"只是客观陈述了"世以为非王世贞不能作"。此讲鲁迅说：

明人小说之讲秽行者，人物每有所指，是借文字来报冤仇的，像这部《金瓶梅》中所说的西门庆，是一个绅士，大约也不外作者的仇家，但究属何人，现在无可考了。至于作者是谁，我们现在也还未知道。有人说：这是王世贞为父报仇而做的，因为他的父亲王忬为严嵩所害，而严嵩之子世蕃又势盛一时，凡有不利于严嵩的奏章，无不受其压抑，不使上闻。王世贞探得世蕃爱看小说，便作了这部书，使他得沉湎其中，无暇他顾，而参严嵩的奏章，得以上去了。所以清初的翻刻本上，就有《苦孝说》冠其首。但这不过是一种推测之辞，不足信据。《金瓶梅》的文章做得尚好，而王世贞在当时最有文名，所以世人遂把作者之名嫁给他了。后人之主张此说，并且以《苦孝说》冠其首，也无非是想减轻社会上的攻击的手段，并不是确有什么王世贞所作的凭据。

第六讲　清小说之四派及其末流

此讲是《中国小说史略》第二十二篇"清之拟晋唐小说及其支流"、第二十三篇"清之讽刺小说"、第二十四篇"清之人情小说"、第二十五篇"清之以小说见才学者"、第二十六篇"清之狭邪小说"、第二十七篇"清之侠义小说及公案"、第二十八篇"清末之谴责小说"的撮要。鲁迅将清代小说的种类与变化分为四派：一、拟古派；二、讽刺派；三、人情派；四、侠义派。在此基础上，别备新说。

（一）第二十二篇"清之拟晋唐小说及其支流"论及"拟古小说"《聊斋志异》时虽谈到其艺术上的优点，但比较零散。鲁迅在讲演中进行了总结，并指出其缺点：

　　书中所叙，多是神仙，狐鬼，精魅等故事，和当时所出同类的书差不多，但其优点在：（一）描写详细而委曲，用笔变幻而熟达。（二）说妖鬼多具人情，通世故，使人觉得可亲，并不觉得很可怕。不过用古典太多，使一般人不容易看下去。

（二）第二十二篇"清之拟晋唐小说及其支流"论及"拟古小说"《阅微草堂笔记》，谈到该书与《聊斋志异》的关系时，仅提及纪昀在《阅微草堂笔记·自序》中所言"与《聊斋》之取法传奇者途径自殊"。此讲中鲁迅熟思申论并指出纪昀"可以佩服的地方"：

　　《聊斋志异》出来之后，风行约一百年，这其间模仿和赞颂它的非常之多。但到了乾隆末年，有直隶献县人纪昀出来和他反对了，纪昀说《聊斋志异》之缺点有二：（一）体例太杂。就是说一个人的一个作品中，不当有两代的文章的体例，这是因为《聊斋志异》中有长的文章是仿唐人传奇的，而又有些短的文章却象六朝的志怪。（二）描写太详。这是说他的作品是述他人的事迹的，而每每过于曲尽细微，非自己不能知道，其中有许多事，本人未必肯说，作者何从知之？纪昀为避此两缺点起见，所以他所做的《阅微草堂笔记》就完全模仿六朝，尚质黜华，叙述简古，力避唐人的做法。其材料大抵自造，多借狐鬼的话，以攻击社会。据我看来，他自己是不信狐鬼的，不过他以为对于一般愚民，却不得不以神道设教。但他很有可以佩服的地方：他生在乾隆间法纪最严的时代，竟敢借文章以攻击社会上不通的礼法，荒谬的习俗，以当时的眼光看去，真算得很有魄力的一个人。可是到了末流，不能了解他攻击社会的精神，而只是学他的以神道设教一面的意思，于是这派小说差不多又变成劝善书了。拟古派的作品，自从以上二书出来以后，大家都学它们；一直到了现在，即如上海就还有一群所谓文人在那里模仿它。可是并没有什么好成绩，学到的大抵是糟粕，所以拟古派也已经被踏死在它的信徒的脚下了。

（三）第二十三篇"清之讽刺小说"中对《儒林外史》有详细论述，但未指出该书在中国文学史上之地位。讲演中鲁迅的看法是：

敬梓身为士人，熟悉其中情形，故其暴露丑态，就能格外详细。其书虽是断片的叙述，没有线索，但其变化多而趣味浓，在中国历来作讽刺小说者，再没有比他更好的了。

（四）第二十四篇"清之人情小说"中论述《红楼梦》甚详，但未明确指出其价值。鲁迅在讲座中如此考量：

> 至于说到《红楼梦》的价值，可是在中国底小说中实在是不可多得的。其要点在敢于如实描写，并无讳饰，和从前的小说叙好人完全是好，坏人完全是坏的，大不相同，所以其中所叙的人物，都是真的人物。总之自有《红楼梦》出来以后，传统的思想和写法都打破了。——它那文章的旖旎和缠绵，倒是还在其次的事。

在结束语中，鲁迅谦虚地说："我讲的《中国小说的历史的变迁》在今天此刻就算终结了。在此两星期中，匆匆地只讲了一个大概，挂一漏万，固然在所不免，加以我的知识如此之少，讲话如此之拙，而天气又如此之热，而诸位有许多还始终来听完我的讲，这是我所非常之抱歉而且感谢的。"

短短的两个星期内，鲁迅将《中国小说史略》全二十八篇丰赡的内容浓缩为深入浅出、通俗易懂的六讲，且有不少发明创见，并非易事。正如单演义所言："鲁迅所讲演的《中国小说的历史的变迁》，虽然脱胎于他的《中国小说史略》（下面简称《史略》），字数仅两万多，但是，由于鲁迅长期从事中国小说史的研究，掌握了大量的资料，并科学地加以总结，取得了空前的成就，因此他讲演时，能够做到居高临下，钩玄提要，理出了中国小说发展的线索。"[1]

在暑期学校讲演结束后，鲁迅又被请到讲武学堂为军官士兵讲演，内容仍为中国小说史。鲁迅在7月30日的日记里记

---

[1] 单演义：《鲁迅在西安》，第24页。西安：西北大学出版社，2009年。

道：" 下午往讲武堂讲演约半小时。" 据张辛南说："在西安讲学的时候，鲁迅先生所讲的总是小说史。对于学生和教职员讲小说史，对于督军两署和各厅处的职员也讲小说史。刘雪亚先生想请鲁迅先生对西安的下级军官士兵讲演一次，教我向鲁迅先生商议一个士兵能了解并感兴趣的题目。我就把这个意思向鲁迅陈述，鲁迅先生回答说：'我向士兵讲说是可以的，但是我要讲的题目仍然是小说史，因为我只会讲小说史。'"[2]孙伏园解释说："据我所想，小说史之讲法，本来可浅可深，可严正，亦可通俗。"[3]鲁迅在1924年10月30日所撰的《说胡须》中说："陕西人费心劳力，备饭化钱，用汽车载，用船装，用骡车拉，用自动车装，请到长安去讲演，大约万料不到我是一个虽对于决无杀身之祸的小事情，也不肯直抒自己的意见，只会'嗡，嗡，对啦'的罢。他们简直是受了骗了。"由此可见，鲁迅在西安除了讲小说史之外，对于别的问题以及平常的是非争论一概采取缄默其口、不置可否的态度。要他在7月29日结束暑期学校讲演的次日便给军官士兵讲演新的题目，时间上也来不及准备，因而信手拈来非常熟悉的中国小说史，最为自然不过了。

但在1950年后的文学语境中，这段鲁迅为军官士兵讲小说史的情形却被过度曲解和政治化了。1953年3月11日，许广平致函单演义说："鲁迅对当时西安以及北方军阀黑暗，是很小心对待的，故对军士也只讲小说史，即可具见。" 王淡如在1956年所撰的文章中说："军阀刘镇华曾托人示意，请给士兵讲演时调换一下题目，意思是说：你周树人总不肯给我歌功颂德了么，给士兵打一下气总可以吧？但结果使他这个奢望落了空。鲁迅

[2] 张辛南：《追忆鲁迅先生在西安》，《中央日报》（重庆）1942年6月22日《艺林》。

[3] 林辰：《鲁迅事迹考》，第41页。上海：新文艺出版社，1955年。

先生答复的很直爽：'给士兵讲可以，我还是讲小说史，因为我只会讲小说史。'刘碰了个软钉子，几乎马上要掀开'礼贤下士'的假面具的时候，经人劝阻，才隐忍住了。当时的《新秦日报》曾透露了这个'兼座怒形于色'的消息，还被罚的停了几天刊。"[4]

从张辛南和孙伏园等当事人的回忆来看，鲁迅之所以继续给军官士兵讲小说史，一方面由于自己"只会讲小说史"，另一方面也因为时间上仓促，来不及准备其他内容。至于刘镇华想让鲁迅为自己"歌功颂德""给士兵打一下气"的居心，也只是揣度。《新秦日报》之所以被罚"停了几天刊"，大概是对刘镇华用意进行过度猜测从而引起刘镇华的不满，更大的可能则是《新秦日报》对暑期学校的负面报道拂了刘镇华的"颜面"。

鲁迅在西北大学暑期学校所做的讲演《中国小说的历史的变迁》，经西北大学学生昝健行、薛效宽笔记整理，由西北大学出版部寄给鲁迅审定。鲁迅改定后寄回，收入《国立西北大学、陕西教育厅合办暑期学校讲演集（二）》中，1925年3月29日由西北大学出版部印行。鲁迅在1924年八九月间的日记中对此记录甚细：

8月23日，"上午以《中国小说史略》及《呐喊》各五部寄长安，分赠蔡江澄、段绍岩、王翰芳、昝健行、薛效宽。……寄昝健行信"。

29日，"得昝健行、薛效宽信"。

9月3日，"夜收西大所寄讲稿一卷"。

5日，"夜订阅西北大学讲稿"。

8日，"上午以改定之讲稿寄西北大学出版部"。

---

[4] 王淡如：《一段回忆：纪念鲁迅先生逝世二十周年》，《西安日报》1956年10月19日。

9日,"上午寄昝健行、薛效宽信"。

12日,"午后得西北大学出版部信"。

《中国小说的历史的变迁》虽经发表,但流传不广。鲁迅生前未收入集中,《全集》和《补遗》都未编入。后收入1973年人民文学出版社一版一印的《中国小说史略》的"附录"中。但毫无疑问,鲁迅的西安讲演"是鲁迅全部讲演中花费时间和精力最多的一次,给我们留下的讲稿,也是所有讲稿中最长的一篇"[5]。

1957年7月,《收获》杂志创刊号卷首刊登了鲁迅在西北大学暑期学校的讲演稿《中国小说的历史的变迁》。日本学者竹内实看到后,将此讲稿与《中国小说史略》进行分析比较:

> 现将二者对照比较,没有发现增补新材料,也几乎没有作品引用方面的介绍,只是重点地列举了作品名称,对其中的主要作品作了较《史略》更为简明的介绍。在全书总序和各章的开头都概括地提示了篇章的主要内容,使读者对小说史有一个完整的印象,这对了解全书内容无疑说是有益的。此外,正如《史略》这本书在序言中所说的这本书是作为教材使用的,所以在对《史略》省略掉的作品的评价、各个时代的思潮和弊病——所谓时代性——以及对现代文明的批评,对国民性的批判等诸点上,通过这次讲演,都会感到更为浓厚的兴趣。在《史略》的引用、考证目的、褒贬上,通过这次讲演有两三处似乎更加清楚了。记录作得比较忠实、完善,正如许广平和王鲁彦等事后追述的有亲临其境、亲耳聆听鲁迅在课堂上生动的讲解之感,同时亦有可能指出它与杂感相同的表达方法。[6]

---

5 马蹄疾:《鲁迅讲演考》,第27页。哈尔滨:黑龙江人民出版社,1981年。

---

6 [日]竹内实:《读鲁迅的〈中国小说历史的变迁〉》,李汝松译自日本《文学》1958年第三期,转引自单演义:《鲁迅在西安》,第121页。西安:西北大学出版社,2009年。下同。

竹内实的这种比对无疑是较笼统和粗疏的（或许与其读的是日文版有关），对鲁迅的表里发挥与发明创见视而未见。而且，竹内实忽略了《中国小说的历史的变迁》的讲演稿的特征，忽视了其在学术普及方面的典范意义。《中国小说的历史的变迁》"用的白话，做到明白晓畅，听读易懂"，而且能"循序渐进，由浅入深"[7]，"不仅评价了古典的小说，而且随时提到这些小说的写法，怎样刻画古代可爱的人与可憎的人，也引导听讲者开动脑筋，去判别是非、善恶、美丑，为他们的写作，提供了不少的创作原则和方法"[8]，"不仅讲述了中国小说的历史变迁的过程，而且对每一部著名小说作出言简意赅、严正精辟的评论"[9]，尤其是"提出了《史略》中未曾论及的新观点和新例证，修正了《史略》中某些欠妥或不够准确的说法，深入浅出、通俗严正、联系实际地进行讲授，使得这部讲稿具有高度的艺术特色和学术价值，为进一步研究中国小说史作出了巨大的贡献"[10]。

《中国小说的历史的变迁》以《中国小说史略》为蓝本，作为讲稿，鲍国华的评价较为到位："以白话书写，保持口语化和现场感，从而在专著、讲义和演说的缝隙之间体现出独特的学术价值和文体特征，其突出意义不在于观点的确凿不移，或结构的严谨整饬，而是在政治与学术、讲演与著作、课堂与书斋、白话与文言之间保持'必要的张力'，成为现代中国学术史、教育史和文学史上的一个独特的文本。"[11]

---

[7] 单演义：《鲁迅在西安》，第58页。

[8] 单演义：《鲁迅在西安》，第32页。

[9] 单演义：《鲁迅在西安》，第59页。

[10] 单演义：《鲁迅在西安》，第24页。

[11] 鲍国华：《小说史如何讲授——鲁迅〈中国小说的历史的变迁〉片论》，《天津师范大学学报》（社科版）2011年第6期。

"像春风化雨":
鲁迅讲课的魅力

第二十二章

在暑期学校的讲师中,鲁迅作为"小说大家"是很受听讲学员欢迎的。他的小说创作"在现代中国的演进历程中,发挥着引导彼时国民、给以希望、启迪青年等巨大作用,具有积极的时代意义,同时这些作品具有较强的艺术价值及精神感染力(典型的品格)而为时人所推崇;另一方面,由于鲁迅巨大的人格魅力及其文坛领袖地位,使得其作益为时人推重"[1]。从当年听讲者的回忆中,我们也可以看到鲁迅的影响力和感召力。

鲁迅很会讲课,他的课内容丰富充实,讲授灵活生动,注重跟学生的交流互动,很能抓住学生、吸引学生。他的中国小说史课程,在北京大学、北京师范大学、北京女子师范大学都极受欢迎。每次上课,教室里座无虚席,门口和走廊都挤满了学生。作为"作家型演说家",鲁迅的发挥总能达到很好的现场效果,凡是听过他讲演的无不承认这一点。鲁迅演讲"以生

---

[1] 温庆新:《鲁迅〈中国小说史略〉研究——以中国小说史学为视野》,第33页。北京:九州出版社,2017年。

动活泼、通俗易懂著称，除了幽默诙谐的演说语调，还有一个重要原因就是议论的形象化。鲁迅演讲不喜欢搞概念化的解说，也不追求多么华丽的文辞，他特别善于用生活中的具体事例来说明深刻的道理，使听者不厌"[2]。他善于"将听众的注意力聚焦于演说者身上，从而达到一种共思共享、交流互动的境界"[3]。虽然他的讲演没有留下声色情貌俱在的影音资料，但阅读鲁迅留下的文艺性和可读性很强的讲演稿，我们仍很容易感受到他突出的讲演才能和易于接受的特点。

荆有麟回忆说："鲁迅先生在学校教课，获得空前的成功。"这绝不是恭维之词。他分析了鲁迅教课"空前的成功"的三个条件。第一，"他讲起话来，虽不及老牌北京人讲话清朗，干脆，但后音略带一点江浙味道，而吐字又很真切，听起来也是蛮好的"。第二，鲁迅"有幽默感"，"不论讲什么，他是要将那奇异的特点，用常人所不大应用的语句，形容出来。听的人便会起一种兴味感"。第三，鲁迅"博学而又多能。他受过军事训练，学过采矿同医药，研究的是文学与艺术。他做过学校校长及教职员，当过长久的政府官吏。因有此种种经验与实生活，所以无论他讲什么，不管是引证或比喻，那材料要格外丰富而生动"。因而在鲁迅的课上，课堂气氛热烈活跃，学生积极性很高——

……而听讲者，无论在那一个学校，都有非选科的学生自动来听讲。甚至在北大，每次遇到先生讲课时，连校外人都有许多去听讲。讲义不够是小事，校外人将课堂常常坐满，而选先生课的学生，反无座位可坐，亦是常常有的事。而学校其他

---

[2] 苗曼桢：《鲁迅演讲及演讲词创作研究》，第64页。苏州大学硕士学位论文，2022年。

[3] 苗曼桢：《鲁迅演讲及演讲词创作研究》，第70页。

学院或其他学系的学生,有时来了找不到座位,找不到站位,坐在窗台上,又是常有的事。先生对于青年的感召,可见一斑了。

记得先生上课时,一进门,声音立刻寂静了,青年们将眼睛死盯住先生,先是一阵微笑,接着先生便念出讲义上的页数,马上开始讲起来,滔滔如瀑布,每一个问题的起源、经过,及先生个人对此的特殊意见。先生又善用幽默的语调,讲不到二十分钟,总会听见一次轰笑,先生有时笑,有时并不笑,仍在继续往下讲。曾忆有一次,在北大讲《苦闷的象征》时,书中举了一个阿那托尔法郎斯所作的《泰倚思》的例,先生便将泰倚思的故事人物先叙述出来,然后再给以公正的批判,而后再回到讲义上举例的原因。时间虽然长些(先生授课,两小时排在一起继续讲两个钟头,中间不下堂),而听的人,却像入了魔一般。随着先生的语句,先生的思想,走向另一个景界中了。要不是先生为疏散听者的脑筋,突然讲出幽默话来,使大家轰然一笑,恐怕听的人,会忘记了自己是在课堂上的,而先生在中国历史人物中,特别佩服曹操,就都是在讲授时候,以幽默口吻送出的。

因为先生对青年有那样的吸引力,所以无论是十六年在上海时,到劳动大学、大夏大学、光华大学、暨南大学、复旦大学、立达学园等处;或十八年及二十一年两次到北平,在燕京大学、北京大学、师范大学、女子文理学院、中国大学、辅仁大学、北平大学等等;一听到先生来讲演,青年人像发狂似的,都拥挤到会场,后来的,就只能站在窗子外或大门口来听了。而在北平师范大学,竟因大礼堂容不下众多的听众,致将窗子都打破。催讲者,不能不请鲁迅先生到露天操场上去作狮子吼,因那次听众实在太多了。鲁迅先生晓得站在后面的青年,绝对听不见,他自己只能提高嗓音吼叫了。这是先生由北平回到上海时,以幽默口气讲出的。

固然，先生之所以能有如此感召力，他的几十册的著作与翻译，是一个动力。但先生讲话能更吸引青年，却是更重要的动力。[4]

曾在北京大学旁听过鲁迅讲课、后来成为小说家的王鲁彦回忆鲁迅上课时的情景说：

每次每次，当鲁迅先生仰着冷静的苍白的面孔，走进北大的教室时，教室里两人一排的座位上总是挤坐着四五个人，连门边连走道都站满了校内的和校外的正式的和非正式的学生。教室里主宰着极大的喧闹。但当鲁迅先生一进门，立刻安静得只剩了呼吸的声音。他站住在讲桌边，用着锐利的目光望了一下听众，就开始了"中国小说史"那一课题。

他的身材并不高大，常穿着一件黑色的短短的旧长袍，不常修理的粗长的头发下露出方正的前额和长厚的耳朵，两条粗浓方长的眉毛平躺在高出的眉棱骨上，眼窝是下陷着的，眼角微朝下垂着，并不十分高大的鼻子给两边深刻的皱纹映衬着，这才显出了一点高大的模样，浓密的上唇上的短须掩着他的阔的上唇，——这种种看不出来有什么奇特，既不威严也似乎不慈和。说起话来，声音是平缓的，既不抑扬顿挫，也无慷慨激昂的音调，他那拿着粉笔和讲义的两手从来没有表情的姿势帮助着他的语言，他的脸上也老是那样的冷静，薄薄的肌肉完全是凝定着的。

他叙述着极平常的中国小说史实，用着极平常的语句，既

---

[4] 荆有麟：《鲁迅教书时》。见荆有麟：《鲁迅回忆》，第26—30页。北京：中国文史出版社，2020年。

不赞誉，也不贬毁。

然而，教室里却突然爆发笑声了。他的每句极平常的话几乎都须被迫地停顿下来，中断下来，每个听众的眼前赤裸裸地显示出了美与丑，善与恶，真实与虚伪，光明与黑暗，过去现在和未来。大家在听他的中国小说史的讲述，却仿佛听到了全人类的灵魂的历史。每一件事态的甚至是人心的重重叠叠的外套都给他连根撕掉了。于是教室里的人全笑了起来，笑声里混杂着欢乐与悲哀，爱恋与憎恨，羞惭与愤怒……于是大家的眼前浮露出来了一盏光耀的明灯，灯光下映出了一条宽阔无边的大道……大家抬起头来，见到了鲁迅先生的苍白冷静的面孔上浮动着慈祥亲切的光辉，像是严冬的太阳。

但是教室里又忽然异常静默了，可以听见脉搏的击动声音。鲁迅先生的冷静苍白的脸上始终不曾露出过一丝的微笑。[5]

从荆有麟、王鲁彦的回忆来看，鲁迅授课极具魅力和感染力。其特点，据学生描述："一是清晰，一是好玩，经常逗得哄堂大笑，有位北大学生听他的课，笑得受不了，说是'好玩死了'。"[6] 北京大学法文系学生常惠，曾选修过鲁迅的中国小说史略课，并帮鲁迅印刷讲义。她晚年回忆说："鲁迅先生讲课，是先把讲义念一遍，如有错字告诉学生改正，然后再逐段讲解。先生讲课详细认真，讲义字句不多，先生讲起来援引其他书中有关故事，比喻解释，要让学生对讲的课了解明白。学生问到讲义中的字句情节，先生一定多方讲解，直到学生明白了，先生才满意。先生的比喻，不止用书中字句，有时还在黑板上画

---

[5] 鲁彦：《活在人类的心里》，《中流》1936年第一卷第五期。

---

[6] 陈丹青：《笑谈大先生》，第124页。桂林：广西师范大学出版社，2011年。

画，不够的地方，还要用姿势表示。《中国小说史略》第八篇'唐之传奇文'（上）有'《异梦录》记邢凤梦见美人，示以"弓弯"之舞'，学生对'弓弯'不明白，先生援引了《酉阳杂俎》里的故事：'有士人醉卧，见妇人踏歌曰：舞袖弓腰浑忘却，蛾眉空带九秋霜。问如何是弓腰？歌者笑曰：汝不见我做弓腰乎？乃反首髻及地，腰势如规焉。'先生援引了这个故事，大概觉得还不够，于是仰面，弓腰，身子向后仰，身子一弯曲，就晃起来，脚也站立不稳了，这时先生自语：'首髻及地，吾不能也。'同学们见他这样负责讲解，都为之感动。课堂上师生之间情感接近，课文内容也有情趣。对先生的讲课认真精神和有风趣的言谈，同学们都喜爱和尊敬。"[7]

　　鲁迅在西安暑期学校讲学时，西安的报纸知道"周树人"就是"鲁迅"后，开始强调突出鲁迅"小说大家"的身份。鲁迅以自己的巨大影响和声望，受到了学员们的热烈欢迎。他在暑期学校的讲演《中国小说的历史的变迁》以《中国小说史略》为蓝本，《中国小说史略》的研究对象是古代文学作品，为了更好地契合主旨，他在表达方式上自然地偏向文言文，以此来保持整体上文字与内容的统筹兼顾。在讲演时，他必须考虑言说技巧与研究对象的"隔"与"不隔"，首先"要考虑的是听众的感受，直白的说，就是听众感不感兴趣，能不能听懂。古代文学本身离听众生活较远，再用文言文讲，等于是拒人于千里之外，书面语又容易显得死板，况且照本宣科本就是鲁迅所厌恶的言说方式。受制于听众的理解、反应能力，故鲁迅在西北大学做演讲时，就采用了浅显易懂的口语表达。《变迁》作为此次

---

[7] 常惠：《回忆鲁迅先生》。见鲁迅博物馆鲁迅研究室编：《鲁迅诞辰百年纪念集》，第516页。长沙：湖南人民出版社，1981年。

演讲的现场记录稿，保留了一定的口语表达色彩和现场感"[8]。

当时在暑期学校听课的青年的回忆，与王鲁彦、荆有麟、常惠等对鲁迅讲课的记忆大致不差，鲁迅的讲课如春风拂面，"像春风化雨"。

时任西安省立第三中学校长的刘安国，奉命负责暑期学校的招待工作。鲁迅7月21日上午开讲第一节课前，即由他领进教室，介绍给学员，并随堂听讲。他说：

……使我最难忘的是鲁迅先生不论在讲课还是和我们青年教师、青年学生接谈时，他从来不以人师自居，从来不是板起面孔，把自己的意见强加于人。相反，他总是像一个小学生一样，虚心地听取别人的意见，平易近人，谦虚和蔼，性情开朗，热情奔放，没一点架子，和他谈话时，像春风化雨，令人恋恋不舍。他讲课非常生动，旁引博证，联系实际，讽刺深刻，句句扣人心弦，沁人肺腑，因而使得我不能不每课必听，每听必终，课后还去请教，受益实多，留下的印象，是永难磨灭的。[9]

当时担任招待员的私立竞化中学教员李级仁回忆："鲁迅先生的讲演，真如他的文章一样，理论形象化，绝不抽象笼统，举出代表作品，找出恰当例证，具体发挥，没有废话，使听者不厌，并感着确有独到之处。"另一位听过鲁迅讲演，后来在易俗社任编辑的西大学生谢迈千说，"鲁迅先生上堂讲演，总是穿着白小纺大衫，黑布裤，黑皮鞋，仪容非常严肃。演讲之前，只在黑板上写个题目，其余一概口讲，说话非常简要，有

---

[8] 苗曼桢：《鲁迅演讲及演讲词创作研究》，第67页。

---

[9] 单演义：《鲁迅在西安》，第110—111页。西安：西北大学出版社，2009年。

时也很幽默,偶尔一笑",内容精彩,妙语迭出,"听众完全被吸引住了"。[10]李瘦枝回忆说:"由于鲁迅先生的讲演内容丰富,见解深刻,特别是他在讲演中的那种昂扬地战斗精神,感染力很强,不多几天礼堂上即座无虚席,及至讲到唐宋以后,就有不少人争不到座位站着听讲了。"[11]

由以上回忆来看,鲁迅的讲课既能做到循循善诱、形象生动、旁征博引,又能做到深入浅出、见解深刻、妙趣横生,可谓难得一遇的良师。对听众而言,真是一种难得的享受。

实际上,鲁迅不仅是青年的良师,还是他们的益友。

北京大学国文系毕业的陕籍学生王儒卿,听闻老师鲁迅来西安讲学,专门拜访过鲁迅两次。鲁迅也很关心他的工作和生活情况。单演义曾询问王儒卿在西安见到鲁迅的感受,他回函答复如下:

[10] 单演义:《关于鲁迅的〈中国小说的历史的变迁〉》。见单演义编:《鲁迅在西安(资料汇编)》,第38页。

[11] 李瘦枝:《"刘记西北大学"的创办与结束》。见《陕西文史资料选辑》(第三辑),第183页。

承询关于鲁迅先生之事,谨复如下:

鲁迅先生是我的老师,他在北大教课即由我们那一班学生开始,教的是中国小说史。他出版的《中国小说史略》,就是给我们编的讲义。他来陕讲学是在1924年暑假,那时有个国立西北大学,与陕西教育厅合办了个暑期讲习会,鲁迅先生是请来讲学人之一,他讲的是中国小说史。那时我在天津南开学校教课,也于暑假回到西安。我到西安后,知道鲁迅先生前来讲学,去看过鲁迅先生两次,也不过是学生看老师的意义,并没谈论多少问题。

我虽然是鲁迅先生的一个普通学生,但鲁迅老师对我的印象却甚深。我觉得他是处处都在教育青年,时时都在热爱青年,兹举二事以为证明：

一、鲁迅老师与我们讲课时，讲完《红楼梦》那一部分，他问道："你们爱不爱林黛玉？"当时许多同学都不假思索，随口乱答。其中一个同学反问道："周先生你爱不爱？"鲁迅老师毫不迟疑地答道："我不爱。"又问："为什么不爱？"答曰："我嫌她哭哭啼啼。"这一次问答就此完结。我常推想这正是鲁迅先生教育青年改正数千年来以"工愁善病""弱不胜衣"的美态看妇女的错误思想。所以这一段话永远在我的脑中深印着。

二、鲁迅老师来陕讲学我去看他，他首先问："你暑假毕了还去南开么？"我答道："我回来时把南开的续聘退还了。现在这里（西北大学）叫我教些课，还有两个中学也约我教些课，我都答应了。"鲁迅老师即说："那就好。你还可以回家一趟。"我答道："我是商县人，来回得走八天，秋夏之交常多雨，且发山洪，回家恐误了开学日期。"我与鲁迅先生谈话本极平常，但是他关心我的职业，关心我的生活，正是老师对学生的恳切热爱，所以我永远不能忘记。[12]

鲁迅在西安停留了二十一天，在暑期学校讲学也只有短短八天，但在西安青年心中留下了不可磨灭的美好印象，其对青年学生的关心，也成为他们永远珍视的美好回忆。鲁迅的讲演，"对西北的学术思想说，不惟开了一种新风气，使新文艺新学术的根扎得深远，而且使青年得到他对古典文学的独到看法与新的研究整理方法"[13]，为西安乃至陕西播撒下了新文艺、新学术的种子。

---

[12] 单演义：《鲁迅在西安》，第111—112页。西安：西北大学出版社，2009年。

[13] 单演义：《鲁迅讲学在西安》，第81页。

鲁迅长安行之前，五四新文学经由刘含初、魏野畴、王福生等曾在京津、沪、宁求学的学子传到了陕西。他们中的部分人回到陕西后，一方面宣传革命思想，一方面在任教的学校不遗余力地推介鲁迅、郭沫若、茅盾的新文学作品以及《新青年》《共进》《向导》等进步杂志，但由于各方面条件的限制，影响极为有限。在西安当时的报刊上，仍是文言国粹、诗词杂咏占绝对主导，几乎看不到新文学作品；中小学学校所用的教材，仍是《古文观止》《古文辞类纂》之类；孔教会势力在民间依旧强大。

鲁迅长安行之后，新的文学作品一下子多了起来，"从鲁迅先生讲学后西安报章杂志所反映的学术思想来看"，鲁迅的文艺思想"又似起了很大的影响作用"：

1924年8月，汤鹤逸在西安《旭报》发表《文艺与人生》，"既说出现实人生的缺陷，又要创造文艺中的理想的人生"。

1925年5月，《青年生活》第十六期发表的思秋的《唔，原来如此》，直接模仿《阿Q正传》第七章革命中的阿Q高兴得直喊"得得，锵锵，得，锵令锵！我手执钢鞭将你打……"的笔调，开头就是："锵！得！得！得！锵！……我不想起吴狗我不烦恼，但想起恶血往上潮，锵锵！采采锵！孤王兴兵把贼讨！何一日……王才远自学生解散之后，成日无所事事，口中只哼着恨吴狗，今天正睡在床上，唱的起劲。"

1928年10月，程宛岑在《文艺》创刊号上发表《中国文学之过去与现在》，认为"时代受进化原理的支配，文艺也要依进化的原则，……文学家应有创造的功能，作新时代先驱的大责任"。云青在《文学的使命》中引用鲁迅的"文学家除了诌几句诗文之外，实在毫无用处"，"讽刺轻视文学的人们以及视文学对于国家社会毫无干的文学家，因而主

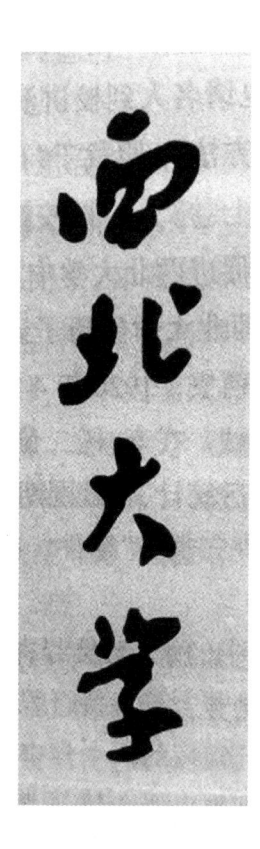

集鲁迅书迹而成的"西北大学"校牌

张文学的特殊使命,在描写人生,提高人生"。

兆畴在《曙》的发刊词中说:"只希望把中国社会几千年来的糊涂账清算一部分,……将来研究……中国的国民性,以及中国的其他其他,都想采用这个态度。"[14]

……

以上种种,无不受到鲁迅文艺思想的影响。正如1925年鲁迅在《睁了眼看》中所言:"文艺是国民精神所发的火光,同时也是引导国民精神的前途的灯火。"他的学问和思想,已经在西安的青年中发出了"火光",成为引导他们"精神的前途的灯火"。

鲁迅此行也与西北大学结下难解之缘。1925年3月,鲁迅在西北大学的讲演《中国小说的历史的变迁》记录稿经鲁迅本人修订后,收入《国立西北大学、陕西教育厅合办暑期学校讲演集(二)》中,由西北大学出版部印行。鲁迅的此次讲演和新文学创作,沾溉滋养了数代西大学子,影响激励了数辈西大学人。

1954年,西北大学在全国率先成立了"鲁迅研究资料室"。1957年,西北大学教授单演义在长江文艺出版社出版《鲁迅讲学在西安》,翔实地记述了鲁迅长安行以及西安讲学的始末,是研究鲁迅的重要著作。作为薛绥之主持的《鲁迅生平史料汇编》丛书之一,该书"不仅填补了鲁迅生平史上的一段空白,而且对于研究鲁迅在西安和文艺思想在西北地区的传播有很大的贡献,同时也为后来编写较为详备的鲁迅年谱及传记作了准备"[15]。

---

[14] 单演义:《鲁迅讲学在西安》,第86—87页。

[15] 姜彩燕、王小丽:《单演义"鲁迅在西安"的研究及其意义》,《鲁迅研究月刊》2016年第4期。

1974年，在鲁迅赴西安讲学五十周年之际，西北大学创建了西北地区第一个"鲁迅研究室"，并创办了《鲁迅研究年刊》。单演义、阎愈新、张华、蒋树铭等学者，为陕西乃至全国的鲁迅研究做出了开拓性的贡献。《鲁迅研究年刊》创刊伊始，即备受学界重视，其一直坚持到20世纪90年代，"使'鲁迅研究'或'鲁迅学'在经济大潮的繁音丛响中，仍葆有其特有的严谨求实、不尚浮华的学术特色"[16]，在海内外鲁迅研究领域产生了广泛而深远的影响。1976年，西北大学从鲁迅于1924—1925年修订西北大学讲稿时与记录者昝健行、薛声震两人的通信中，集取了"西北大学"四个字，作为西北大学学报的刊名和西北大学的校名，并制成正式的校牌，一直沿用至今，成为全国为数不多的以鲁迅书迹作为校名的著名高校之一。

1978年西北大学恢复硕士招生后，中文系在国内率先开设了一系列鲁迅研究课程，组织编辑了《当代作家谈鲁迅》等书刊，并在国内最早招收鲁迅研究方向的硕士研究生，培养了数十名专业人才，当年就涌现出了王富仁、阎庆生、李鲁歌、于宗其等日后在国内学界具有影响力的著名鲁迅研究专家，西北大学也因此成为众所瞩目的鲁迅研究重镇。

---

16 李继凯、孙旭：《鲁迅与陕西》，《中国文学研究前沿》（英文版）2020年第1期。

西北大学太白校区图书馆前的鲁迅塑像（何鄂塑）

曲高和寡：
暑期学校的成效

第二十三章

鲁迅在西北大学暑期学校讲演的中国小说史，之前已在北京大学、北京师范大学等高校课堂上讲了五六年，准备充足，内容精熟；他自己又很富有演说台风，从当年听讲者的回忆来看，反响还是很不错的。但从整体来看，暑期学校总的教学效果却不甚理想，除了一部分水平相当的青年学生可以跟上讲师所讲内容之外，大多数人听不懂或跟不上。这里面有多重原因。

首先，暑期学校听讲的学员学术水平和文化程度高低不一，大部分人听不懂或者难以接受讲演内容。暑期学校学员"除陕西省教育厅通知中小学教员和各县劝学所选派来的以外，有西北大学的学生，自愿听讲而报名的"[1]。据当时西安各大报纸记载，报到情况是这样的："除了西安选派的各中小学教员及西大学生外，其余各县，大约为大县六人或五人，其次四人或三人，其次二人或一人不等。如南郑县就是六人：'计有高级小

---

[1] 孙福熙：《鲁迅先生在西安》。见孙伏园：《鲁迅先生二三事》，第105页。

学教员王朝元，王松龄，女子高小教员吕兆璜，甲乙农校教员杨作栋，县视学樊尚仁，劝学员徐联甲等六人。'陇县为五人：'高小校长石钟麟，教员张箴商、杨瑞堂、王子修、兰香斋等五人。'三原县为四人：'计有县立小学教员韦文轩，民治小学吴仰峰，劝学所王立傅等。'肤施县二人，为高小教员张鹏飞、毕光斗。商县为高小教员邵鼎勋。……总计人数约七百，参加文史哲二组的，有昝健行、薛效宽、李滋荣等二百余人。"[2] 当时西北大学的学生人数也很少，1924年3月，国立西北大学正式开学时，全校共有来自秦、陇、豫、晋、直、鲁、湘、鄂、苏、浙、皖、赣、粤、蜀等十四个省籍的学生二百八十名，分属哲学、历史、中国文学、外国文学、数学、物理、化学、地质、土木工程、机械工程、采矿冶金、农艺、畜牧等十三个科别，平均下来，中国文学也只有二三十名学生。[3] 因此，听讲的学员主要是陕西各地的中小学教员。而鲁迅的《中国小说的历史的变迁》、王桐龄的《中国文化之发源地》《历史上中国六大民族之关系》《陕西在中国史上之位置》、夏元瑮的《物理学最新之进步》、李济之的《社会学概要》《人类学概要》、陈钟凡的《中学国文教学法》《中国文字演进之顺序》、陈定谟的《知识论》《行为论》、蒋廷黻的《欧洲近世史》《法兰西革命史》、王凤仪的《社会主义与共产主义之源流》《卢梭之教育观》、李干臣的《森林与文化》、孙伏园的《何谓文化》、王小隐的《人生地理概要》《戏曲与文化之关系》等讲题，均为各位讲师长期研究之专长，或专精，或前沿，大都高度理论化，对于中等文化程度且缺乏现代教育理念的中小学教员来讲，未免过于深僻抽象了。四十一

---

[2] 单演义：《鲁迅讲学在西安》，第10—11页。

[3] 李永森、姚远主编：《西北大学史稿·上卷·1902—1949》（修订本），第102、104页。

年后，蒋廷黻回忆起对暑期学校学员的印象时说："在西北大学夏令营演讲是很辛苦的。那儿的学生比平津的年纪大，像人面狮身像似的坐在教室里，他们太没有礼貌，不是喧闹就是打盹。我简直弄不清楚，他们是否还知道有我这个人在。"[4]

因而在开讲不久，西安几家报纸就流露出对暑期学校的不满和质疑——"听讲员大都系在小学教育界服务者，而其讲演则与小学教育毫无关系，结果不过为个人增添若干零碎知识而已。"[5] 很快，学员代表就与暑期学校沟通，希望增加与中小学教育相关之课题。《旭报》在8月2日题为《为暑期学校进一言》的社论中写道，"此次听讲诸君大半为各县高等小学或中学之教员、管理员，其留住省垣暑假不归之学生则亦有一部分焉"，"诸先生讲述之学科宜注重实用而不宜过于高深"，倘若讲题太高深，则无异于"掷珍珠以饲蜀鸡"，"宝则宝矣，于鸡无所得也"。[6]

现将《新秦日报》《建西报》《旭报》对暑期学校的跟踪报道列表如下[7]：

报纸名称	报道日期	报道内容
《新秦日报》	7月20日	暑期学校今日举行开学式
	7月21日	暑期学校昨日举行开学式纪盛
	7月22日	暑期学校昨日举行开学式纪盛（续）
	7月24日	暑期学校近讯二则 （1）编印同学录之酝酿 （2）讲义问题
	7月25日	省署昨午欢宴暑校讲师
	7月26日	暑期学校之讲师将在储材馆讲演
	7月30日	暑期学校讲师之校外讲演 暑期学校新闻三则 （1）听讲员全体推代表质问学校 （2）京晨两报记者加入讲演 （3）周树人今日东返

[4] 蒋廷黻：《蒋廷黻回忆录》（增补版），第124页。

[5] 《暑期学校新闻三则》，《新秦日报》1924年7月30日。

[6] 《为暑期学校进一言》，《旭报》1924年8月2日。

[7] 此表根据姜彩燕《鲁迅西安讲学与当地报纸相关报道新考》一文，《现代中文学刊》2021年第4期。

续表

报纸名称	报道日期	报道内容
《新秦日报》	7月31日	暑期学校昨闻纪略 （1）听讲员对于该校表示不满 （2）史地专家王桐龄由咸回省后游兴方浓 （3）小说大家鲁迅君（即周树人）讲演终结即将返京
	8月2日	暑校容纳学员要求之经过
	8月4日	（1）储材馆新闻两则 （2）当局昨夜在宜春园欢宴暑校讲师 （3）长安教育会明日之讲演会（邀请王小隐和刘文海讲演）
	8月7日	（1）（长安）县教育会连日之讲演 （2）青年会欢迎暑校学员纪盛 （3）暑期学校日就萧条 （4）暑期学校的学生生活
	8月8日	（1）李济之《人类进化史》昨已终讲 （2）暑期学校的学生生活（续）
	8月9日	（1）暑期学校筹备结束 （2）暑期学校的学生生活（续）
	8月10日	（1）暑期学校筹备结束续闻 （2）暑期学校的学生生活（续）
	8月11日	（1）暑校少数学员前日参观孤儿院 （2）暑期学校的学生生活（续）
	8月12日	暑校课余谈话会昨日谈论曹操及北京名胜
	8月13日	昨日之暑校课余谈话会
	8月14日	（1）李干臣提倡学校造林 （2）暑校课余谈话会之第三日 （3）励进社昨日之讲演会
	8月15日	（1）暑期学校前晚之游艺会 （2）学者联袂游历终南山
	8月16日	暑期学校之鳞爪
	8月19日	（1）王桐龄等联袂东返 （2）暑期学校明日停讲
	8月21日	暑期学校昨日张榜
《建西报》	7月22日	暑期学校开课
	7月25日	暑期学校景况：因不发讲义，学员感困难
《旭报》	7月23日	（1）国立西北大学、陕西教育厅启事 （2）暑期学校已开学
	7月24日	国立西北大学、陕西教育厅启事
	7月25日	国立西北大学、陕西教育厅启事
	7月26日	国立西北大学、陕西教育厅启事
	7月28日	暑期学校之见闻

续表

《旭报》	7月29日	（1）暑期学员看者 （2）学者为（储材）馆员演讲
	7月31日	（1）学者在督署讲演 （2）讲师游历咸阳
	8月2日	为暑期学校进一言
	8月3日	（1）暑期讲演结果如此 （2）各机关无人听讲之原因
	8月6日	（1）督署昨日继续演讲 （2）暑期学校失败果真官厅之咎欤
	8月7日	京报记者行将返都
	8月8日	学者又去二人
	8月10日	王小隐讲演受欢迎
	8月11日	拟暑期学校教授先生与听讲诸君者——仿韩退之答窦存亮秀才文
	8月14日	励进学会欢迎李博士之盛况
	8月16日	（1）农林家偕游终南 （2）讲师订期东归
	8月24日	（1）暑期学校结束之余闻 （2）西乡之听讲员

其次，没有及时印发讲义，加上部分讲师方言口音太重，学生难以掌握讲演内容。暑期学校开学后，由于部分讲师讲题为临时决定，再加之其他原因，没有及时印发讲义，"一般不懂讲师语言之义，仅能在黑牌上抄录，其大纲终全不能详晰了解，颇感困难"[8]。暑期学校讲师中"除王桐龄是河北人，李顺卿、王小隐是山东人，王来亭、刘文海是陕西人，其余几位则来自江浙或湖南、湖北，对陕西人来说，他们的口音比较难懂，加之讲题深奥，致使有些听讲员因不懂讲师语言而无法出席"[9]。有些则如同听天书一样空来浪游。因此，开讲第二天即有人在黑板上大书"既无讲义又无成书，言之谆谆，听者茫茫，师生交困，恐无好果"[10]。学员虽有不满，但临时更改讲演题目、印制讲义过于理想化，明显来不及，也有悖于暑期学校"介绍新学术"的宗旨。所以学员

[8] 《暑期学校近讯二则》，《新秦日报》1924年7月24日。

[9] 姜彩燕：《鲁迅西安讲学与当地报纸相关报道新考》，《现代中文学刊》2021年第4期。

[10] 《暑期学校新闻三则》，《新秦日报》1924年7月30日。

1925年3月由西北大学出版部印行的《讲演集》及鲁迅讲稿

的呼声最终不了了之。暑期学校按部就班执行教学计划。

直到暑期学校结束半年多以后，才印成了《国立西北大学、陕西教育厅合办暑期学校讲演集》（一）（二）。鲁迅的讲演《中国小说的历史的变迁》收在《讲演集》（二）中。

除了上述两个原因之外，天气炎热难耐，暑期学校生活枯燥乏味，学生学习状态不佳等，都是导致学生对听讲失去兴致的因素。因此当时的报纸建议适当开展娱乐活动，如借西安青年会[11]场地放映电影招待学员，暑校可联系学校、工厂及孤儿院等，组织学员定期参观学习等。暑校在学员的强烈要求下，果然安排了一系列活动，如在西安青年会放映日本地震影片，组织学员参观孤儿院，还许诺由暑校出资请学员去华清池泡温泉，去咸阳游览名胜古迹等。8月13日暑期学校应听讲学员要求还举办了游艺会。西大教师和暑校讲师均表演了丰富多彩的节目，据《新秦日报》8月15日报道，当时表演的节目有："（一）万耕卢夫妇唱美国黑奴乐歌；（二）李干臣、蒋廷辅（黻）表演蕉叶照相；（三）陈定谟之遁瓶竞赛；（四）李干臣、蒋廷辅（黻）之认人游戏；（五）昝健行之滑稽读书；（六）陈秋杉唱美国歌；（七）昝健行、陈圣震滑稽外国演说；（八）王桐龄讲述日本某大学教授之趣史；（九）李宜之述说西洋学者之笑史。"这一活动受到学员的热烈欢迎，当日"到者约三百余人"，举办者"并饷各学员以茶点，至夜九时许尽欢而散"。为促进师生情感，"暑校还组织讲师与学员之间的谈话会，请王桐龄、李干臣、陈钟凡、陈定谟等讲师就'曹操功罪问题''北京名胜古迹''美国社会风俗''改良小学教育'等问题进行自由讨论。谈话会起初还有

---

11 西安青年会，全名"西安市基督教青年会"，1914年创立，故址在东大街三台巷内，面向社会开展形式多样的文化、娱乐活动。1923年11月康有为来陕，也在此发表过演讲。

数十人响应,到第五次时到会者竟不足十人,因此未能正常进行,可见效果并不好"[12]。

暑期学校从预告到正式开学,陕西省教育厅与各地教育部门均非常重视,各地选派人员到西北大学听讲,当时的报纸对各地学员到省听讲进行了跟踪报道。开学后,西安连续降雨两天,但"听讲员不畏泥泞,来者甚为踊跃","到者每日不下四百余人"。可惜的是,由于师生语言沟通障碍,又无讲义可供学习,未过几日,听讲人数锐减。到7月28日,听讲学员不到二百,不及开学时一半,且"大半皆身着制服,暑期未归之学生、外县来者多已不知何处去矣。间亦有一二留心听讲者殆亦如凤毛麟角之不可多得"[13]。

还有一个原因,暑期学校的费用和住宿也是一个大问题。暑期学校"陕南陕北路远者,来往旅费以一人一百五十元计算,由各县署筹给。以学校宿舍不能容纳,所以来西安之后,多住客栈中。如渭北各县的听讲者,住长乐商场之泰来栈及南大街之鸿升栈等处"[14]。至于旅费和住宿费用,县署能否按时兑现,也是一个问题。如果需要学员自行承担,难免有人不堪经济压力。总而言之,可能因为听不懂讲演,费用也是不小的负担,再加上暑校快要结束时,部分讲师课程结束已经离开,所以听讲者就更是寥寥了。《新秦日报》8月8日题为《暑期学校日就萧条》的报道说:

暑期学校连日除少数讲师离陕外,各县学员亦有纷纷出省者,故报名簿上所书之七百余名听讲员,而每次出席者仅数十人,

---

[12] 姜彩燕:《鲁迅西安讲学与当地报纸相关报道新考》,《现代中文学刊》2021年第4期。

[13] 《暑期学校之见闻》,《旭报》1924年7月28日。

[14] 单演义:《鲁迅讲学在西安》,第10—11页。

此外如下午之课堂钟点亦减去大半，且有数日无堂者，状颇萧条云。

8月20日暑期学校张榜公布了获得证书的人数。当时规定："只要出席过半者，均可领取证书。（《旭报》说出席三分之一，仅十次报到即榜上有名）报名者七百余人，最后公布可领证书者三百零九人。记者认为这三〇九之数也有很大水分。"[15]颁发证书以签到簿为准，"其实此簿极不可靠，以记者目睹有一人代签数人者，有数日未到而一次总签者，又有将明后日之到字预签者"[16]。由此推断，真正听讲过半的人数远低于三百零九人。

在西北大学和陕西省教育厅筹办暑期学校的时候，曾留学美国霍普金斯大学和哥伦比亚大学的著名教育家朱斌魁，即在《教育汇刊》（南京）1924年第二卷第二期发表了《办大学暑期学校之紧要几点》一文，此文是他与哥伦比亚大学暑校主任、霍普金斯大学暑校主任通函讨论的要点。其中第一条，即指出应按照"暑校学员之需要而设学程"，"此实为办暑校之第一步"，"因来学者之性质及多寡而设相当学程。否则学程非不切要，即犯太深或太浅之弊，二者均非暑校成功之兆"。西北大学暑期学校在这一方面显然考虑不周。第二条，"暑校之程度应提高与大学程度相等"。就开讲课题而言，在这点上西北大学暑期学校基本符合要求。第三条，"暑校经费应量入为出"。从财政预算上看，西北大学暑期学校因督军与省长刘镇华全力支持，经费充足。所疑者为听课学员的餐旅费及住宿费用不知是由暑校还是由个人承担，从学员中途纷纷离开的情况分析，个人承担的

---

15 姜彩燕：《鲁迅西安讲学与当地报纸相关报道新考》，《现代中文学刊》2021年第4期。

16 《暑期学校昨日张榜》，《新秦日报》1924年8月21日。

可能性很大。第四条,"早印暑校一览分散各方"。这点西北大学暑校只做了一半工作,早期预告可谓到位,但没有印发讲义成为一大失误(这其中可能也有鲁迅等人讲题到陕之后才确定的原因)。第五条,"增进暑校学生之娱乐机会"。西北大学暑校开始时并没有计划,后来在学员的要求下才临时设置娱乐活动,也可谓亡羊补牢,为时不晚。对照朱斌魁的文章来看,西北大学暑期学校的教学安排及实施效果整体上是比较"失败"的。

暑期学校的筹划主办者傅铜也"自认其失败"。《旭报》1924年8月6日题为《暑期学校失败果真官厅之咎欤》的报道中云:"昨晤政界某要人,谈话略谓此次暑期学校毫无成绩,即当局者亦难自讳,且傅佩青氏亦自认其失败也,但傅氏谓此次失败原因系受官厅之影响,拟来年再办一次决不与官厅合作云。"

但凡事不可一概而论,暑期班整体上的乏善可陈并不能掩盖鲁迅讲演的亮点。从当年听过鲁迅讲演的学员回忆来看,鲁迅授课是比较成功的。陈漱渝说:"鲁迅此次赴陕自有其文化意义;虽然创作《杨贵妃》的计划因此幻灭,但却在《说胡须》《看镜有感》等杂文中留下了此行的珍贵记录,特别是催生了《中国小说的历史的变迁》这一深入浅出的著作,更是为学术普及提供了范本。然而从当时的教学情况来看,对这次活动的成效的确不能高估。"[17] 他进而以《新秦日报》1924年7月30日刊登的报道为证:"暑期学校自开办后即有多数学员于学校大抱不满,盖听讲员大都系在小学教育界服务者,而其讲演则与小学教育毫无关系,结果不过为个人增添若干零碎知识而已。此时又因无讲义致不懂讲师语言者多莫名所谓,无法出席,故开

---

[17] 陈漱渝:《鲁迅西安讲学成效不宜高估》,《中华读书报》2016年8月24日。

讲之第二日即有人在黑板上大书'既无讲义又无成书,言之谆谆,听者茫茫,师生交困,恐无好果'之语,其感于困难者可想而知,昨日全体听讲员已忍无可忍遂公推某君上讲台向众发表意见。"

应该说,陈漱渝所言的"对这次活动的成效的确不能高估"有一定道理。但需要指出的是,暑期学校的"失败"不能等同于鲁迅讲演的"失败"。这里面固然不乏后来听讲学员因主观因素"拔高"鲁迅,但鲁迅擅长讲演和授课有方也是不争的事实,王鲁彦、荆有麟、许广平等在北京听过鲁迅授课的学生,以及刘安国、李级仁、谢迈迁、李瘦枝等在西安暑期学校听过鲁迅讲演的学员的回忆,都可以证明鲁迅讲演是比较成功的。比如,刘安国说,鲁迅的讲课"使得我不能不每课必听,每听必终……"[18] 李瘦枝说:"由于鲁迅先生的讲演内容丰富,见解深刻,特别是他在讲演中的那种昂扬的战斗精神,感染力很强,不多几天礼堂上即座无虚席,及至讲唐宋以后,就有不少人争不到座位站着听了。"[19] 鲁迅"那种昂扬的战斗精神",结合李瘦枝写作时代的特殊氛围,未必可信,但其他内容应该是确凿的。鲁迅在讲演的结束语中说:"我讲的《中国小说的历史的变迁》在今天此刻就算终结了。在此两星期中,匆匆地只讲了一个大概,挂一漏万,固然在所不免,加以我的知识如此之少,讲话如此之拙,而天气又如此之热,而诸位有许多还始终来听完我的讲,这是我所非常之抱歉而且感谢的。"由此可见,鲁迅的讲演还是很吸引听讲学员的。套用陈漱渝的话,鲁迅西安讲学的成效也"不能低估",而应该得到客观公允的评价。

---

18 单演义:《关于鲁迅的〈中国小说的历史的变迁〉》。见单演义编:《鲁迅在西安(资料汇编)》,第38页。

---

19 李瘦枝:《"刘记西北大学"的创办与结束》。见《陕西文史资料选辑》(第三辑),第183页。

"实属难能可贵"：

鲁迅与易俗社

第二十四章

1912年8月，鲁迅被教育部任命为佥事并兼社会教育司第一科科长，主要负责文化、美术、音乐、演剧等方面的工作。此时刚刚成立的易俗社在鲁迅的工作职责范围之内，自然受到了鲁迅的关注。

孙伏园回忆说："陕西易俗社是以一种新型的剧团出现于西北戏曲界，以其组织之严密、编演具有社会教育意义的新戏驰名。鲁迅先生从临时政府起到一九二五年止，曾在旧教育部担任佥事、科长等职务，他主管社会教育工作（当时戏剧是在这部门的），对易俗社编演新剧早有所知，在旅途中亦曾谈起该社，所以这次来西安讲学，他是很有兴趣要看看易俗社的演出的。"[1]

易俗社成立于1912年7月，是陕西辛亥革命胜利后结出的一枚丰硕果实。其发起人除李桐轩、孙仁玉、高培支、范紫东等皆为文化名流外，其他如陕西同盟会领导人井勿幕，陕西

---

[1] 孙伏园：《鲁迅和易俗社》。见《鲁迅先生二三事》，第73页。

辛亥革命后第一任督军张凤翙，陕西省教育厅厅长郭希仁，陕西革命军旅长、后任陕西督军的陈树藩，前陕西省议会议长杨西堂，均为参加过辛亥革命的陕西党政军要员。1912年秋正式起草的《易俗社章程》明确指出："本社以灌输知识于一般人民，使共和新法令易于推行为宗旨。"其组织结构完全"仿效共和制"，社内最高权力机构是社员大会，实行社员大会领导下的社长负责制。其中"有议会，有执行，有选举，有弹劾，有编辑、教练、决算、审查，秩序井然，一丝不苟，俨然一个小中华民国"[2]。在培养人才方面，其与一般江湖班社也完全不同，不仅强调学员的专业训练，而且注重学员的文化教育，充分体现了创办者"救济贫寒子弟""提高伶界人格"[3]的人道主义思想。

演戏方面，受启蒙思潮冲击，易俗社以"编演新戏曲，改造旧社会"为宗旨，以政治教化、普及教育为目标，致力于倡导新戏、开启新风。1921年3月，易俗社赴汉口巡演，轰动一时。朱云涛在《祝陕西易俗社十周年纪念》中称赞："陕人发起斯社，命名易俗社，盖有深意存焉。……见所演各剧，皆有关改良社会，纠正人格，保存国粹之伟旨，予视喟然叹曰：该社诚不亏命名易俗也。……而诸生唱做均佳，写景描情，惟妙惟肖，诚当今不可多得之人才。"在汉口期间，易俗社得到了汉口清闲社社长刘云华、中华大学（华中师范大学前身）校长刘时、青年会会长胡厚斋等一大批文化名流的称许和支持。著名学者梁启超题赠"化民成俗"，著名民主人士黄炎培题赠"真善美"。著名剧作家欧阳予倩此时带领南通伶工学社也在汉口演出，他多次到易俗社观摩交流，对易俗社印象颇佳。后来他在《陕西易俗

---

2 《陕西易俗社第一次报告书》，易俗社印，1921年。

---

3 苏育生：《中国秦腔》，第148—149页。上海：上海百家出版社，2009年。

社之今昔》一文中，较早向国内戏曲界介绍了这个"最有成绩，支持也最久"的新型剧社及其演出"非常认真"的演员群体。他说："因为他们的宗旨是宣传，所以注重之点，在劝化而不甚着意于戏剧的本身。但是他们的戏唱做都非常认真，表情很周到很稳重，描写性情颇能尽致，而没有丝毫过火的地方，这实在很难得，而且细腻熨帖，比旧时的戏有不少进步。……学生里头有几个很好的，就我所看见的而论，生如刘毓中，丑如苏牖民，旦如刘迪民，刘箴俗，都是很好的。我尤其喜欢刘箴俗，他实在有演戏的天才。……箴俗是生就演旦角的材料，很少人能够及他。他的身材窈窕而长，面貌并不是很美，但是一走出来，就觉得有无限动人之致。他的眼睛小小的，好像不如刘迪民那样明秀，然而所含的情感比刘迪民多，所以异常有力。他的表情极细腻，而轻重疾徐之间，最有分寸，真是刚健婀娜，兼而有之。我所看见的旦角，所得印象最深的莫如箴俗。我敢说现在北边几个有名的花旦，没有一个能够及他。"[4]

易俗社在汉口演出至1922年11月，长达一年零八个月之久。这次巡演最大的收获有二：一是让数千里外，"知文化落后的陕西，尚有此著作宏富，实力雄厚，空前未有的易俗社"；二是有以刘箴俗这样一个与梅兰芳、欧阳予倩齐名——"东梅西刘南欧"[5]——的演员为代表的整齐而强大的演出阵容。田汉曾把易俗社与法国芭蕾舞剧团（一说英国皇家剧院）、莫斯科大剧院，并称为"世界三大最古老的剧社"[6]。

1919年前后，教育部通俗教育研究会致函陕西省教育厅了解易俗社新剧目的编写情况。易俗社通过陕西省教育厅呈送

---

4 欧阳予倩：《陕西易俗社之今昔》，《予倩论剧》，1931年5月。转引自《西安易俗社七十周年资料汇编（1912—1982）》，第31—32页。易俗社印，1982年。

5 苏育生：《中国秦腔》，第187—188页。

6 鱼闻诗、薛曾禄：《"古调独弹"——西安易俗社解放前的历史经验》。见《西安易俗社七十周年资料汇编（1912—1982）》第283页。

了新编剧本八十五种及《陕西易俗社章程》《易俗社最近办理状况》各一册。1920年12月18日，教育部以通俗教育研究会名义特向易俗社颁发了"金色褒状"：

> 戏剧一道，所以指导风俗，促进文明，于社会教育关系至钜。欲收感化之效，宜尽提倡之方。兹有陕西易俗社编制各种戏剧，风行已久，成绩丰富。业经教育部核准，特行发给金色褒状，以资奖励。
>
> 此状
>
> 中华民国九年十二月十八日[7]

这个金色褒状的荣誉跟鲁迅有莫大的关系。孙伏园回忆说："我们在易俗社看到一金色褒状，那是一九二〇年教育部通俗教育研究会奖给易俗社的。易俗社自一九一二年创办起，即以编演移风易俗的新戏为宗旨，十几年来编出了大小二三百个新剧本，这些剧本的主题都是反对封建、反对迷信、提倡读书识字、提倡婚姻自主、揭露社会黑暗等各个方面。当时鲁迅先生在社教司工作时，凡外地编演什么新的好的剧本，鲁迅先生总是要派人去看戏；如果交通不方便，派人去有困难，那么他就要剧团把剧本送到教育部审阅，以便介绍推广。易俗社自己编演的剧本曾送部很多，因此这个褒状的奖给是和鲁迅先生重视戏剧改革有关的。由于这些原因，所以当我们到西安后，难怪先生急于观看易俗社的演出了。"[8]

易俗社的秦腔演出完全不同于旧的戏曲班社，再加上上述

---

[7] 苏育生：《中国秦腔》，第183页。

[8] 孙伏园：《鲁迅和易俗社》。见《鲁迅先生二三事》，第74—75页。

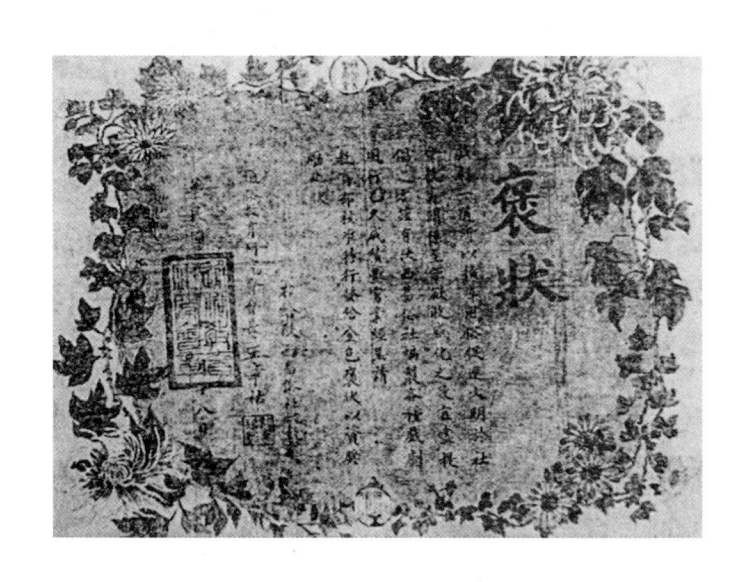

1920年12月教育部通俗教育研究会颁给易俗社的金色褒状

因缘，鲁迅对易俗社印象甚佳。王桐龄回京后写了《陕西旅行记》，将易俗社与北京的戏班做了细致的比较，对易俗社颇为欣赏：

当时西安的戏园有：易俗社，共乐社，三意社，正俗社，三方社五个。都唱秦腔，唯有共乐社兼演二簧。其中易俗社不专门以盈利为目的，其内容很有特色：

1. 股东半含捐助性质，每年不分红利。
2. 前台角色薪水很低，就连大名鼎鼎号称台柱子的苏牖民，刘迪民，王安民等，月薪只五六十吊合二十大洋。无北京捧角之恶习。
3. 后台经理，多是义务性质，薪水极低或无有。
4. 对全社学徒，以学生礼对待。
5. 社员出演时，一丝不苟，虽做配角，亦精神圆满，无懈可击。
6. 社内行头华丽，全体社员都用社内行头，无北京名伶自带行头之奢侈风气。
7. 社内有讲堂，全体社员住社内（家住城里者例外），下台以后上课，汉文精通者，能做三四百字文章，无北京穷伶目不识丁之苦。
8. 社内禁止学徒与不正当之人来往，并禁止其受外界之赠赏品。

从以上比较来看，易俗社的确名副其实，引风气之先，精神面貌清新，不同流俗。难怪鲁迅赴陕途中就提到秦腔，到西安后，更要看易俗社的演出了。

鲁迅在西安期间之所以对秦腔兴趣盎然，跟易俗社的社长、他的绍兴老乡吕南仲也有很大关系。吕南仲半生致力于秦腔艺术的改良事业，曾新编剧目多种，系外籍作家专事秦腔创作最有成就者之一。孙

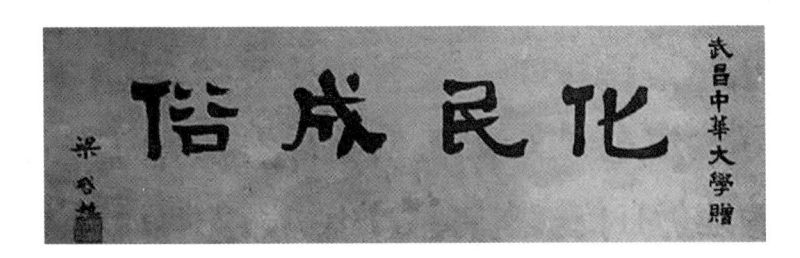

1921年，梁启超为易俗社题赠"化民成俗"

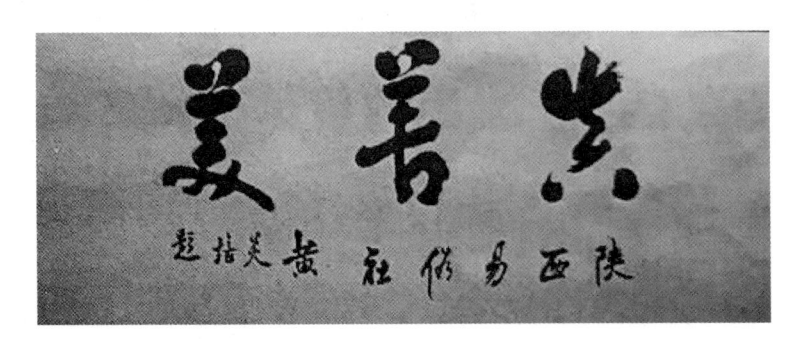

1921年，黄炎培为易俗社题赠"真善美"

伏园后来回忆说："到西安后某日，鲁迅先生很风趣地带着初学来的陕西方言对我说：'张秘夫（即张秘书，长安土语把'秘书'的'书'字念作'夫'音）要陪我们去看易俗社的戏哉。'当晚，我们就去易俗社看戏，演的是《双锦衣》，上下两本，接连看了两个晚上。故事主题是宣扬爱国思想的，情节很曲折，但日子久了，详情已记不起来了。这个戏的作者是吕南仲先生，他和鲁迅先生与我都是浙江绍兴籍的小同乡。这位吕南仲先生是位学者，也是易俗社当时的主事人，他是非常敬仰鲁迅先生的，加以多了一层同乡之谊，言谈更为方便，因此感到格外亲切。我们看戏时他热情招待，每次看完戏后都要请鲁迅先生和大家谈谈意见。说老实话，我对秦腔唱词听不太懂，那时又没有打字幕的办法，所以听起来较费劲，说白还可以听懂六七成；可是鲁迅先生就比我强得多了，他过去喜欢戏剧，有欣赏戏曲的能力，因此对易俗社演出的这些节目很感满意。他认为吕南仲先生以绍兴人从事编著秦腔剧本，并在秦腔中落户，很是难得。他每次看完演出后，总是给予好评，他感到西安地处偏远，交通不便，而能有这样一个立意提倡社会教育为宗旨的剧社，起移风易俗的作用，实属难能可贵。"[9]

吕南仲（1882—1927），名律，字南仲，浙江绍兴人。清末附生，历任陕西财政厅科员、股长，临潼、渭南、华县、华阴等县厘金局局长。1919年加入易俗社，历任编辑、评议长、社长等职。1923年底，吕南仲任社长期间，热心筹办易俗社十二周年纪念活动，修葺改造社内房屋，使里外焕然一新。此时恰逢易俗社从上海购回新箱，他以"十二"为序列创作小戏《十二

[9] 孙伏园：《鲁迅和易俗社》。见《鲁迅先生二三事》，第73—74页。

先生》《十二戏迷》《十二锦屏》《十二因果》《十二花客》《十二金钗》《十二全福》等，社庆搞得轰轰烈烈、如火如荼。易俗社收到的牌匾、对联以及其他赠品之多，也是前所未有，盛况空前。吕南仲的秦腔剧本，规模宏大，结构奇特，富有传奇色彩，观众喜闻乐见。时人评论曰："以其出身形幕，所记案情最多，所编戏变幻离奇，不可捉摸。"（《陕西易俗社简明报告书》）

吕南仲一生共创作秦腔剧目十多种，存世者八种。本戏有《金狮鼎》《殷桃娘》《夺魁阁》《紫碧鱼》《巧团圆》《双锦衣》等；折子戏有《摔黑碗》《花月简》《飞波镜》《假金记》《枯杨枯》《耍牌子》《十二华容》等。其中《双锦衣》《殷桃娘》为其代表作，长期以来成为西北各地舞台久演不衰的保留剧目，并被山西梆子等剧种移植演出。

孙伏园对易俗社的印象也很不错。他说："我对于旧戏既这样的外行，那么，我对于陕西的旧戏理宜不开口了，但我终喜欢说一说'易俗社'的组织。易俗社是民国初元张凤翙作督军时代设立的，到现在已经有十二年的历史。其间办事人时有更动，所以选戏的方针也时有变换，但为改良秦腔，自编剧本，是始终一贯的。现在的社长，是一个绍兴人，久官西安的，吕南仲先生。承他引导我们参观，并告诉我们社内组织：学堂即在戏馆间壁，外面是两个门，里边是打通的；招来的学生，大抵是初小程度，间有一字不识的，社中即授以初高小一切普通课程，而同时教练戏剧；待高小毕业以后，入职业特班，则戏剧功课居大半了。寝室、自修室、教室具备与普通学堂一样，有花园，有草地，空气很是清洁。学膳宿费是全免的，学生都住在校中。演戏的大抵白天是高小班，晚上是职业班。所演的戏，大抵是本社编的，或由社中请人编的，虽于腔调上或有些许的改变，但由我们外行人看来，依然是一派秦腔的旧戏。戏馆建筑是半新式的，楼座与池子像北京之广德楼，而容量之大过之；舞台则为圆口而旋转式，并且时时应用旋转；亦有布景，唯稍简单；衣服有时亦用时装，唯演时仍加歌唱，如庆华园之演《一念差》，不过唱的是秦腔罢了。……易俗社现在已经独立得住，戏园的收入竟能抵过学校的开支而有余，宜乎内部的组织有条不紊了，但易俗社的所以独立得住，原因还在于陕西人爱好戏剧的性习。西安城内，除易俗社而外，尚有较为旧式的秦腔戏园三、皮黄戏园一，票价也并不如何便宜，但总是满座的。楼上单售女座，也竟没有一间空厢，这是很奇特的。也许是陕西连年兵乱，人民不能安枕，自然养成了一种'子有酒食，何不日鼓瑟，且以喜乐，且以永日'的人生观。不然，就是陕西人真正爱好戏剧了。"[10]

关于吕南仲，这里要多说几句。其担任易俗社社长一年有余，既为易俗社创造了辉煌，也给易俗社带来隐患，留下了危机。据易俗社的主要发起人孙仁玉回忆，1923年3月，因为易俗社内大学生与小学生的内讧，学生自治会副会长王安民等人殴打了小学生韩佐国等人，学生自治会暂行解散。王安民等人并未善罢甘休。正当棘手之时，社长高培支却被派去京津沪杭等地为陕西图书馆采购图书，并携社款五百元为社里采购新箱，高培支只好辞去社长职务。易俗社评议处以高培支任期未满为由，推举评议长吕南仲代理社务。吕南仲代理社务不到一月，便提议于当年12月举办易俗社成立十二周年纪念活动，但这本应是次年7月份的事情。尽管其他社员反对，吕南仲还是执意举行，并动用积蓄，改移社门，改造社内建筑。社员尽管不满，但都

---

10 伏园：《长安道上(三)》，《晨报副镌》1924年8月18日。

无可奈何，只好等高培支早日回来后理事。12月份，高培支从上海归来，孙仁玉代表评议处请高培支复职，高以吕热情正高，不便再任为由力辞不就。无奈只好改选，选吕南仲为社长，高培支为名誉社长。由于吕南仲的精心组织和高培支采购的新箱的使用，十二周年纪念搞得热闹红火，轰动一时。但吕南仲不会体恤演员，先是在汉口曾获"滑稽大王"的名角苏牖民出走加入武功秦中社，开了易俗社成立之后学生出外搭班唱戏的头。吕南仲担心苏牖民的出走引起大学生思想的混乱，便实行"学生优待法"优待大学生，却引起小学生的不满。之后又因管理不善、开支过于铺张令社员抱怨，乃至与易俗社脱离关系。与此同时，名角刘箴俗抱病演出晕倒在舞台上，社员们愤愤不平，对剧社备感失望寒心。1924年12月，刘箴俗病逝，对社内社员及学生情绪影响极大。1925年1月，吕南仲不顾高培支、孙仁玉的反对，以两万元立约购买社东陆尚德堂房地做露天剧场，并于农历二月初一正式开箱演出。后也曾兴旺一时，岂料不久爆发陕军驱逐刘镇华的战争，西安吃紧，剧场营业状况一落千丈，乃至无人问津。此时易俗社才发现陆氏并无陆尚德堂房地全部产权，社内再起争议，吕南仲遭到李振北等人反对，难以支撑，遂提出辞呈，避不到社，社务几近瘫痪。[11] 易俗社的发展也因此陷入低谷。

---

11 玉振：《孙仁玉传》，第166—168页。西安：三秦出版社，1992年。

绍兴戏是秦腔的旁支？
鲁迅为何独喜秦腔

第二十五章

对于中国传统戏曲艺术，鲁迅是非常熟悉的。鲁迅认为，中国旧戏太陈腐，一味大团圆结局，脱离现实人生，死板矜持，缺乏生机，尤其反感梅兰芳的"男人扮女人"。鲁迅在《社戏》中还对不着边际、僵化难懂的程式化的角色表演进行批评："于是看小旦唱，看花旦唱，看老生唱，看不知什么角色唱，看一大班人乱打，看两三个人互打，从九点多到十点，从十点到十一点，从十一点到十一点半，从十一点半到十二点，——然而叫天竟还没有来。我向来没有这样忍耐的等待过什么事物，而况这身边的胖绅士的吁吁的喘气，这台上的冬冬喤喤的敲打，红红绿绿的晃荡，加之以十二点，忽而使我省悟到在这里不适于生存了。"在《照相之类》《谁在没落》《略论梅兰芳及其他》等杂文中，他鲜明地表达了自己不喜欢以京剧为代表的传统戏曲，多次对梅兰芳及"男人扮女人"的现象做了刻薄的批评讽刺。

鲁迅反对"保存国粹"，对中国传统戏曲艺术流弊颇多质疑和抨击，尤其是不喜欢戏曲舞台演出的方式和旧式剧场混乱嘈杂的氛围，厌恶剧场中那些庸俗、无聊、浮躁、守旧的"看客"。鲁迅不但不爱看戏，即使看到剧场里的长凳，也会"联想到私刑拷打的刑具，不由的毛骨悚然"。听着"冬冬喤喤的敲打"，眼见"一大班人乱打""两三个人互打"以及舞台上"红红绿绿的晃荡"，便"省悟到这里不适于生存"。第一次看戏后，鲁迅就说，"这一夜，就是我对于中国戏告了别的一夜，此后再也没有想到他，即使偶尔经过戏园，我们也漠不相关，精神上早已一在天之南一在地之北了"。在《社戏》中，鲁迅说自己自 1902 年至 1922 年二十年间，只看过两回京剧，而且印象十分之坏——"我在倒数上去的二十年中，只看过两回中国戏。前十年是绝不看，因为没有看戏的意思和机会。那两回全在后十年，然而都没有看出什么来就走了。"《社戏》作为小说，并不能充分地证明鲁迅的旧戏观，但我们仍能从中体察到他对传统戏曲所持的态度。

与此迥然不同的是，在西安的二十一天里，鲁迅接连五次到易俗社欣赏秦腔，为易俗社拟定"古调独弹"的题词，并捐赠大洋五十元。这大概也是鲁迅一生中破天荒的一次。孙伏园后来回忆说："我看过易俗社的几场戏，也曾和社内一部分当事人有过接触，在记忆中还留有一定的印象。但是给我印象最深的，是作为一个以演地方戏的易俗社，能在三十八年前就受到我国文化新军的旗手——鲁迅先生的关注和鼓励，就不是一件平常的事了。"[1]

秦腔是中国传统戏曲的代表剧种，其作为梆子戏的鼻祖，

---

[1] 孙伏园：《鲁迅和易俗社》，原刊于《人民日报》1962 年 8 月 14 日第六版。文末注有"李哲明笔录"。

在声腔界一直有"南昆北弋,东柳西梆"之说。其历史可以追溯到汉代百戏、唐代梨园以及流传于民间的歌舞戏、参军戏。其唱腔体系和表演艺术最晚形成于明末时期。现存史料中,最早能见到"秦腔"二字的,是明万历年间(1573—1620)的抄本《钵中莲》传奇,此传奇为江南一带民间艺人创作。陕西凤翔流传下来的明代正德年间(1506—1521)的木板戏画《回荆州》,则说明此时陕西的秦腔已经成熟,因而才能在半个多世纪后即流传到江南一带。[2] 有一种说法认为,李自成起义军以"西调"为军戏,将秦腔带到了北京。清康熙乾隆时期,秦腔在北京已流行开来。秦腔艺人魏长生(1744—1802)两次入京,出色的表演令人耳目一新,遂声名大噪。乾隆四十四年(1779)魏长生以《滚楼》一剧"名动京城,观者日至千余,六大班为之减色",时人称"举国若狂"。[3] 当时"京中盛行弋腔,士大夫厌其嚣杂,殊乏声色之娱,长生因之变为秦腔,辞虽鄙猥,然其繁音促节,呜呜动人……故名动京师"[4]。京城喜欢秦腔的达官名流有洪亮吉、焦循、赵翼、袁枚、汪中、戴震、毕沅、郑板桥、吴长远、孙星衍、张际亮、李调元等。在此之前有孔尚任、岳钟琪、年羹尧等人,他们中不少人都写有关于秦腔的诗文评论。如孔尚任的《平阳竹枝词》之四十八写道:"秦声秦态最迷离,屈九风骚供奉知。莫惜春灯连夜照,相逢怕到落花时。"后来乾隆皇帝觉得秦腔唱词粗鄙,有伤风化,下令京城禁演秦腔。[5] 魏长生不得不离开北京的双庆班,南下扬州加入江鹤亭班。《扬州画舫录》记载:"四川魏三儿,年四十,来郡城。投鹤亭班,演戏一台,赠以千

2 苏育生:《中国秦腔》,第69—73页。

3 〔清〕吴长元:《燕兰小谱》卷之五《杂咏》,转引自王政尧:《清代戏剧文化史论》,第28页。北京:北京大学出版社,2005年。

4 〔清〕昭梿:《啸亭杂录》卷八《魏长生》,转引自王政尧:《清代戏剧文化史论》,第28页。

5 据光绪朝《钦定大清会典事例》卷一千零三十九《都察院·五城》中记载:"乾隆五十年议准。嗣后城外戏班,除昆弋两腔仍听其演唱外,其秦腔(同州戏班)交步军统领五城出示禁止。现在本戏班子,盖令归改昆弋两腔。如部愿者,听其另谋生理。倘有怙恶不遵者,交该衙门查拿惩治,递解回籍。"

金。"江鹤亭班名春台班，以演唱当地乱弹为主，不能自立门户。于是他广聘四方名旦，苏州的杨八官、安庆的郝天秀等，都拜到魏长生的门下学唱秦腔，在江南一带产生了很大影响，出现了"到处笙箫，尽唱魏三"[6]的场面。极有可能在这一个时期，秦腔也流传到了浙东绍兴一带。

有人问过鲁迅，为什么他这个南方人对北方的秦腔情有独钟？鲁迅说："明末李自成闯荡天下是带着米脂的戏班子的，戏班子中有人流落到绍兴，于是就有了绍兴戏，故绍兴戏要比毗邻的嵊县越剧刚硬得多，实是秦腔，是旁支兄弟。"[7]这说明鲁迅之所以喜欢秦腔，是觉得秦腔同他故乡的绍兴戏俱有阳刚之美。至于绍兴戏是不是秦腔的分支，并无充足的依据。绍兴戏曲传统绵长，剧种、曲种多样，声腔丰富。在清康熙、乾隆年间（1662—1795），乱弹兴起，与调腔并行；其后，鹦哥班出现。咸丰、同治时（1851—1874），嵊县"落地唱书"勃起，清末衍化为小歌班，民国初发展为绍兴文戏。鲁迅究竟是否说过绍兴戏受过秦腔的影响并为其旁支，仍待考证，也有待于戏曲史界进一步研究。

鲁迅虽然排斥旧戏（主要针对京剧），但对民间曲艺，尤其是生命元气充沛淋漓的乡野戏曲怀有亲近之情。浙东绍兴演剧十分发达，鲁迅幼年所接触体验到的"庙会戏""目连戏"、驱鬼逐疫的"平安戏"等，一直是他美好的回忆，成为他思乡情结的重要载体。他因祖父"科场案"在小皋埠大舅父家避难时，常和小伙伴去看社戏——"戏台突出在水面，称'虾篱台'，岸上船上都好看戏。演出的多为高调班，也有武调、京班、徽

---

6 〔清〕李斗：《扬州画舫录》卷五《新城北录下》，转引自王政尧：《清代戏剧文化史论》，第28页。

7 殷力欣：《鲁迅与易俗社与金石拓本》，《成言艺术》2004年2月号。

班等,如《通本西厢》《狸猫换太子》《关公走麦城》等,都是当时小皋埠农民所爱看的节目。鲁迅常和小朋友一道兴致勃勃地去看这些地方戏。"[8]这些戏曲曲调慷慨悲壮,与秦腔风格颇为接近,初步培养了鲁迅在戏曲方面的审美情趣。他不止一次表示过对绍兴戏中"无常"和"女吊"的激赏。秦腔和绍兴戏以及其他声腔在主题的伦理化、人物的脸谱化、唱念的程式化上并无多大区别,它们之间最大的区别在于"地域因素和人文特点造就的人与人之间精神气质的迥异形成的音乐唱腔和表现题材的不同,即美学风格的差异"[9]。焦循在《花部农谭·序言》中言秦腔"其曲文俚质","其事多忠、孝、节、义,足以动人;其词直质,虽妇孺能解,其音慷慨,血气为之动荡",[10]可谓秦腔特点精准之概括。秦腔淳朴自然、粗犷有力,元气充沛,与绍兴戏有异曲同工之妙,鲁迅喜欢也就不足为怪了。在西安期间,恰逢易俗社成立十二周年纪念,鲁迅为了对易俗社表示祝贺,亲拟"古调独弹"四字,捐赠五十大洋,并非客气的应酬,而是发自肺腑的欣赏和肯定。"古调独弹"四字寓意深远。中国古诗中"古调"一词非常多见,白居易《听阮咸诗》有"古调何人识,初闻满座惊"之句,杜审言《和晋陵陆丞早春游望》有"忽闻歌古调,归思欲沾巾"之句……单演义认为,"古调独弹"化用刘长卿《弹琴》中"古调虽自爱,今人多不弹"之蕴意[11]。仅一个"独"字,凸显出秦腔慷慨悲凉、热耳酸心、振聋发聩、独树阳刚之气的美学品质,契合了鲁迅倡导民族精神的心理期待。换言之,中华民族需要有"吼秦腔"式的磅礴大气,而不是"天女散花"或者"贵妃醉酒"式的咿咿呀呀。

---

8 周启明:《鲁迅的少年时代》。见薛绥之主编:《鲁迅生平史料汇编》(第一辑),第169页。天津:天津人民出版社,1981年。

---

9 何桑:《历史进程中的秦腔艺术》。见李培直、杨志烈编:《秦腔探幽》,第124页。西安:陕西旅游出版社,2001年。

---

10 〔清〕焦循:《花部农谭·序言》,转引自陕西省戏剧志编纂委员会编:《陕西省戏剧志·西安市卷》,第134页。西安:三秦出版社,1998年。

---

11 单演义:《鲁迅在西安》,第94页。西安:陕西人民出版社,1981年。

鲁迅之所以喜欢秦腔，与他的人格气质也有莫大关系。鲁迅在日本留学期间写下"我以我血荐轩辕"的诗句，在《记念刘和珍君》中他赞扬"真的猛士，敢于直面惨淡的人生"。他的性格刚烈倔强，对于易俗社的秦腔，他看中的不仅是其"编演新戏曲，改造旧社会"的改良觉悟，更是其黄钟大吕般"其词直质""其音慷慨，血气为之动荡"的淋漓元气和生命底气。

"化民成俗"：

鲁迅在易俗社看的秦腔戏

第二十六章

据鲁迅日记，鲁迅在西安期间，去易俗社看了五次秦腔：

7月16日，"晚易俗社邀观剧，演《双锦衣》前本"。

17日，"夜观《双锦衣》后本"。

18日，"夜往易俗社观演《大孝传》全本。月甚朗"。

26日，"晚王捷三邀赴易俗社观演《人月圆》"。

8月3日，"晚刘省长在易俗社设宴演剧饯行……"。

前四次看的秦腔，都是易俗社自编自导自演的新戏代表作。

7月16日和17日观看的《双锦衣》，为西安易俗社首演的新编历史本戏，分前、后两本，吕南仲编剧。系小生、小旦、须生、净、丑行当齐全的唱做并重戏。该剧以北宋末年金兵入侵，俘虏徽、钦二帝，宋将宗泽起兵抗敌为背景，叙写洛阳乡宦姜景范之二女姜雪春、姜琴秋于国破家亡之中历经悲欢离合的故事。其中雪春在尼姑庵中"数罗汉"的伤感，琴秋被诬关在狱中回忆往昔的悲痛等场景，揭示人物内心感情细腻生动，深沉感人。[1] 1922年3月初，《双锦衣》在汉口演出时即备受好评——"《双锦衣》是新编古装戏，全剧事实复杂、情节离奇……他每场都甚紧凑，且各场有各场的精到之处，没有一半点含糊苟且地方,这都是编排人的一番心血"，以至于"客座拥挤，屡至闭门不纳"。[2]

《双锦衣》中饰演姜琴秋的刘箴俗为易俗社名角，给孙伏园留下深刻印象。孙伏园说："有旦角大小刘者，大刘曰刘迪民，小刘曰刘箴俗，最受陕西人赞美。易俗社去年全体赴汉演戏，汉人对于小刘尤为倾倒,有东梅西刘之目。张辛南先生尝说：'你如果要说刘箴俗不好，千万不要对陕西人说。因为陕西人无一不是刘党。'其实刘箴俗演得的确不坏，我与陕西人是同党的。至于以男人而扮女人，我也与夏浮筠、刘静波诸先生一样，始终持反对的态度，但那是根本问题，与刘箴俗无关。刘箴俗三个字，在陕西人的脑筋中，已经与刘镇华三个字差不多大小了，而刘箴俗依然是个好学的学生。这一点我佩服刘箴俗，更佩服易俗社办事诸君。"[3]

刘箴俗，1903年生，乳名平儿，陕西户县人。九岁丧母，随父在西安卖羊血维持生活。十岁投考易俗社，因衣衫褴褛，面色菜黄，初未被录取。后幸得孙仁玉伯乐识马，成为易俗社第一期学员，也是易俗社早期演员中杰出的代表。刘箴俗天资聪颖，工小旦。初次登台演出《女娲劝学》《慈云庵》，即深受观众欢迎，被誉为"神童"。尤以《青梅传》誉满长安。景梅九有诗赞曰："生小十三上舞楼,窈窕身似女儿柔。只因一曲《青梅传》，到处逢人说噶刘。"1921年易俗社在汉口巡演，刘箴俗

---

[1] 苏育生：《中国秦腔》，第166页。

[2] 顿根：《易俗社的〈双锦衣〉》，《大汉报·楚社日刊》1922年3月10日。

[3] 伏园：《长安道上（三）》，《晨报副镌》1924年8月18日。

《双锦衣》剧照，刘筬俗饰姜琴秋（中）

演出《青梅传》《三滴血》《蝴蝶杯》《黛玉葬花》《女大王》《若耶溪》等剧目，光彩动人，轰动三镇，时人将其与梅兰芳、欧阳予倩并称为"北梅、南欧、西刘"。浮萍在《易俗社与刘箴俗》一文中赞扬其表演"四绝"："余观该社所演之曲，纯系陕西秦腔，唯刘箴俗能变化声音，迥然超出众员之外，诚百炼成钢化为绕指柔也。故观者无不赞赏。至于容貌身体，均恰到好处，而做工更不寻常。刘箴俗有此四绝，易俗社之声誉所以日见隆隆也。"（孙）鄂痴评《刘箴俗之〈黛玉葬花〉》云："其惜花之神情，扫花之态度，葬花之姿势，无一不出神入化。……予初闻人言，箴俗有过人之才，欧、梅之风，是日见，实心许之。将来菊部争辉，梨园杰出，合欧阳予倩、梅兰芳鼎足而三，有厚望焉。"著名剧作家欧阳予倩看了刘箴俗的表演后说，自己"尤喜欢刘箴俗，他实在有演戏的天才"，称赞他"是生就的演旦角的材料，很少人能及他。他的身材窈窕而长，面貌并不是很美，但是一走出来，就觉得有无限动人之至"。[4] 剧评人（易）雪泥甚至将《庚娘杀仇》中的刘箴俗与梅兰芳加以比较，认为刘箴俗比梅兰芳艺高一筹，"我用什么方法来形容刘箴俗好哩，没法子，我只好把梅兰芳做个比较罢，梅兰芳本来也算得个美男子，但是唱戏时，眼睛有点爱翻白眼，口无意中咧着，怪难看的，刘箴俗就没这毛病；梅兰芳美中总带着俗气，刘箴俗美中却有书卷气；刘箴俗配如是大家闺秀，梅兰芳只配做大腹贾的小老婆"[5]。可惜天不假年，正当刘箴俗在表演上如日中天之时，却因演戏过劳而患病。1924年11月29日，在易俗剧场演出《美人换马》时，他抱病上场，被扶出二帘，走到前场，一句未唱

[4] 欧阳予倩：《陕西易俗社之今昔》，《予倩论剧》1931年5月，转引自《西安易俗社七十周年资料汇编（1912—1982）》，第32—33页。

[5] 雪泥：《初六日的易俗社》，《大汉报·楚社日刊》1922年3月7日。

就昏倒在台上。后于12月27日逝世，年仅二十一岁。[6]

鲁迅在7月18日观看的《大孝传》，编剧是范紫东。范紫东（1878—1954），名凝绩，字紫东，陕西乾县人。清拔贡生。毕业于三原宏道高等学堂，陕西同盟会会员。曾任易俗社编剧、评议、评议长。范紫东从1915年开始写小戏《春闺考试》，四十年间编写大小剧本六十八部，代表作有《三滴血》《翰墨缘》《颐和园》《宫锦袍》等，被戏剧界誉为"当代关汉卿""东方的莎士比亚"。《大孝传》虽然写的是大舜孝敬父母的故事，但剧中"尧舜禅让、选举、共和等情节，皆有所寄托，感慨于民国成立十余年，实无政绩可言，以至国内混乱不堪，因而有一定现实意义"[7]。

26日晚观看的《人月圆》，又名《中秋团圆记》，为新编历史本戏。编剧高培支（1881—1960），名树基，字培支，陕西富平人。清拔贡生。毕业于陕西高等学堂。曾任陕西省图书馆馆长，易俗社评议长、社务主任、社长等职。代表作有《夺锦楼》《新诗媒》《青梅传》等。《人月圆》讲的是朱秦娘自小失怙，由舅舅陈伯祥抚养成人。陈伯祥吸食鸦片，其妻误信奸人，命仆人胡尔炜将秦娘骗卖至春艳院为娼，儿子陈珠儿亦被胡充女卖入妓院。后来珠儿之师蒋晋与秦娘结合，赴京应试，幸得参赞军机有功，剿灭匪患，斩胡尔炜，陈家于中秋夜团圆。该剧主要宣扬"戒烟、戒赌、戒冶游、戒小足、戒土匪"[8]的主旨。

8月3日刘镇华"在易俗社演剧饯行"，所演剧目不详。孙伏园后来回忆说："在西安待了二十来天，我和鲁迅先生与夏元瑮先生三人要先返京，临行之前，易俗社特设宴为我们饯行。

---

[6]《刘箴俗真羽化耶》，《民生日报》1924年12月28日。

[7] 苏育生：《"古调独弹"——鲁迅与易俗社的交往》，《渭南师专学报》（综合版）1986年第2期。

[8]《陕西易俗社第二次报告书》，易俗社印，1929年。

鲁迅先生平素是不愿参加这种繁文俗礼的，但由于他对易俗社颇有好感，因此欣然赴宴。这次饯行却是一次别开生面的宴会，宴席摆在易俗社的剧场内，舞台上由易俗社的主要演员刘箴俗等演出精彩节目，台下除我们三位宾客外，就只主人十余人，其他再无旁人。我们一边看戏，一边畅谈，一边就餐，这是我从未享受过的一次极饶风趣的宴会。"[9]

鲁迅在易俗社看的这几出戏，或关切现实，或别有寓意，体现出移风易俗、破旧立新的崭新气象，但并未彻底跳脱出中国传统戏曲程式化和套路化的表演窠臼，如《双锦衣》《人月圆》就有鲁迅所痛斥的"大团圆"结局。鲁迅在西北大学讲演《中国小说的历史的变迁》时说："因为中国人底心理，是很喜欢团圆的，所以必至于如此，大概人生现实底缺陷，中国人也很知道，但不愿意说出来；因为一说出来，就要发，怎样补救这缺点的问题，或者免不了要烦闷，要改良，事情就麻烦了，所以凡是历史上不团圆的，在小说里往往给他团圆；没有报应的给他报应，互相骗骗。这实在是关于国民性的问题。"在《论睁了眼看》中，鲁迅对"大团圆"做了深刻的剖析。他认为旧戏曲的作者——"中国的文人"，在"圣贤"的封建思想的支配下，不敢正视人生。作为艺术家，虽然他们中间有的人也感受到了"人生现实的缺陷"，有的人还或隐或显或多或少地反映到作品中，却不敢正视，只好"瞒和骗"，"闭着的眼睛便看见一切圆满"。由是观之，作为中国近代戏曲改良运动的先锋，易俗社在新旧文化碰撞、时局动荡的历史条件下，其转型中的传统戏曲实践与发展之路必将曲折而漫长。

---

[9] 孙伏园：《鲁迅和易俗社》。见孙伏园：《鲁迅先生二三事》，第76页。

不知什么原因，鲁迅五次赴易俗社观剧，没有留下任何评论文字。但从孙伏园的回忆和鲁迅"捐易俗社亦五十"及为易俗社拟定"古调独弹"的题词来看，鲁迅对易俗社能从暮气沉沉的旧戏中焕发新生、开风气之先的改革与尝试，无疑是认可和欣赏的。因之，对于其中的瑕疵，也就不洗垢求瘢了。

"古调独弹"：
是鲁迅所拟，还是鲁迅所拟并亲书？

第二十七章

易俗社在追溯自己的历史渊源时，最为津津乐道的，就是鲁迅1924年为其所拟的"古调独弹"的题词。今天一进易俗社剧场的大厅，就会看到鲁迅的雕像及其书迹"古调独弹"。

关于为易俗社题赠"古调独弹"一事，鲁迅本人没有任何文字记录。他在1924年8月3日的日记里写道："午后收暑期学校薪水并川资泉二百，即托陈定谟君寄北京五十，又捐易俗社亦五十。下午往青年会浴。晚刘省长在易俗社设宴演剧饯行，至夜又送来《颜勤礼碑》十分，《李二曲集》一部，杞果、蒲陶、蒺藜、花生各二合。"鲁迅等人联名题赠一事，最早见于1931年6月印行的《陕西易俗社简明报告书·（二）题赠》，但只说是"题词"，并没有提到匾额。该简明报告书为竹纸铅印竖排，16开本，涉及鲁迅的部分是题词"古调独弹"，署名竖排，顺序依次为陈钟凡、刘文海、蒋廷黻、王小隐、王桐龄、陈定谟、孙伏园、关颂声、周树人、李顺卿、李济、夏浮筠，共计十二人。

除关颂声外，其他都是专程赴西安讲学的学者。简明报告书里的"古调独弹"是题词，而非赠匾。[1] 据接待过鲁迅等人的易俗社原社长高培支讲，原来根据题词制有匾额，"抗战中匾额被炸。解放后，许多同志来看该匾，因另制以资纪念作答"[2]。"另制"匾额如下：

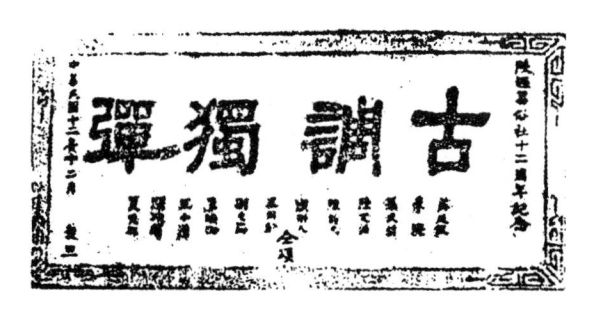

单演义1957年出版的《鲁迅讲学在西安》与1981年出版的《鲁迅在西安》两书前均附有此图。其中1981年版的附图较为清晰，如下：

该匾题词为隶书，上下款为高培支书迹。题赠者十二人，依次为蒋廷黻、李济、孙伏园、陈定谟、陈钟凡(凡)、周树人、王同(桐)龄、刘文海、李顺卿、王小隐、关颂声、夏元瑮。人名书写有误。匾额的落款时间为"中华民国十二年十二月"，即1923年12月。而鲁迅是1924年7月才到西安的，这如何解释呢？高培支在1957年前后说："年月又因孙编报告书与

1 高信：《"古调独弹"质疑》，《鲁迅研究月刊》2004年第6期。

2 单演义：《鲁迅讲学在西安》，第69页。

十二周年纪念所收题赠，排在一处，未加详辨，竟而粗心大意写为民国十二年十二月，应作自我检讨。"[3] 高培支将时间出错的原因归结于孙仁玉报告书编写的问题，模棱两可，难以服人。单演义在1981年出版的《鲁迅在西安》书前所附的高培支书迹下也特别备注了这样的说明——"鲁迅（周树人）与别人联名赠给易俗社匾额（复制，年代写错）"。1923年4月，代理易俗社社务不到一个月的社长吕南仲力排众议，将本该1924年7月举行的十二周年纪念提前。苏育生的《中国秦腔》等也都记录了吕南仲于1923年底提前举办十二周年庆典活动。《陕西易俗社简明报告书》云当时"题赠之联翩，贺客之络绎，顾曲者之拥挤，极一时之胜"。即是说，尽管易俗社提前过了十二周年纪念，但1924年7月鲁迅到西安时，才是易俗社真正的十二周年纪念。按照单演义的解释，如果年份写错了的话，月份也写错就更令人费解了。按照易俗社相关资料，鲁迅是1924年8月初离开西安前与其他讲师联名题赠的，而匾额的落款月份是12月。没有资料表明鲁迅1924年12月前与其他讲师联名题赠易俗社"古调独弹"的牌匾。

2005年由三秦出版社出版的《陕西省志·文化艺术志》附录了《鲁迅先生及其同仁书赠陕西易俗社匾额——古调独弹》。据该文介绍，除了上文所述的高培支书迹之外（《陕西省志·文化艺术志》误以为新中国成立后高培支等"另制以资纪念"的匾额为鲁迅等人1924年所赠匾额的复制版），其后"古调独弹"牌匾还经历了三次制作。

1962年，易俗社为纪念建社五十周年，从鲁迅手稿中集字

---

[3] 单演义：《鲁迅讲学在西安》，第69页。

制作了下匾：

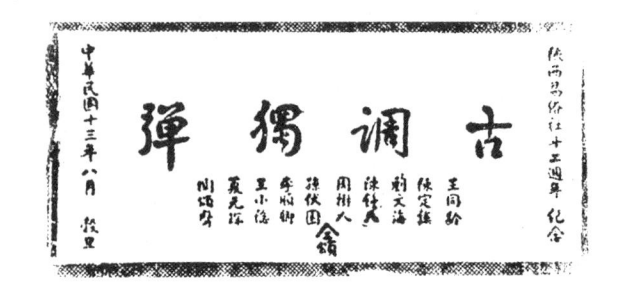

该匾由陶渠绘制设计，上下落款及人名由雷无尘书写。题赠者变为十人，依次为王同（桐）龄、陈定谟、刘文海、陈钟凡、周树人、孙伏园、李顺卿、王小隐、夏元瑮、关颂声。人名书写有误。未见蒋廷黻、李济之名。

1989年，西安电影制片厂林丰拍摄西安易俗社史略电视片《古调独弹》，再次制匾如下：

改匾由田坤治钉架、刻字（仿鲁迅字体），李绪成绘制，雷振中提供考证，刘冬生书写上下款及赠匾人姓名。题赠者依次为陈钟凡、蒋廷黻、王同（桐）龄、李济、刘文海、周树人、孙伏园、王小隐、陈定谟、关颂声、李顺卿、夏元瑮。人名书写仍有误。赠匾者十二人无缺写。

1990年第四次制匾如下：

题赠者十一人，依次为王桐龄、陈定谟、刘文海、陈钟凡、周树人、蒋廷黻、孙伏园、李顺卿、王小隐、夏元瑮、关颂声。未写李济。这就是今天易俗社剧场进门大厅所见的"古调独弹"。

鲁迅等暑期学校讲师向易俗社题赠牌匾是集体行为，人数本应固定，排名应按一定规则。但后来的四次制匾，人名排序每次都有差异，并有人名被写错或漏掉，显然是人为所致。不知是一时疏忽，还是另有隐情。

"古调独弹"四次制匾，第一次为高培支书迹；后面的三次，都是集鲁迅书迹或者仿鲁迅字体。也就是说，这四块"古调独弹"匾额，都非鲁迅亲笔题写。

那么，"古调独弹"究竟是鲁迅所拟，还是鲁迅所拟并亲笔所书呢？

单演义在1957年出版的《鲁迅讲学在西安》引述了当时招待鲁迅的易俗社元老李约之、高培支等人的回忆，讲得比较清楚：

鲁迅先生等人，到西安之后，屡蒙易俗社邀请观剧，因之临行前除捐款之外，又有联名题赠匾额作为纪念之举。据当时易俗社戏曲学校教务主任同时担任招待鲁迅先生的李约之先生写信告诉编者说："匾额上所题的'古调独弹'四字，是鲁迅先生拟的。鲁迅先生以易俗社同人，能于民元时即站在平民的立场，联合艺人，改良旧戏曲，推陈出新，征歌选舞，写世态，彰前贤，借娱乐以陶情，假移风而易俗，唱工艺精，编述宏富，因题曰'古调独弹'，于褒扬之中，寓有规勉之意。可惜我们领会实践不够，有负盛谊，这是我们常引为憾的。"查1931年该社的简明报告书，确有"古调独弹"的题词与赠匾诸先生的名字，这件事是毫无疑问的了。据易俗社编辑萧润华同志说："鲁迅先生等人的捐款名册，及题赠的匾额，统由浙江会馆转送来的。在1940年前，日本狂炸西安的时候都被炸毁了。"那么本书前面照片的匾额，是不是被炸前摄的？所题年月为什么与鲁迅先生等人来西安的时间不符？因之，我曾访该社社长高培支先生，据他说："抗战中匾额被炸。解放后，许多同志来看该匾，因另制以资纪念作答；而年月又因孙编报告书与十二周年纪念所收题赠，排在一处，未加详辨，竟而粗心大意写为民国十二年十二月，应作自我检讨。"[4]

学者高信认为："萧润华提到捐款名册，更不可信，捐款不是集体行为，据孙伏园先生说，是他送去了自己与鲁迅先生的一百元捐款，故不存在名册之类，充其量名单足矣；而浙江会馆转送匾额，恐怕也是想当然的说法，似乎鲁迅拟题了匾，就专门送到浙江会馆（人们都知道鲁迅先生是浙江人），再由浙江会馆转给易俗社，这似乎就坐实了鲁迅先生一手经办题匾一事了。问题在于，鲁迅先生在西安期间，连送书上门的书贾也记上了当日'日记'，却没有一字同浙江会馆有关的记载。"由李约之、高培支所述来看，"古调独弹"为鲁迅所拟毋庸置疑，鲁迅等人联名送匾也是事实。只因为原匾在抗战中被日机炸毁，

[4] 单演义：《鲁迅讲学在西安》，第69页。

无法证明"古调独弹"四字为鲁迅亲笔所题。

将"古调独弹"为鲁迅所拟变为不但由鲁迅所拟,而且由鲁迅亲笔题写的说法,缘于1962年8月14日《人民日报》发表的孙伏园《鲁迅和易俗社》一文。此文为纪念易俗社成立五十周年而作。孙伏园在1954年冬因脑出血导致偏瘫,因而《鲁迅和易俗社》由李哲明代笔。此文首次出现鲁迅"亲笔题'古调独弹'四字,制成匾额一块赠给易俗社,匾额上除鲁迅先生以周树人的名字署名外,还有我们同行的其他学者多人"之说。鲁迅与孙伏园为绍兴老乡,又有师生之谊,关系非常亲密。鲁迅赴西安、厦门、广州,孙伏园都是一路随行。因而,孙伏园的文章很有影响。但翻检孙伏园此前的说法,却与此完全不同。

高信将孙伏园1924年7月到1962年10月近四十年间所写的关于鲁迅赴西安的文字进行了梳理:

1924年7月,即鲁迅赴西安的同年同月,孙伏园所写的长文《长安道上》,"将沿途见闻及感想,拉杂书之如右"。述及易俗社,写其成立、机构设置、当红演员刘箴俗与刘迪民、自编剧本、改良秦腔等,可谓巨细无遗,但关于鲁迅捐易俗社五十元以及题赠"古调独弹"一事,未着一字。[5]

1942年,姚蓬子的重庆作家书屋向孙伏园约稿,孙把历年所写的回忆鲁迅的文章结为一集,取名《鲁迅先生二三事》出版。其中有一篇《哭鲁迅先生》,写于鲁迅先生逝世的1936年,讲到鲁迅与易俗社的交往时,只说"后来打听到易俗社的戏曲学校和戏园经费困难,我们便捐了一点钱给易俗社"。关于"亲题"匾额或按鲁迅先生的"意思"题匾,则只字未提。

---

5 高信:《"古调独弹"质疑》,《鲁迅研究月刊》2004年第6期。

1956年10月19日的《西安日报》发表了孙伏园的弟弟孙福熙的文章《鲁迅先生在西安》，谈到赠匾一事说："而且捐匾一方，依着鲁迅先生的意思，题'古调独弹'四字。"由此可知，"古调独弹"并非鲁迅亲笔所题，而是"依着鲁迅先生的意思"，即鲁迅所拟，由别人题写。文末"附注"云："伏园先生是和鲁迅先生同来西安讲学，后来同回北京的。现在因手未复原，不能写作。我根据他的话，写这小文。"可见此文亦是孙伏园口述。

　　高信还考察了其他几位与鲁迅同时到暑期学校讲学者的回忆文字以及当年随行人员的回忆：

　　王桐龄1928年2月由北京文化学社印行的《陕西旅行记》一书，"几乎是日记体的实录。其中记载易俗社十分详备，评价亦颇高，看来对此社很有好感，但没有一字提到联名赠匾一事"。

　　陈钟凡写有长文《陕西纪游》，刊发在当年10月21日的《西北大学周刊》上，"对赴陕讲学之来去，用日记体，亦颇详瞻，但还是没有赠匾一说"。1976年7月17日，陈钟凡又再忆了"鲁迅到西北大学的片断"，依旧未见赠匾之事。

　　2003年9月，岳麓书社出版了蒋廷黻晚年著作《蒋廷黻回忆录》，其中记述当年赴西安讲学活动甚详，及其对鲁迅很有偏见和误解，但"对易俗社毫无涉及"。

　　段绍岩，时任职西北大学，兼国学专修科讲师，参加了暑期学校的接待活动，曾陪同鲁迅游览饮宴，"相处虽暂而相知较深"（段绍岩语）。其在1953年2月为单演义著《鲁迅讲学在西安》写的序言里，也未提赠匾一事。《鲁迅讲学在西安》的稿本中已经肯定了"匾额上所题'古调独弹'四字是鲁迅先生拟的"（没有肯定是鲁迅"亲笔"题写，只说是"拟的",其意思与前述孙福熙文中"依着鲁迅先生的意思"略同）。1956年10月19日《陕西日报》发表了段绍岩的《回忆鲁迅先生在西安》一文,谈到易俗社,也只有"离陕之前曾捐了五十元给易俗社,同来的孙伏园先生也捐了五十元"寥寥几笔,亦未提及赠匾。

张辛南,时任西北大学英文讲师兼陕西省长公署秘书,曾自西安至陕州迎接鲁迅一行。在鲁迅等学者讲学期间,与段绍岩一样,负责接待。张辛南发表在1942年6月22日《中央日报·艺林》的《追忆鲁迅先生在西安》一文,亦无一字提及赠匾。值得一提的是,在该文中,张辛南质疑了孙伏园《鲁迅先生二三事》一书中的《杨贵妃》一文。张辛南说：

> 读了伏园兄《鲁迅先生二三事》,在《杨贵妃》一篇里有关于我的一段记载。我是健忘的,对这件事总想不起,但是伏园兄却言之凿凿。我为考订这段史实起见,却费了不少的工夫,但总未找到客观的证据。惟一的证人是鲁迅先生,鲁迅先生已作了古人,无从质询。我又想不起其他可以证明的资料。我看伏园兄描写自己吸食时的神情却和他在北京哲学社吃拉面时的神情相似。我想把他吃拉面作旁证,但伏园兄却绝口不承认他对于拉面的吃法。伏园兄在哲学社吃拉面的时候,他总是自碗中挑出一条,把它的一端放在嘴里,一段一段的向里吞。我现在想起当时的景况和伏园兄端着碗一段一段向里吞的神情犹历历在目,而伏园兄却绝对不承认。当时在一块吃拉面的王品青兄亦作古人,无从质询,也找不出他种证据来。总之事隔二十年,记忆力恐怕有些靠不住,但这两件事都有可能。

孙伏园《杨贵妃》一文中说"他（张辛南）的交游是四通八达的"，借来烟具让鲁迅尝鸦片。张辛南却怎么也想不起，孙伏园却"言之凿凿"。有可能是张辛南忘记了，也有可能是孙伏园将人名搞错。要不是鲁迅后来说自己在西安尝过鸦片，还真不知孰是孰非。不过时隔区区二十年，对于同一事件，张辛南、孙伏园两人的回忆竟完全相左。考虑到孙伏园1954年后因病导致语言功能障碍，文章靠别人记录，再联系到1962年孙伏园口述《鲁迅和易俗社》一文时正值那个神化鲁迅的特殊年代，其真实性和可靠性难免要打折扣。

再考诸鲁迅日记中的"捐易俗社亦五十"，鲁迅只记所捐钱数而不记亲笔题赠"古调独弹"这桩雅事，似乎也不太合理。那么，为什么会导致"古调独弹"由鲁迅所拟变为鲁迅所拟并亲书呢？这就要回到孙伏园1962年8月14日发表在《人民日报》上的《鲁迅和易俗社》一文和单演义对鲁迅在西安的研究上来。

单演义的《鲁迅讲学在西安》1957年12月由长江文艺出版社出版。该书在正文和后记中都主张"古调独弹"的题词为鲁迅所拟。特别值得一提的是，此书经过许广平以及"鲁迅著作编辑室"众多专家的审阅。单演义在后记中说，书稿完成后曾送许广平审阅——"又需要提出的是许景宋先生将初稿看后除函复指教外，转给鲁迅著作编辑室的诸位先生传阅，所提意见，至为珍贵，特此志谢！""鲁迅著作编辑室"附属于人民文学出版社，由冯雪峰负责，主要成员有孙用、林辰、杨霁云、王士菁等人。许广平和诸多专家审阅时，对于"古调独弹"为鲁迅所拟均无异议，并无"古调独弹"为鲁迅亲笔所书的说法。后来由于孙伏园1962年发表的《鲁迅和易俗社》一文，单演义的观点逐渐发生了变化。在其1978年编写的《鲁迅在西安（资料汇编）》中，有"鲁迅为赠易俗社匾额题词并书"的题目,但附录的李约之的《谈"古调独弹"》中,李约之只说"匾额上所题的'古调独弹'四字,是鲁迅先生所拟的"。[6]该书所收的单演义所撰的《鲁迅讲学、战斗在西安》一文中,却说"(鲁迅)遂与孙伏园商定,除参加集体送匾,亲自题字'古调独弹'外,又各捐款一笔"[7],肯定了"古调独弹"不仅是鲁迅所拟,而且是鲁迅"亲自题写"。这就和同书所收的李约之的说法不一致了。在1981年和2009年再版的《鲁迅在西安》中,单演义沿袭了《鲁迅讲学、战斗在西安》一文的说法。

总而言之,1924年鲁迅等人联袂题赠易俗社的"古调独弹"为鲁迅所拟确定无疑,这是易俗社当之无愧的荣光。但"古调独弹"仅是鲁迅所拟,并非鲁迅亲笔所书的这一历史事实,以及1931年6月印行的《陕西易俗社简明报告书·(二)题赠》中题赠人的次序,我们也应充分尊重,不能因为鲁迅后来声名显赫而将顺序予以调整,更不能漏掉人名或者写错名字。我们应对历史抱有敬畏之心,既要发挥其纪念意义,也不可不忠实于历史实际。实际上,即使我们客观地承认今天易俗社大厅所悬的"古调独弹"匾额仅为鲁迅所拟,题字是后来集鲁迅书迹而成,也丝毫不会影响这座百年名社的声誉。

---

6 单演义:《鲁迅在西安(资料汇编)》,第70页。

---

7 单演义:《鲁迅在西安(资料汇编)》,第152页。

"第一件想看的必然是古迹"：
鲁迅游览西安名胜古迹

第二十八章

长安是世界著名的历史文化名城，是中华民族文化发展的摇篮，作为周秦汉唐等十三朝古都，文化积淀丰厚，文化古迹星罗棋布，驰名中外，国内外游人莫不心驰神往。正如孙伏园在《长安道上》中所说："游陕西的人第一件想看的必然是古迹。"鲁迅自1912年2月进入教育部工作开始，就收集了不少汉唐碑帖拓片及其他文物，能在讲学之余，游览长安名胜，目睹文物古迹，自然再怡情悦性不过了。他之所以有长安之行，也跟这有很大的关系。据《鲁迅日记》及相关文献，鲁迅在西安游览了以下地方：

一 游碑林

鲁迅日记1924年7月15日："午后游碑林。在博古堂买耀州出土之石刻拓片二种，为《吴[蔡]氏造老君象》四枚，《张僧妙碑》一枚，共泉乙元。"

西安碑林坐落于西安市三学街（因清代的西安府学、长安县学、咸宁县学均设在此而得名），是在西安孔庙旧址上扩建而成的以收藏、研究和陈列历代碑石、墓志及石刻造像为主的专门博物馆，藏有王羲之的《（怀仁）集圣教序碑》《（大雅）集兴福寺残碑》、欧阳询的《皇甫君碑》、虞世南的《孔子庙堂碑》、颜真卿的《颜氏家庙碑》《多宝塔碑》、柳公权的《玄秘塔碑》《回元观钟楼铭》、张旭的《草书〈心经〉》《草书〈断千字文〉》、怀素的《圣母帖》《草书千字文》、费甲铸的《淳化阁帖》、董其昌的《徐公家训碑》等数百方碑石，被誉为"东方文化的宝库""书法艺术的渊薮""汉唐石刻精品的殿堂""世界最古的石刻书库"。

西安碑林最初以珍藏石经著称于世。从唐末到北宋，经过三次石经迁置，最终形成碑林。清代是碑林发展的高峰期。乾隆时期，"陕西巡抚毕沅痛心秦汉旧都众多碑刻散落于野，于是发动幕僚和各级官吏大范围搜罗关中遗存的历代碑刻，将之移放到碑林保存，一下子扩大了碑林的规模"。嘉庆之后，西安碑林"遂名闻天下，成为石刻渊薮之所"。[1]再加之乾嘉考据之学的兴盛和清代金石学的复兴，西安碑林迅速壮大，藏石数量和藏品种类大为丰富。1935年3月，陕西省立图书馆馆长张知道编著《西京碑林》一书，收列碑目四百九十四种，石一千四百二十四块。这些碑刻绝大多数为清末收藏。此外，还增加了墓志、石刻造像、经幢、石刻线画等不同类别的珍藏。

清末民初，金石学成就达到高峰。这一时期出土文物多，来源广，数量大，远非前人可比。出于研究和赏玩的需要，形

---

1 裴建平：《西安碑林》。见西安市政协文化文史和学习委员会编，赵荣、李郁主编：《西安文化遗产辑录》（第一辑），第197—198页。西安：陕西人民美术出版社，2020年。

成了收藏金石拓片的风气。贩卖碑帖拓片的商人自不失时机，北京琉璃厂、西安碑林的古董字画书肆也日渐兴旺。外国记者、汉学家和探险家也对此非常痴迷，如美国记者、探险家、美国地理学会会员尼科尔斯认为，西安的碑刻是"将自己的精神之光镌刻在人们能够看到的路边的一通石碑上"，"对我而言，陕西的碑刻总是拥有一种奇妙的魅力。它们似乎是在这个国家心无旁骛、恬淡宁静面具之下被沉重压制的强大火焰的一部分，这火焰自从有史以来就潜藏在中国人天性的根基中，终有一天将会带着耀眼的光辉喷薄而出，震惊世界。……我在穿越陕西的旅程中，在不同的地点购买了几张碑刻拓片"[2]。

鲁迅也受到这一风气的影响，在民国初年至五四新文化运动发生之前，除了辑校古籍外，他花了不少精力搜集并研究各地的金石拓片、碑刻造像、古砖、古钱等及相关书籍。其日记中记载甚多：

1912年6月29日，"下午至直隶官书局购……《京畿金石考》一部二册，八角"。这应该是鲁迅日记中最早购买金石文献的记载。

1914年4月4日，"又至直隶官书局买《两浙金石志》一部十二册，二元四角"。

1915年1月11日，"收拾历来所购石印名人手书及石刻小册，属工汇订之，共得三十本也"。

1月30日，"下午至留黎（琉璃）厂买《说文系传校录》一部二册，一元；《随轩金石文字》一部四册，二元四角"。

3月6日，"下午往留黎厂买《金石契》附《石鼓文释存》

---

[2] [美]弗朗西斯·亨利·尼科尔斯：《穿越神秘的陕西》，史红帅译，第99页。

一部五本,《长安获古编》一部二本,共银七元"。

4月8日,"上午寄二弟书籍一包,内《会稽掇英总集》四本,《金石契》四本,《石鼓文释存》一本"。

4月19日,"午后同陈师曾之小市,以银一元买残本《一切经音义》及《金石萃编》一束"。

4月21日,"又至直隶官书局买《金石续编》一部十二本,二元五角;《越中金石记》一部八册,二十元"。

4月28日,"从图书分馆假得《小蓬莱阁金石文字》,景写家所臧(藏)本阙叶一枚"。

……

与西安相关的也有数条,如:

1915年1月26日,"上午杨莘士自陕中归,见赠大秦景教流行中国碑额拓本一枚"。

2月5日,"杨莘士赠《陕西碑林目录》一册"。

5月6日,"上午得西泠印社所寄《两汉金石记》六册"。

5月9日,"晚得季市笺并假关中、中州《金石记》四册"。

5月18日,"晚往许季市寓还中州及关中《金石记》,并以景宋本《陶渊明集》赠之"。

7月1日,"下午往留黎厂买《李显族造象碑颂》《潞州舍利塔下铭》各一枚,共一元"。

7月7日,"下午敦古谊帖店持拓本来,买《同州舍利塔额》一枚,《青州舍利塔下铭》并额二枚,共价银一元五角"。

7月27日,"上午得二弟寄来书籍一包,计《再续寰宇访碑录》二册,《读碑小笺》一册,《眼学偶得》一册,《唐风楼金石文字跋尾》一册,《风

大秦景教流行中国碑

雨楼臧石》拓本六枚"。

7月29日,"上午寄二弟信并本月家用百元(五十二),又《脉经》四本,《汉碑篆额》三本"。

9月12日,"下午得二弟所寄来小包一,内《秦金石刻辞》一册,《蒿里遗珍》一册"。

9月19日,"下午得蟫隐庐所寄《秦汉瓦当文字》二册"。

9月30日,"上午寄二弟信,附杂文稿四篇(七十三),又本月家用一百元,又寄小包一,内《秦金石刻辞》一册,《秦汉瓦当文字》二册"。

1917年10月14日,"午后往留黎厂买魏《安乐王元诠墓志》一枚,十二元;魏《关中侯苏君神道》一枚,一元"。

……

可以看到,鲁迅早在1915年初就经同事杨莘士,收藏有《大秦景教流行中国碑》碑额拓本并获得《陕西碑林目录》。《陕西碑林目录》全名《图书馆所管碑林碑目表》,1914年由陕西图书馆编写,是迄今所知最早的一份正规的碑林藏石目录。目录所列的虞世南书《孔子庙堂碑》《颜氏家庙碑》,李阳冰书《栖先茔记》《三坟记》《开成石经》,兰州肃府本重刻《淳化阁帖》《大秦景教流行中国碑》等历代珍品,鲁迅极为熟悉,所以来到西安以后,他游览碑林便自不待言了。

鲁迅研究收藏金石碑刻也跟当时的政治环境不无关系。周作人在《鲁迅的故家》第四部分《补树书屋旧事·五 抄碑的目的》里说:"洪宪帝制活动时,袁世凯的特务如陆建章的军警执法处大概继承的是东厂的统系,也着实可怕,由它抓去失踪的人至今无可计算。北京文官大小一律受到注意,生恐他们反对或表示不服,以此人人设法逃避耳目,大约只要有一种嗜好,重的嫖赌蓄妾,轻则玩古董书画,也就多少可以放心，如蔡松坡之于小凤仙，是有名的例。教育部里鲁迅的一班朋友如许寿裳等如何办法，我是不得而知，但他们打麻将总是在行的，那么即此也已可以及格了，鲁迅却连大湖（亦称挖花）都不会，只好假装玩玩古董，又买不起金石品，便限于纸片，收集些石刻拓本来看。单拿拓本来看，也不能敷衍漫长的岁月，又不能有这些钱去每天买一张，于是动手来抄，这样一块汉碑的文字有时候可供半个月的抄写，这是很合算的事。因为这与誊清草稿不同，原本碑大字多，特别汉碑又多断缺漫漶，拓本上一个字若有若无，要左右远近的细看，才能稍微辨别出来，用以消遣时光，是再好也没有的，就只是破费心思也很不少罢了。"

鲁迅广泛搜集金石碑拓等并实际考察，是为了对其进行深入研究，撰写《中国文字变迁史》和编印《汉画像集》以及六朝碑拓文字集成，以补历代有关著录之阙如，同一般的猎奇收藏是不一样的。鲁迅对"买集些旧书和金石，是劭古爱国之士，略的考证，赶印目录，就升为学者或高人"的手段是很不以为然的。在《各种捐班》中，他对各种花钱"捐班"的现象冷嘲热讽了一通，其中也包括"捐金石家"：

譬如，要捐学者罢，那就收买一批古董，结识几个清客，并且雇几个工人，拓出古董上面的花纹和文字，用玻璃板印成一部书，名之曰"什么集古录"或"什么考古录"。李富孙做过一部《金石学录》，是专载研究金石的人们的，然而这倒成了"作俑"，使清客们可以一续再续，并且推而广之，连收藏古董，贩卖古董的少爷和商人，也都一榻括子的收进去了，这就叫作"金石家"。

1987年，由北京鲁迅博物馆与上海鲁迅纪念馆编，上海书画出版社出版的《鲁迅辑校石刻手稿》，汇集了鲁迅1915年至1919年搜集的两汉至隋唐的石刻拓本，共三函十八册。第一函为"碑铭"七册，第二函为"造像"六册，第三函为"墓志校文"五册。总计辑录和校勘七百九十五篇，其中包括碑铭文字二百六十篇，造像题记三百四十三篇，墓志铭一百九十二篇。其中自然也包括鲁迅长期搜集的关于长安的碑刻造像拓片以及1924年长安行的所得。

二 游孔庙

碑林是在西安孔庙旧址上扩建而成，鲁迅游览碑林的同时，也顺便游览了孔庙。

位于碑林之南的西安孔庙，其源头可以追溯到唐代初期。唐武德二年（619），李唐王朝刚刚建立，战火还没有平息，李渊便"令国子学立周公、孔子庙，四时致祭"。贞观二年（628），唐太宗接受房玄龄建议，"停以周公为先圣，始立孔子庙堂于国学，以宣父为先圣，颜子为先师"。贞观四年（630），又诏州县皆立孔子庙。孔庙自此遍布全国。开元二十七年（739），唐玄宗封孔子为文宣王，孔子和孔庙的地位得到进一步提升，因此孔庙又被称为文宣王庙。唐末至宋初，西安孔庙随国子监及唐石经等唐宋碑刻几经迁置，最终定址"府城之东南隅"。自此，西安孔庙、府学与碑林相互依存。[3]

作为新文化运动的旗手之一，鲁迅对于孔教问题的基本立场是激烈否定与反对的。他对历代统治者为加强皇权所构建起

---

3 裴建平：《西安碑林》。见西安市政协文化文史和学习委员会编，赵荣、李郁主编：《西安文化遗产辑录》（第一辑），第200页。

来的孔子形象加以揭露和批判，对于"尊孔"类的活动，坚决进行"破坏"与"废除"的"事业"。在日本留学时，他对弘文学院学监大久保要求中国学生去孔庙行礼是持抵触情绪的——"我大吃了一惊。现在还记得那时心里想，正因为绝望于孔夫子和他的之徒，所以到日本来的，然而又是拜么？一时觉得很奇怪。"（《在现代中国的孔夫子》）鲁迅在教育部任职时，不得不身不由己地参加一些祭孔仪式。在1913年9月28日的日记中，他表达了对于祭孔的厌恶："又云是孔子生日也。昨汪总长令部员往国子监，且须跪拜，众已哗然。晨七时往视之，则至者仅三四十人，或跪或立，或旁立而笑，钱念敏（玓）又从旁大声而骂，顷刻间便草率了事，真一笑话。闻此举由夏穗卿主动，阴鸷可畏也。"

鲁迅游孔庙，应该是游碑林之余"捎带"而已。在三个多月后的10月30日所写的《说胡须》一文中，他追溯历史，广征博引，对社会名士以及国粹派"认为胡子向上翘起是日本式的胡子"的道德绑架和谬论进行了驳斥，并引用了他在西安游览孔庙的所见——

长安的事，已经不很记得清楚了，大约确乎是游历孔庙的时候，其中有一间房子，挂着许多印画，有李二曲像，有历代帝王像，其中有一张是宋太祖或是什么宗，我也记不清楚了，总之是穿一件长袍，而胡子向上翘起的。

鲁迅游孔庙，观察可谓细致，这当然和他自己的蓄须以及对胡须很有研究有关。目前可见鲁迅最早的留胡须的照片是1909年摄于东京，时年二十八岁。自此直至逝世，鲁迅不但一直留胡须，而且愈来愈浓密。1936年10月19日，鲁迅逝世，他的好友奥田杏花在为他制作石膏面

[日]常盘大定《支那文化史迹》：西安，文庙小门，清末民初

1909年，鲁迅摄于日本东京

模时翻模过程中不慎粘黏了鲁迅遗容上的些许胡须，今天我们在上海鲁迅纪念馆可以看到这尊珍贵的面模（馆藏一级文物）。

三　游荐福寺（小雁塔）

鲁迅日记1924年7月17日："昙。午同李、蒋、孙三君游荐福及大慈恩寺。"

荐福寺与大慈恩寺、大兴善寺合称唐代长安三大译经场，是唐代佛教传播和僧侣研修的重要场地，也是举行重大社会活动的场所。

荐福寺毁于唐僖宗广明元年（880）十二月黄巢起义军攻陷长安之后，后以小雁塔为中心，全部迁至安仁坊范围内（今西安市永宁门外友谊西路）。

荐福寺旧址为隋炀帝杨广在藩为晋王时的府邸。唐武德元年（618），唐高祖李渊将此地赐予尚书左仆射萧瑀，称"西园"。唐太宗时为襄城公主宅邸。襄城公主去世后，为唐高宗与武则天所生第三子英王李显的府邸。弘道元年（683），太子李显继位，即唐中宗，英王府邸循例为"潜龙旧宅"，不与人住。李显继位一个多月后，被其母武则天废黜，贬为庐陵王，其弟李旦继位，为唐睿宗。《唐会要》记载，唐睿宗文明元年（684）三月十二日，敕令以原中宗府邸改建献福寺，为高宗追福而建。实则出自武则天之意。天授元年（690）九月，武则天登上皇位，十一月改寺名为荐福寺，并亲以飞白体书写"敕赐荐福寺"匾额。神龙元年（705）十一月，武则天去世。景龙年间（707—710），唐中宗下令在开化坊以南的安仁坊西北隅另辟荐福寺浮屠院，并由皇室宫人集资建立了荐福寺的佛塔，正名为荐福寺塔，后俗称小雁塔。史学家概括为"女皇立寺,中宗造塔"。明清时期，陕西地方乡试取中的武举人，

[日] 加地哲定：荐福寺，1925 年

效仿唐代进士大雁塔下题名的习俗，到荐福寺小雁塔下刻石留名，形成"雁塔武举题名"之风。

小雁塔之名，是针对此前玄奘法师所建的大慈恩寺塔而言。佛塔被称为雁塔，缘于玄奘《大唐西域记》所载"坠雁供僧"的典故，玄奘将"葬雁"之塔带回，此后便也将佛塔称为"雁塔"。后来随着"雁塔题名"的兴盛，大雁塔逐渐被固定为大慈恩寺的俗称。从高度上看，大慈恩寺塔高六十多米，荐福寺塔高四十多米，顺理就被称为小雁塔了。现存的清雍正十二年（1734）《荐福寺来源碑》中"浮图名小雁塔"，为小雁塔之名的确切记载。小雁塔及其古钟所成的"雁塔晨钟"景观，为"关中八景"之一。

小雁塔是唐代密檐式砖塔中最早的一座，是极具代表性的佛教建筑遗存，对于研究中国古塔的发展演变、艺术风格、唐代的译经活动以及唐长安城的历史内涵，具有非常重要的价值。[4] 鲁迅自然要去看一看了。不过，1924年7月鲁迅前往荐福寺时，荐福寺已经颓败不堪。就在六年前"护法战争"时期，靖国军张义安、董振五、冯子明、李虎臣等部以荐福寺为重要军事据点，攻打陈树藩军。经历多次激战，荐福寺及小雁塔弹痕累累，损坏严重。面对满目疮痍，可能因为极其失望，鲁迅只是非常简单地记下了游荐福寺。

四　游武家坡（五典坡）

据当年《西北晨钟》创办人康少韩对单演义讲："有一次鲁迅先生、段凌辰先生、还有我，同游大、小雁塔及武家坡，

---

[4] 关于小雁塔历史变迁，此处主要参考了李郁、孔正一的《小雁塔》。见西安市政协文化文史和学习委员会编，赵荣、李郁主编：《西安文化遗产辑录》（第一辑），第167页。

返至城东南原上，伫立回望，段先生指着庄严的小雁塔说：'似老僧入定。'鲁迅先生当即遥指妍丽的武家坡说：'如美女簪花。'我与段先生齐鼓掌称赞，说是一副绝妙的对联。现在两位先生都已去世，这事只有我一人记得了。"[5]

武家坡，西安人念成"五典坡"，位置在曲江池南。武家坡因秦腔《五典坡》而出名，该剧讲的是薛平贵、王宝钏的故事，从王宝钏彩楼抛绣球招亲开始，到算粮登殿结束。京剧袭之，改编为《红鬃烈马》。1934年张恨水曾赴武家坡游览，对五典坡及王宝钏的寒窑记录甚详：武家坡"就在曲江池南边的深沟里"，"这一道深沟，弯曲着由西向东南，在北岸上，有三个窑洞门，都封闭了，传说那就是王宝钏为夫守节的所在。南岸随着土坡，盖了一所小庙，里面有王三姐和薛平贵的泥塑像，像后面土坡上有个黑洞，说是能够点了油灯照着向这里上去，另外还有一篇神话。其实也不过是看庙的人借此向游人讹钱罢了。薛平贵、王宝钏这两个人，本来是不见经传的，这武家坡当然也有疑问。但是西安的秦腔班子，几乎每日都有唱《五典坡》这出戏的，其叫座可知，那故事深入民间也可知了"。[6]

五　游大慈恩寺（大雁塔）

大慈恩寺距离荐福寺五公里左右。鲁迅在7月17日先游荐福寺，再游大慈恩寺。

大慈恩寺是唐长安城内最著名、最宏丽的佛寺，位于唐长安城晋昌坊，乃唐长安三大译经场之一。

唐太宗贞观二十二年（648），太子李治因追念母亲文德皇

[5] 单演义：《鲁迅讲学在西安》，第48—49页。

[6] 张恨水、李孤帆：《西游小记·西行杂记》，第52页。兰州：甘肃人民出版社，2003年。

后（唐太宗长孙皇后），下令在长安城东南晋昌坊的隋代无漏寺旧址上营建新寺。是年十月，新寺落成，李治因追念慈母之恩而建，故名"慈恩"，并亲自命名为"大慈恩寺"。

玄奘曾在大慈恩寺主持寺务，领管佛经译场，创立了中国"佛教八宗"之一的"唯识宗"（又称法相宗、俱舍宗、慈恩宗），大慈恩寺因此成为唯识宗祖庭。唐高宗永徽三年（652），玄奘为了保存由天竺经丝绸之路带回长安的经卷佛像，请旨在大慈恩寺西院修建慈恩寺塔，并亲自主持修建，在中国佛教史上占有十分突出的地位，一直受到国内外佛教界的重视。唐长安名冠天下，人文荟萃，"由于玄奘西行和佛教的昌盛，以及大雁塔所在的大慈恩寺、曲江池、芙蓉园等休闲娱乐功能的发挥，大雁塔在长安城的地位已经超越了宗教范畴，具有多重的社会功能和文化品格"[7]。其中最著名的便是始于唐中宗神龙年间（705—707）的"雁塔题名"及后来的"雁塔题诗"。《全唐诗》中关于慈恩寺塔的诗有百首左右。

鲁迅在童年时期即受到佛教文化的影响。他不到一岁便被送到长庆寺里拜和尚为师，以求能够平安长大。虽然不曾被要求念经和学习佛门规矩，但佛教文化已开始在他的人生里埋下种子。在日本时，由于受章太炎的影响，他开始阅读佛经、购置佛书、钻研佛法。加上研治中国小说史的原因，他对大慈恩寺、玄奘、《大唐西域记》等非常熟悉，在日记、书信和论著中留下了大量文字。

如日记：

1913年11月26日，"黎明雨雪，积半寸，上午霁。许季

---

[7] 李郁、唐小凌：《大雁塔》。见赵荣、李郁主编：《西安文化遗产辑录》（第一辑），第144页。

[日]加地哲定：大慈恩寺，1925年

上以《大唐西域记》一部相赠,计四本,常州新刻本也"。

1914年7月29日,"上午寄二弟书籍三包:一,《贤愚因缘经》四本,《肇论略注》二本;二,《大唐西域记》四本,《玄奘三藏传》三本;三,《续高僧传》十本"。

9月13日,"从季上借得《出三藏记集》残本,录之,起第二卷"。

9月27日,"写《出三藏记集》至卷第五竟,拟暂休止"。

1915年7月25日,"写《出三藏记集》第一卷讫,据日本翻高丽本"。

1918年1月4日,"二弟往富晋书庄购得《殷虚书契考释》一册,《殷虚书契待问编》一册,《唐三藏取经诗话》一册,共泉券十一元"。

1924年5月14日,"午后往商务印书馆买《邓析子》《申鉴》《中论》《大唐西域记》《文心雕龙》各一部,共二元八角"。

1921年5月7日,鲁迅发表在《晨报副镌》上的《名字》(署名"风声")一文中说:"若夫雁塔之题,当先正名,垂于不朽!"

1922年8月21日,鲁迅致胡适的信中谈到《西游记》时,说:

《纳书楹曲谱》中所摘《西游》,已经难以想见原本。《俗西游》中的《思春》,不知是甚事。《唐三藏》中的《回回》,似乎唐三藏到西夏,一回回先捣乱而后皈依,演义中无此事。只有补遗中的《西游》似乎和演义最相近,心猿意马,花果山,紧箍咒,无不有之。《揭钵》虽演义所无,但火焰山红孩儿当即由此化出。杨掌生笔记中曾说演《西游》,扮女儿国王,殆当时尚演此剧,或者即今也可以觅得全曲本子的。再《西游》中两提"无支祁"一作巫枝祇,盖元时盛行此故事,作《西游》者或亦受此事影响。其根本见《太平广记》卷四六七《李汤》条。

在1923年12月1日出版的《中国小说史略》上卷第十篇"唐之

传奇集及杂俎"中，鲁迅引段成式《酉阳杂俎》卷三《贝编》：

国初僧玄奘往五印取经，西域敬之。成式见倭国僧金刚三昧，言尝至中天寺，寺中多画玄奘麻屦及匙箸，以彩云乘之，盖西域所无者，每至斋日，辄膜拜焉。

上卷第十三篇"宋元之拟话本"谈到《大唐三藏法师取经记》时说：

《大唐三藏法师取经记》三卷，旧本在日本，又有一小本曰《大唐三藏取经诗话》，内容悉同，卷尾一行云"中瓦子张家印"，张家为宋时临安书铺，世因以为宋刊，然逮于元朝，张家或亦无恙，则此书或为元人撰，未可知矣。三卷分十七章，今所见小说之分章回者始此；每章必有诗，故曰诗话。首章两本俱阙，次章则记玄奘等之遇猴行者。

行程遇猴行者处第二

僧行六人，当日起行。……偶于一日午时，见一白衣秀才，从正东而来，便揖和尚，"万福万福！和尚今往何处，莫不是再往西天取经否？"法师合掌曰："贫道奉敕，为东土众生未有佛教，是取经也。"秀才曰："和尚生前两回去取经，中路遭难，此回若去，千死万死！"法师云："你如何得知？"秀才曰："我不是别人，我是花果山紫云洞八万四千铜头铁额猕猴王。我今来助和尚取经，此去百万程途，经过三十六国，多有祸难之处。"法师应曰："果得如此，三世有缘，东土众生，获大利益。"当便改呼为猴行者。僧行七人，次日同行，左右伏事。猴行者因留诗曰：

百万程途向那边，今来佐助大师前，

一心祝愿逢真教，同往西天鸡足山。

三藏法师诗答曰：

此日前生有宿缘，今朝果遇大明仙，

前途若到妖魔处，望显神通镇佛前。

于是借行者神通，偕入大梵天王宫，法师讲经已，得赐"隐形帽一顶，金镮锡杖一条，钵盂一只，三件齐全"，复反下界，经香林寺，履大蛇岭，九龙池诸危地，俱以行者法力，安稳进行；又得深沙神身化金桥，渡越大水，出鬼子母国，女人国而达王母池处，法师欲桃，命猴行者往窃之。

入王母池之处第十一

……法师曰："愿今日蟠桃结实，可偷三五个吃。"猴行者曰："我因八百岁时偷吃十颗，被王母捉下，左肋判八百，右肋判三千铁棒，配在花果山紫云洞，至今肋下尚痛，我今定是不敢偷吃也。"……前去之间，忽见石壁高岑万丈，又见一石盘，阔四五里地，又有两池，方广数十里，渌渌万丈，鸦鸟不飞。七人才坐，正歇之次，举头遥望，万丈石壁之中，有数株桃树，森森耸翠，上接青天，枝叶茂浓，下浸池水。……行者曰："树上今有十余颗，为地神专在彼处守定，无路可去偷取。"师曰："你神通广大，去必无妨。"说由未了，擷下三颗蟠桃入池中去，师甚敬惶，问此落者是何物？答曰："师不要敬（惊字之略），此是蟠桃正熟,擷下水中也。"师曰："可去寻取来吃！"……

行者以杖击石，先后现二童子，一云三千岁，一云五千岁，皆挥去。

……又敲数下，偶然一孩儿出来，问曰："你年多少？"答曰："七千岁。"行者放下金镮杖，叫取孩儿入手中，问和尚你吃否？和尚闻语，心敬便走。被行者手中旋数下，孩儿化成一枚乳枣。当时吞入口中，后归东土唐朝，遂吐出于西川，至今此地中生人参是也。空中见有一人，遂吟诗曰：

花果山中一子才，小年曾此作场乖，

而今耳热空中见，前次偷桃客又来。

由是竟达天竺，求得经文五千四百卷，而阙《多心经》，回至香林寺，始由定光佛见授。七人既归，则皇帝郊迎，诸州奉法，至七月十五日正午，天宫乃降采莲舡，法师乘之，向西仙去；后太宗复封猴行者为铜筋铁骨大圣云。

在1924年6月1日出版的《中国小说史略》下卷第十六篇"明之神魔小说（上）"中谈到《西游记》时，提到《大慈恩寺三藏法师传》《大唐三藏取经诗话》：

四曰《西游记传》，四卷四十一回，"题齐云杨志和编，天水赵景真校"，叙孙悟空得道，唐太宗入冥，玄奘应诏求经，途中遇难，终达西土，得经东归者也。太宗之梦，唐人已言，张鹫《朝野佥载》云，"太宗至夜半奄然入定，见一人云，'陛下暂合来，还即去也。'帝问'君是何人？'对曰，'臣是生人判冥事。'太宗入见判官，问六月四日事，即令还，向见者又送迎引导出。"又有俗文，亦记斯事，有残卷从敦煌千佛洞得之（详见第十二篇）。至玄奘入竺，实非应诏，事具《唐书》（百九十一《方伎传》），又有专传曰《大慈恩寺三藏法师传》，在《佛藏》中，初无诸奇诡事，而后来稗说，颇涉灵怪。《大唐三藏取经诗话》已有猴行者深沙神及诸异境;金人院本亦有《唐三藏》(陶宗仪《辍耕录》);元杂剧有吴昌龄《唐三藏西天取经》(锺嗣成《录鬼簿》),一名《西游记》(今有日本盐谷温校印本),其中收孙悟空,加戒箍,沙僧,猪八戒,红孩儿,铁扇公主等皆已见。似取经故事,自唐末以至宋元,乃渐渐演成神异,且能有条贯,小说家因亦得取为记传也。

全书之前九回为孙悟空得仙至被降故事,言有石猴,寻得水源,众奉为王,而复出山,就师悟道,以大神通,搅乱天地,玉帝不得已,封为齐天大圣,复扰蟠桃大会,帝命灌口二郎真君讨之,遂大战,悟空为所获,其叙当时战斗变化之状云:

……

然斫之无伤,炼之不死,如来乃压之五行山下,令待取经人。次四回即魏徵斩龙,太宗入冥,刘全进瓜,及玄奘应诏西行:为求经之所由起。十四回以下则玄奘道中收徒及遇难故事,而以见佛得经东归证果终。徒有三,曰孙行者,猪八戒,沙僧,并得龙马;灾难三十余,其大者五庄观,平顶山,火云洞,通天河,毒敌山,六耳猕猴,小雷音寺等也。凡所记述,简略者多,但亦偶杂游词,以增笑乐,如写火云洞之战云:

……

复请观世音至,化刀为莲台,诱而执之,既降复叛,则环以五金箍,洒以甘露,乃始两手相合,归落伽山云。《西游记》杂剧中《鬼母皈依》一出,即用揭钵盂救幼子故事者,其中有云,"告世尊,肯发慈悲力。我着唐三藏西游便回,火孩儿妖怪放生了他。到前面,须得二圣郎救了你。"(卷三)而于此乃改为牛魔王子,且与参善知识之善才童子相混矣。

下卷第十七篇"明之神魔小说（中）"，鲁迅谈到《西游记》时说：

《西游记》全书次第，与杨志和作四十一回本殆相等。前七回为孙悟空得道至被降故事，当杨本之前九回；第八回记释迦造经之事，与佛经言阿难结集不合；第九回记玄奘父母遇难及玄奘复仇之事，亦非事实，杨本皆无有，吴所加也；第十至十二回即魏徵斩龙至玄奘应诏西行之事，当杨本之十至十三回；第十四回至九十九回则俱记入竺途中遇难之事，九者究也，物极于九，九九八十一，故有八十一难；而一百回以东返成真终。

惟杨志和本虽大体已立，而文词荒率，仅能成书；吴则通才，敏慧淹雅，其所取材，颇极广泛，于《四游记》中亦采《华光传》及《真武传》，于西游故事亦采《西游记杂剧》及《三藏取经诗话》（？），翻案挪移则用唐人传奇（如《异闻集》《酉阳杂俎》等），讽刺揶揄则取当时世态，加以铺张描写，几乎改观。

……

然作者构思之幻，则大率在八十一难中，如金兜山之战（五十至五十二回），二心之争（五十七及五十八回），火焰山之战（五十九至六十一回），变化施为，皆极奇恣，前二事杨书已有，后一事则取杂剧《西游记》及《华光传》中之铁扇公主以配《西游记传》中仅见其名之牛魔王，俾益增其神怪艳异者也。

……

又作者禀性，"复善谐剧"，故虽述变幻恍忽之事，亦每杂解颐之言，使神魔皆有人情，精魅亦通世故，而玩世不恭之意寓焉（详见胡适《西游记考证》）。……

鲁迅在暑期学校讲到《中国小说的历史的变迁》第五讲"明小说之两大主潮"时，对《西游记》的流传系统、作者及主旨进行了论证：

《西游记》世人多以为是元朝的道士邱长春做的，其实不然，邱长春自己另有《西游记》三卷，是纪行，今尚存《道藏》中；惟因书名一样，人们遂误以为是一种。加以清初刻《西游记》小说者，又取虞集所作的《长春真人西游记序》冠其首，人更信这《西游记》是邱长春所做的了。——实则做这《西游记》者，乃是江苏山阳人吴承恩。此见于明时所修的《淮安府志》；但到清代修志却又把这记载删去了。《西游记》现在所见的，是一百回，先叙孙悟空成道，次叙唐僧取经的由来，后经八十一难，终于回到东土。这部小说，也不是吴承恩所创作，因为《大唐三藏法师取经诗话》——在前边已经提及过——已说过猴行者，深河神，及诸异境。元朝的杂剧也有用唐三藏西天取经做材料的著作。此外明时也别有一种简短的《西游记传》——由此可知玄奘西天取经一事，自唐末以至宋元已渐渐演成神异故事，且多作成简单的小说，而至明吴承恩，便将它们汇集起来，以成大部的《西游记》。承恩本善于滑稽，他讲妖怪的喜，怒，哀，乐，都近于人情，所以人都喜欢看！这是他的本领。而且叫人看了，无所容心，不像《三国演义》，见刘胜则喜，见曹胜则恨；因为《西游记》上所讲的都是妖怪，我们看了，但觉好玩，所谓忘怀得失，独存赏鉴了——这也是他的本领。至于说到这书的宗旨，则有人说是劝学；有人说是谈禅；有人说是讲道；议论很纷纷。但据我看来，实不过出于作者之游戏，只因为他受了三教同源的影响，所以释迦，老君，观音，真性，元神之类，无所不有，使无论什么教徒，皆可随宜附会而已。如果我们一定要问它的大旨，则我觉得明人谢肇淛所说的"《西游记》……以猿为心之神，以猪为意之驰，其始之放纵，上天下地，莫能禁制，而归于紧箍一咒，能使心猿驯伏，至死靡他，盖亦求放心之喻。"这几句话，已经很足以说尽了。后来有《后西游记》及《续西游记》等，都脱不了前书窠臼。至董说的《西游补》，则成了讽刺小说，与这类没有大关系了。

鲁迅在应邀赴西安讲学的前一个多月，去商务印书馆购买《大唐西域记》，可能此时王捷三和王品青已经邀他去西安讲学，他也有了应允之意。此前，他有许季上所赠的《大唐西域记》常州新刻本四本，估计在八道湾家中不便拿出，只好再去购买一本了。鲁迅对玄奘和《大唐西域记》很有研究。1933年10月7日，他回信增田涉，对于对方提出的关于玄奘及西域的一些疑问，答曰："b.寺中多画……，麻屝及匙、箸。不是玄奘的像。 c.盖西域所无者，麻屝及匙、箸。"三言两语，便解决了问题，足见其学力之深。

六　游曲江

鲁迅日记中没有游曲江的记录。据孙伏园《杨贵妃》中说："我们看大小雁塔，看曲江，看灞桥，看碑林，看各家古董铺，多少都有一点收获。"可见，鲁迅是肯定游过曲江的，时间是1924年7月的哪一天，无法确定。

在长安城南，有不少带"曲"的地名或名胜。"曲"有"隈"或"隅"的意思，因地势变化而有景致。其中以曲江最为有名。曲江秦代称为隑州，汉代称为宜春下园，很早就是清游之地。汉武帝曾多次游幸此地。隋文帝对此地风景更为赞赏，改其名为芙蓉园。到了唐代，复更名为曲江。曲江地处长安城外，远离俗尘，"与长安中心的热闹区域相隔不远,且地势高燥,青林重叠,芙蓉在澄清的江水上盛开",在自然之美的基础上,又增加了人工之美,"在中国北方的黄土地带是极为罕见的","实为帝都的第一胜境"。在唐代,曲江是池的名称,芙蓉园则是指其西北芙蓉众多的庭园。开元年间,曾对曲江进行大规模的疏凿与改造,又开黄渠,导浐水至此,建紫云楼、彩霞亭等楼阁于曲江西南岸,其他殿楼亭榭亦皆临水而建。碧波烟水与百花杨柳相交,备极明媚春色。在靠近曲江西岸的地方,有汉武泉,一年四季均有清泉涌出。旱魃之际,例必在此祈雨。曲江有两条支流:一条向北,流经敦化、立政二坊,至昇道坊的龙华寺境内;一条西流,经青龙、通善、进昌三坊,至慈恩寺前。慈恩寺门前横断的一条古渠常有潏水流过。

1906年足立喜六考察此地时,这两条支流的痕迹仍历历可辨。曲江附近,名胜众多。其北原即所谓乐游原,李商隐"向晚意不适,驱车登古原"即登此原;贾岛曾隐居于此,有"行坐见南山"的佳句。曲江西边的杏园及芙蓉园,都是享有盛名的地方。曲江"不仅是供隋唐诸帝临幸观赏的地方,也是雅客骚人的消闲之处所。以杜甫为首的唐代诗人,多有歌咏曲江的佳作。所谓'曲水流觞',似乎是在黄渠缓流上所举行的活动,但这种优雅的行乐方式在各地水边均有,绝不仅限于此处。曲江游乐,王侯贵人至于庶民杂人,皆以其所处的位置,互竞豪奢,各尽欢乐,使热闹场面达到极点。特别是在开元年间对曲江进行修整之后,游览者较前更多。每月晦日、三月上巳、九月重阳等节日,场面最为热闹。每年上巳,皇帝例必亲率宫嫔幸临此处,赐宴公卿百官。此日在岸堤上搭结彩幄,与池边的翠柳相映生辉。三师、三公、宰相、省官及翰林学士等乘彩舟在池中游玩,欢声笑语,倾动四邻。唐玄宗与杨贵妃垂帘坐观。庶民百姓亦各携娼妓,在旁边观赏,不论

［日］加地哲定：西安南郊曲江，1925 年

倡优缁黄，齐集于一地。京兆府此日大张筵席，与长安、万年两县互竞豪奢。商贾陈列奇货于市中，富豪将名花散在道上，而少年进士则着盛装，跨肥马，以弟子仆从为前导，扬长而行。长安城内，鲜车健马摩肩击毂，锦绣珍玩无所不有。这种穷奢极侈的情景，诚为盛唐空前繁华的盛事"。

杜甫曾居长安少陵原畔，自称少陵野老，世称杜少陵。安史之乱后杜甫潜至曲江，哀叹曲江衰微，感慨时势变迁，赋有《哀江头》一诗，中有"少陵野老吞声哭，春日潜行曲江曲。江头宫殿锁千门，细柳新蒲为谁绿"的哀恸之句。唐朝灭亡后，黄渠断流，池底干涸，曲江化为田圃。足立喜六至曲江遗址，"寻访昔时豪游的遗迹，见池底有一处直径约有一里（约五町）的圆形凹地。黄渠从曲池东北向东面延伸，有一条宽五六间（三十余尺）、长约数里的渠道残迹。在江头西北岸上，隆起的古冢和墩台颇多，古瓦花砖散布其间，触目皆是，令人不禁回想起唐朝的盛世"[8]。

民国时期的曲江更加破败不堪，已经没有什么可以入眼的，让人难免有麦秀黍离之叹。也许正因为如此，鲁迅觉得没有记录的必要。

不过在鲁迅的著述中，有几条关于曲江的记录：

《中国小说史略》上卷第八篇"唐之传奇文（上）"，谈到《李娃传》时，鲁迅说："行简本善文笔，李娃事又近情而耸听，故缠绵可观；元人已本其事为《曲江池》，明薛近兖则以作《绣襦记》。"

在西北大学讲"唐之传奇文"时，他又做了扩充：

---

8 [日]足立喜六：《长安史迹研究》，王双怀等译，第176—179页。

当时还有一个著名的,是白居易之弟白行简,做了一篇《李娃传》,说的是:荥阳巨族之子,到长安来,溺于声色,贫病困顿,竟流落为挽郎。——挽郎是人家出殡时,挽棺材者,并须唱挽歌。——后为李娃所救,并勉他读书,遂得擢第,官至参军。行简的文章本好,叙李娃的情节,又很是缠绵可观。此篇对于后来的小说,也很有影响,如元人的《曲江池》,明人薛近兖的《绣襦记》,都是以它为本的。

1928年2月1日出版的《唐宋传奇集》下册《古籍序跋集》的第三部分,他提到《李娃传》时说:

贞元十一年,太原白行简作《李娃传》,亦应李公佐之命也。是公佐不特自制传奇,且亦促侪辈作之矣。《传》今在《广记》卷四百八十四,注云出《异闻集》。元石君宝作《李亚仙花酒曲江池》,明薛近兖作《绣襦记》,皆本此。

七　游西安街市

据鲁迅日记:

7月14日,"晚同王峄山、孙伏园至附近街市散步,买栟榈扇二柄而归"。

16日,"午后同李济之、蒋廷辅（黻）、孙伏园阅市"。

18日,"午后小雨即霁。同李济之、夏浮筠、孙伏园阅市一周,又往公园饮茗"。

23日,"晚与五六同人出校游步,践破砌,失足仆地,伤右膝,遂中止,购饼饵少许而回,于伤处涂碘酒"。

八 购买古玩碑帖等

据鲁迅日记：

7月15日，"午后游碑林。在博古堂买耀州出土之石刻拓片二种，为《吴[蔡]氏造老君象》四枚，《张僧妙碑》一枚，共泉乙元。下午赴招待会。晚同张勉之、孙伏园阅市，历三四古董肆，买得乐妓（伎）土寓人二枚，四元；四喜镜一枚，二元；魌头二枚，一元"。

19日，"午后往南院门阎甘园家看画"。

20日，"上午买杂造象拓片四种十枚，泉二元"。

29日，"下午同孙伏园游南院门市，买弩机一具，小土枭一枚，共泉四元"。

31日，"上午尊古堂帖贾来，买《苍公碑》并阴二枚，《大智禅师碑侧画象》二枚，《卧龙寺观音象》一枚，共泉一元"。

8月1日，"上午同孙伏园阅古物肆，买小土偶人二枚，磁鸠二枚，磁猿首一枚，彩画鱼龙陶瓶一枚，共泉三元，以猿首赠李济之。买弩机大者二具，小者二具，其一有字，共泉十四元"。

暑期学校正式开学之前，鲁迅在西安游逛了六天。他不顾天气炎热，六天中都在购置古玩碑帖，足见兴致之高。

博古堂位于西安府学巷，离碑林很近，老板李子俊是老西安，专门经营碑帖。如今，碑林附近依然聚集着大量文物古玩店铺。

南院门地处西安市碑林区西北部、西安城区中部，明代曾是西北军事重镇——固原镇巡抚衙门驻地，清代陕甘总督行署设置于此。1900年慈禧太后和光绪皇帝西逃至西安避难时曾在此短期居住。因与鼓楼北的陕西巡抚部院相对，称为南院，后附近一带泛称南院门。南院门附近有钟楼、城墙、永宁门、书院门、关中书院、西汉名儒董仲舒墓下马陵等，文物店铺云集。鲁迅造访的阎甘园，是当时书院门的一位收藏大家。

阎甘园（1865—1942），陕西蓝田人，名培棠，后以字行。十五岁中秀才，人称"神童"。1897年，三十二岁的他创办陕西有史以来第一家报纸《广通报》。1903年6月，自费赴日本考察教育，回国后于9月在西安创办第一所私人洋学堂——"绅立蒙学堂"（后改为"甘园学堂"）。1904年又创立"雅阁女校"。1923年，在西安成立了陕西第一个以"新剧"（即话剧）为主的"化妆讲演团"。1924年，建剧场，创办"广益娱乐社"，推广京剧。他曾向时任陕西布政使的端方苦学金石学，精于鉴定，收藏丰富，多为稀世珍品。1919年上海商务印书馆出版的《清稗类钞》（徐珂编撰）"鉴赏类"载："陕西之西，为汉唐建都之地，吉金乐石，出土甚多。蓝田阎甘园善指画山水，尤能鉴定金石，富弆泉布镜罍，砖墓志造像凡数千种。"

经别人介绍，鲁迅前往南院门阎甘园家观看其收藏的书画、金石文物。据云："阎甘园赠给鲁迅《朝侯小子残碑》拓片一帧。鲁迅从未见过指书，甚以为奇，阎甘园当场以指蘸墨作书一幅，送与鲁迅，宾主尽欢。鲁迅握着阎甘园的手说：'炎夏遇知己，可算同路人。'又赠给阎甘园第三子阎秉初一个精致的铜墨盒。"[9]不过鲁迅日记中只说："7月19日，晴。午后，往南院门阎甘园家中看画。"除鲁迅之外，其他在暑期学校讲学的学者，亦多去看。如陈钟凡曾记："八月八日……下午偕蔡江澄张辛南至阎甘园家观画，见恽寿平王石谷画册若干帧，并可宝贵，余多赝品，甘园博古多识，收藏书画古器至富……"[10]

---

9 汪运渠《"指书"一绝：民国收藏大家、书画家阎甘园》，《各界杂志》2021年第10期。

10 陈斠玄（钟凡）《陕西纪游》，《西北大学周刊》1924年10月21日。

鲁迅在西安所得古玩文物

第二十九章

据前述鲁迅日记，鲁迅在西安所淘文玩古物数量不少，不虚此行。其中，7月20日，"上午买杂造象拓片四种十枚，泉二元"。需要补充的是，鲁迅在其书账中对此有详细记录，包括《郭始孙造像》四枚、《锜氏造老君像》四枚《华严经第十二品》一枚《明圣谕图解》一枚《九九消寒图》一枚，不止四种十枚。

鲁迅在15日日记中将《蔡氏造老君像》误写为《吴氏造老君象》。《蔡氏造老君像》全名为《蔡洪造太上老君像碑》，刻于西魏大统十四年（548），现藏于山西芮城永乐宫。此碑是现存陕西境外最大的一件北朝道教造像碑。蔡氏造老君像"舍去了关中老君造像的麈尾，而把洛阳维摩诘造像的凭几移到了老君身上。此后凭几成为老君的标准道具，一直延续到明清"。此碑大约在清代进入文人的视线。1914年冬，日本学者大村西崖拜访罗振玉，得以观看罗收藏的大量拓片，其中就有芮城西魏蔡氏碑。1923年，时任北大研究所国门学导师的陈垣先生着手收集道家金石资料，利用北大图书馆收藏的艺风堂拓片，对蔡氏碑文进行抄录整理，增录了碑背面的供养人姓名，辑入《道教金石录》。[1]据鲁迅1916年书账，该年得"唐天宝造老君象并阴侧四纸"。

《张僧妙碑》全名《北周（六朝）张僧妙碑》，为北朝名碑。据《陕西金石志》卷六"魏"，该碑刻于北周武帝天和六年（571），刻石在陕西药王山。该碑上承汉隶，下开唐楷，在书法史上有着极为重要的影响。据鲁迅日记，他曾于1918年3月3日"午后往留黎厂买《张僧妙碑》"。

乐伎土寓（偶）人，汉唐墓葬中甚多。鲁迅在《由中国女人的脚，推定中国人之非中庸，又由此推定孔夫子有胃病》里说："现在是古董出现的多了，我们不但能看见汉唐的图画，也可以看到晋唐古坟里发掘出来的泥人儿。那些东西上所表现的女人的脚上，有圆头履，有方头履，可见是不缠足的。"

"四喜镜"应为铜镜，概其上有"福禄寿喜"的铭文。单演义疑鲁迅所记"四喜镜"有误，应为"四神镜"，"四神"为青龙、白虎、朱雀、玄武，系汉代之物。[2]绍兴的铜镜很有名，"在汉代，绍兴铸造的人兽镜和画像镜，在我国古代艺术史上，有一定的地位"。到了隋唐时期，"绍兴的铜镜工艺比起前期来，又有了长足的进步，在格式上打破了前期圆形的束缚，出现了方形、葵花形、菱花形等；在纹饰题材上也更生动活泼而多样化了"[3]。鲁迅喜欢铜镜，或与此有关。

《苍公碑》即《苍公庙碑》，据王昶《金石萃编》卷十"汉六"，《仓颉庙碑》刻于汉桓帝延熹五年（162）。据毕沅《关中金石记》：

---

1 参见李淞的《神化的碑文及新样的造像——山西芮城县西魏〈蔡洪造太上老君像碑〉的识读》（《南京艺术学院学报》2009年第6期）与《以长安为中心的早期道教造像：中国道教雕塑述略之一》（《雕塑》2009年第2期）。

2 单演义：《鲁迅在西安》，第71页。西安：西北大学出版社，2009年。

3 《绍兴的社会环境和鲁迅活动过的地方》。见薛绥之主编：《鲁迅生平史料汇编》（第一辑），第7页。

"知苍公庙碑，隶书，在白水黄龙山庙内。文甚磨泐，模糊不清，唯'苍（仓）颉天生，德于大圣，四目灵光'等字可辨。"[4]

《郭始孙造像》，据"京都大学人文科学研究所所藏石刻拓本资料"网站，此造像刻于北周武帝宇文邕天和五年（570）。

弩机，也称作"窝弓""十字弓"，是中国古代兵车战法中的重要武器。据现代学者考证，其历史至少可以追溯到仰韶文化时期。在火器出现以前，弩是步兵有效克制骑兵的一种武器。弩主要由弩臂、弩弓、弓弦和弩机等部分组成。《吴越春秋》记载了一段越王勾践请教楚将陈音射（箭）术的故事。陈音除了教授射术外，还讲述了弓弩发展的历史。陈音说弩的发明者乃楚国的琴氏，制作上"弩生于弓，横弓着臂，施机设枢"。这一说法大体符合事实。1915年1月28日杨莘士赠鲁迅"古泉六枚，又小铜器一枚，似是残蚀弩机"。估计在此时鲁迅对弩机产生了兴趣，因而1924年8月1日与孙伏园在西安又"买弩机大者二具，小者二具"。如果加上杨莘士所赠，鲁迅至少藏有六张弩机。在1927年所写的历史小说《奔月》中，鲁迅写羿的兵器中有弩机——"女乙来点灯了，对面墙上挂着的彤弓，彤矢，卢弓，卢矢，弩机，长剑，短剑，便都在昏暗的灯光中出现。"

小土枭，单演义说其"为陶器，古代孝子用以自警的东西"[5]。

《大智禅师碑侧画像》的唐大智禅师碑刻于唐玄宗开元二十四年（736），为大慈恩寺和尚大智禅师义福所立。由中书侍郎严挺之撰文，隶书名家史惟则篆额书丹。清代孙承泽等书法名家推此碑为"开元第一"。碑阴有河南少尹阳伯成撰文的《大

---

[4] 单演义：《鲁迅在西安》，第73页。西安：西北大学出版社，2009年。下同。

---

[5] 单演义：《鲁迅在西安》，第71页。

智禅师碑阴》，同为史惟则隶书而就。该碑两侧雕刻有繁复华丽的纹样，蔓草、凤凰、骑狮、仙童、瑞兽等穿插布置，错落有致、精妙绝伦，是唐代名碑中的杰作。

《卧龙寺观音像》线条遒劲，宝相庄严，出于唐代画圣吴道子之手。卧龙寺在西安城东南隅卧龙巷，创建于汉灵帝时期（168—189）。初名"福应禅院"，唐朝时因有吴道子所画的观音像碑，得名"观音寺"。相传，北宋初年，高僧"卧龙和尚"惠果入寺住持，宋太宗亲临此寺与惠果谈论佛法，并更改寺名为"卧龙寺"。历代住持中高僧辈出，尤其是民国时期，寺内高僧云集，现代禅宗代表人物虚云法师（1840—1959）在西安期间也曾驻锡于此，卧龙寺也因此被誉为"西北第一禅林"。1900年，慈禧太后与光绪皇帝避难西安期间，曾施银千两重修卧龙寺，慈禧亲书"慈云悲日""三乘迭耀"匾额，并为寺院山门书额"敕建十方卧龙禅林"。卧龙寺原收藏有举世闻名的《碛砂藏经》（见前文康有为"盗经"一节），后移藏于陕西省图书馆。

8月1日上午，鲁迅同孙伏园阅古物肆，购买的小土偶人、磁鸠、磁猿首、彩画鱼龙陶瓶等，不知是哪个朝代的古物。

除了鲁迅自购外，刘镇华还以碑刻拓片相赠。据鲁迅日记，1924年8月3日，"晚刘省长在易俗社设宴演剧饯行，至夜又送来《颜勤礼碑》十分，《李二曲集》一部"。

《颜勤礼碑》，全称《唐故秘书省著作郎夔州都督府长史护军颜君神道碑》，是颜真卿七十一岁时为曾祖父颜勤礼书写的神道碑。文见《全唐文》卷三四一。大历十四年（779），立在万年县凤栖原。该碑右侧上半宋人刻"忽惊列岫晓来逼，朔雪洗尽烟岚昏"十四字，下刻"民国宋伯鲁题跋"。该碑元明时被埋入土中，至民国年间才重见天日。现存西安碑林。1923年宋伯鲁在碑下题记："右《唐夔州都督府长史颜勤礼碑》，曾孙鲁郡开国公真卿撰并书。民国十一年壬戌十月之初，何容星营长获之长安旧蕃廨库堂后土中，石已中断，上下皆完无缺。"

鲁迅1924年到西安时，此碑发现不久，学界甚为关注，拓片极为珍贵，刘镇华赠予鲁迅拓片十份，可谓厚礼。《颜勤礼碑》四面皆有文字，故鲁迅书账记"十分（份），四十枚"。返京后，鲁迅赠给好友数份。日记中记，8月13日赠李慎斋一份[6]，15日赠季市（许寿裳）一份，16日赠徐思贻一份，18日赠戴螺舲一份。

李二曲（1627—1705），明清之际思想家、哲学家。名颙，字中孚，号二曲。陕西周至人。与孙奇逢、黄宗羲并称"三大儒"。重视实学，提倡"明体适用"。著有《四书反身录》《二曲集》等。《二曲集》为其门人王心敬汇编，共二十六卷。第一卷至第十五卷为讲学之语，或自著，或由弟子辑录。第十六卷至第二十二卷是杂文。第二十三卷至第二十六卷为追思其父的诗文，内附其母彭氏的传记诗文。嘉庆十五年（1810）刻，咸丰元年（1851）重刻，有小乡嬛嬛山馆重校刊本，题为《二曲全集》。据单演义考证，刘镇华赠送鲁迅的《李二曲集》系竹纸，光绪刊本，共二十六卷，十六册，二函。[7]

---

[6] 鲁迅访李慎斋，"赠以长生果、枸杞子各一合（盒），汴绸一匹、《颜勤礼碑》一分（份）"。"汴绸一匹"为鲁迅途经洛阳时所购。鲁迅曾两度在北京买屋，时为教育部同事的李慎斋忙前跑后，出力最大。

---

[7] 单演义：《鲁迅在西安（资料汇编）》，第77页。

颜真卿《颜勤礼碑》：西安碑林博物馆藏

鲁迅在西安的饭局

第三十章

1924年2月，傅铜欣然接受王捷三的建议，将鲁迅列入赴西安讲学讲师团名单。因而，在这之后，王捷三可能通过王品青（鲁迅写作"王聘卿"），开始与鲁迅商洽西安讲学一事。到了6月底，鲁迅终于明确答应。在28日的日记中，鲁迅记道："午后赴北京大学监考。下午访李庸倩。至晨报社访孙伏园，而王聘卿亦在，遂至先农〔坛〕赴西北大学办事人之宴，约往陕作夏期讲演也，同席可八九人。大风，旋止。买四尺竹床一，泉十二元。子佩送榆木几二。"

鲁迅是日赴"西北大学办事人之宴"，商定赴西安讲学事宜，并做启程准备。6月30日，"同伏园至门匡胡同衣店，定做大衫二件，一夏布一羽纱"。7月3日，"访孙伏园，下午同至劝业场买行旅用杂物"。7月4日，与王捷三约定"赴陕之期"，"从伏园假泉八十六元"。7月5日，"夜往西庆堂理发并浴"。7月6日，从李庸倩与常君处"假旅费十元"。准备停当之后，7月7日启程。当天日记："上午三弟来并交西谛所赠

《俄国文学史略》一本。寄女子师校考卷一本。寄向培良信。雨。午往山本医院,以黄油饼十枚赠小土步。晚晴。赴西车站晚餐,餐毕登汽车向西安,同行十余人,王捷三招待。"

6月28日鲁迅赴约的"西北大学办事人之宴",具体菜品没有文字记录,但总体应该不差。7月7日北京西车站的晚餐,设在著名的京汉路食堂,这里的菜品非常有名。邓云乡说:"那时前门的瓮城还没有拆除,早在庚子(一九〇〇年)侵略者八国联军占据北京时,把京汉铁路一直延长到前门西,修个车站,后叫前门西车站;另外京奉路修到前门东,叫前门东车站。去天津、奉天、张家口在东站上下;去保定、石家庄、汉口,或转正太路去太原在西站上下。当时火车上的餐车,归富人包办。北洋时期,交通部的厨房,是十分有名的。京汉路餐车的专利,也是同这些人有关系的厨师包办的。而且那时火车餐车只做头、二等车厢阔人的生意,习惯卖西餐,这样餐车上的承包商为了多做生意,又取得路局、车站等方面的同意,当然要给有关人员不少好处,便在西车站开起了西火车站交通食堂,专卖西餐。大概一因省去一些商业、宴席的捐税,二因随车带来的鸡、鸭、蛋等菜肴便宜,三因掌灶师傅和服务人员都是行家,所以东西好,价钱又便宜,地址又适中,一开张没有多久,便名动京华,食客就趋之若鹜了。"[1]鲁迅日记中曾多次提到这家食堂。如1919年3月29日记,与陈百年、刘文典(叔雅)、朱希祖(逖先)、刘半农、沈尹默、钱玄同、马幼渔等十人在此宴饮。鲁迅"虽然很少坐京汉路火车,但在西车站食堂吃饭的次数却是很多的"[2]。

---

[1] 邓云乡:《鲁迅与北京风土》,第133页。北京:中华书局,2015年。

[2] 邓云乡:《鲁迅与北京风土》,第314页。

鲁迅一行从北京前门西车站乘火车，至郑州转车。据同行的王桐龄所记，车上条件及饭食皆不错：

十点，由西车站乘二等车出发。

由前门至郑州二等车票，大洋十八元一角，外加特别快车费大洋二元一角，床位费二元，共二十二元二角。车上每四人一室，左右各二床，分上下二层，有寝具、电灯、电扇，设备甚周到，较京奉头等车无逊色。车上备有西餐，菜皆适口。[3]

8日下午，鲁迅一行至郑州，入住大金台客栈，每室两床，两人同住一室。房间虽然不够宽敞，条件一般，但没蚊子、臭虫、跳蚤，亦很难得。晚餐"有粥、有饭、有馒头，菜尚可口"。但卫生条件较差，"厕所太狭隘，苍蝇太多，臭气触鼻，令人作呕。中国人习惯，讲吸收不讲排泄，一叹"。

9日上午九点半，鲁迅一行换乘陇海路火车，晚十点半抵达陕州驿（今河南三门峡市陕州区）。陕西省长公署秘书、西北大学讲师、平乡张毓桂（辛南），陕西督军公署副官、驻陕州办公处主任马思骏（金台），陕西督军卫队团骑兵营独立排排长牛冠斗前来迎接，当晚住宿在耀武大旅馆。夏元瑮、陈钟凡、刘文海已先一日到达陕州，在此等候鲁迅等人同行。

10日上午八点，鲁迅一行从陕州出发，由黄河溯流西上，前往潼关。途中无法靠岸，无处吃饭，"故托船夫做面汤、馒头疗饥，然粗恶殊甚"，可见难以下咽。还好王桐龄等人行李中"携有罐头鱼肉"，但"此物多陈旧，常吃则肠胃不适"。饮

---

[3] 王桐龄等：《西北望：陕西新疆旅行记》，第5页。

水也是问题,"黄河之水半杂泥沙、灰尘、便溺,饮之则胸前做恶",王桐龄等"携汽水,可以解渴,但多饮则腹作泄"。[4] 鲁迅是否也备有罐头、汽水,不得而知。此日下午天雨,西风南行,夜泊灵宝。11日上午大雨,逆风,船不易进,夜仍泊灵宝附近。12日仍逆风,只得雇四人牵船前进。夜泊阌乡。或是船夫所做饭食不够卫生,或是鲁迅杂文《说胡须》中所说的"道中喝了不少的黄河水",或是食罐头鱼肉及饮汽水等生冷油腻刺激了肠胃之原因,总之这一天鲁迅开始腹泻。13日晨从阌乡乘船出发,下午抵潼关。第三十五师师长憨玉琨(润卿)受刘镇华委托,遣副官李品三(金斋)、林祖裕(治堂)招待。鲁迅依然腹泻,服药两次共十四粒,想必此时也没有什么食欲。风浪中乘船,身体本来就极为不适,再加上腹泻,鲁迅此行也可谓颇吃了些苦头。

14日晨,鲁迅一行从潼关乘汽车出发,午后到达临潼。营长赵清海招待午饭。

在西安期间的饭局,鲁迅日记中记有六次,均甚简略:

7月15日,"下午赴招待会"。

19日,"晚往张辛南寓饭"。

21日,"夜赴酒会"。

24日,"晚赴省长公署饮"。

8月1日,"晚储材馆招宴,不赴"。

3日,"晚刘省长在易俗社设宴演剧饯行"。

王桐龄对西安期间餐食饭局记录甚详,可与鲁迅所记互为对照补充:

---

[4] 王桐龄等:《西北望:陕西新疆旅行记》,第5—8页。

此次在陕，住西北大学，饭食由暑期学校供给，差足果腹。刘督军邀饮四次，一次在西北大学，用素菜——时因祈雨禁屠；一次在省署，一次在督署，皆用西餐；一次在宜春园——在关岳庙街路南，易俗社之秦腔开演于此——用中餐。西北大学、陕西教育厅邀饮一次，在校内；储材馆邀饮一次，在馆内，皆中餐。讲武堂邀饮一次，在青年会，西餐。商务印书馆邀饮一次，在馆内，中餐。陈次元先生邀饮一次，在陈宅，中餐。师大毕业同学邀饮一次，在五味什字巷义聚楼，中餐。督署之中餐，商馆之中餐，陈宅之便饭，色香味俱美。督署之西餐亦佳，然中国风较重。此外各处厨役手艺俱平常，讲武堂之西餐系外叫者——青年会不卖饭——花钱甚多，不大实惠。[5]

由鲁迅和王桐龄所记可知，鲁迅在西安期间刘镇华宴请四次，西北大学、陕西教育厅宴请一次，讲武堂宴请一次。六次宴请有中餐、西餐，中餐较佳，西餐稍差。在孙伏园的回忆里，刘镇华及陕西方面竭尽全力款待鲁迅等人，不惜破费，甚至说得上"奢侈"。

鲁迅先生等学者在西北大学讲学期间，西北大学校方招待殷勤，彼时正值盛夏，炎热异常，校方招待我们饮汽水喝啤酒，洋气十足。在那时啤酒、汽水都是高贵饮料，不像现在这样普遍，况且那时西安并不生产这些东西，都是从几千里路以外的京、沪运去的，交通极不方便，价格当然是十分昂贵的了。校方以此来招待，未免过于奢侈。鲁迅先生感到当时河南人在陕

---

[5] 王桐龄等：《西北望：陕西新疆旅行记》，第25页。

执政（陕西督军是刘镇华，河南人），所以西北大学校长傅铜（傅也是河南人）用钱很方便，请我们去讲学，花这么多钱，毫不在乎；可是有位陕西人李宜之，是水利专家，想给陕西兴办水利、治理黄河之害，而上峰却不拨给经费，鲁迅先生对此颇表不满。讲学结束时，他决意将讲学的酬金捐赠易俗社，作为举办戏曲改革事业之用。临行前，鲁迅先生和我各将讲学酬金现洋五十元捐赠易俗社，由我亲自携款送去。这也是鲁迅先生"取之于陕，用之于陕"的一片深意。[6]

当年听讲的李瘦枝回忆西北大学对暑期学校讲师的款待也印象深刻——"（我）看到了西北大学傅铜校长对学者们的阔绰招待，学者们住在学校东斋教员院，门窗油漆一新，院内搭有凉棚，附设有奇花异草；室内芦席铺地，所有木器家具，帐幔被褥均系专置。在饮食方面，设有专灶供应，佳肴盛馔，自不待言。鲁迅先生对此豪华招待，颇为不满。"[7] 鲁迅在《说胡须》中也慨叹："陕西人费心劳力，备饭化（花）钱，用汽车载，用船装，用骡车拉，用自动车装，请到长安讲演，大约万料不到我是一个虽对于决无杀身之祸的小事情，也不肯直抒自己的意见，只会'嗡，嗡，对啦'的罢。他们简直是受了骗了。"

正因为对陕西当政者这种铺张浪费讲排场却克扣水利工程经费行为的厌恶，才促使鲁迅决定"取之于陕，用之于陕"。鲁迅不顾自己的经济拮据，豪爽地拿出讲课酬金并川资的四分之一，赠予易俗社，可谓一片盛情了。

[6] 孙伏园：《鲁迅和易俗社》。见《鲁迅先生二三事》，第75—76页。

[7] 李瘦枝：《"刘记西北大学"的创办与结束》。见《陕西文史资料选辑》（第三辑），第183页。

"午后盛热，饮苦南酒而睡"：
鲁迅在西安饮酒

第三十一章

鲁迅喜欢饮酒，但酒量不大，喝起来很是节制。

周作人在《忆鲁迅》中说："鲁迅的酒量不大，可是喜欢喝几杯，特别是与朋友对谈的时候。"郁达夫说，鲁迅"对于烟酒等刺激品，一向是不十分讲究的；对于酒，也是同烟一样。他的量虽则并不大，但却老爱喝一点"，"在北平的时候，我曾和他在东安市场的一家小羊肉铺里喝过白干；到了上海之后，所喝的，大抵是黄酒了。但五加皮，白玫瑰，他也喝，啤酒，白兰地他也喝"。许广平回忆说："他的尊人很爱吃酒，吃后时常会发酒脾气，这个印象给他很深刻，所以饮到差不多的时候，他自己就紧缩起来，无论如何劝进是无效的。但是在不高兴的时候，也会放任多饮些。"萧红在《回忆鲁迅先生》中说："鲁迅先生喜欢吃一点酒，但是不多吃，吃半小碗或一碗。鲁迅先生吃的是中国酒，多半是花雕。"曹聚仁回忆说："我和鲁迅同过许多回酒席，他也曾在我家中喝过酒，我知道他会喝酒；他的酒量究竟多少，我可不十分清楚。"曹因此揣测,《在酒楼上》的吕纬甫与"我"饮酒,透露出鲁迅的酒量:"'一斤绍酒,十个油豆腐,辣酱要多!'而好友范爱农要比鲁迅能喝一些,要两斤多。"藤井省三也如此认为,他做了细致的计算发现,吕纬甫与"我"的添酒,"这么以来两人竟喝了五斤绍兴酒"[1]。

鲁迅几乎饮酒必记,常饮偶醺,偶尔也会过量。1924年2月6日记"夜失眠,尽酒一瓶"。1925年6月,端午节过后的一个周末,鲁迅在家中宴请了许广平及其女同学五人,酒席上恶作剧似的"打了打"女学生。他在给许广平的信中解释说:"我到现在为止,真的醉只有一回半,决不会如此平和。"

在西安期间,鲁迅日记中记饮酒三次:7月21日,"夜赴酒会";24日,"晚赴省长公署饮";25日,"午后盛热,饮苦南酒而睡"。至于8月3日,"晚刘省长在易俗社设宴演剧饯行",鲁迅是否饮酒不得而知。三次饮酒,只有25日写明是"苦南酒"。那么,苦南酒是什么酒呢?

明清时期,西北商务中心陕西三原县流行的"山台席"在省内外素享盛名,配酒主要是甜酒、苦南酒和白酒三类。所谓"山台席",是以山珍海味为主料,以牛、羊、猪肉和禽蛋为辅料的菜肴宴席。甜酒是米酒,即稠酒。白酒主要是陕西的西凤酒和太白酒。苦南酒是黄酒,更接近绍兴黄酒,实际上是陕西的仿绍酒。当时北方的黄酒分为甜与苦两种,山西的黄酒称"甜南酒""苦南酒";北京天津的黄酒称"甘炸儿""苦清儿"。1940年,《晨报》上刊登的《京市之黄酒业》一文介绍称,19、20世纪之交,北京市面上有五种常见黄酒,分别是南黄酒(绍兴产)、

---

[1] [日]藤井省三:《鲁迅与酒文化:酒香中的现当代中国》,林敏洁、陈道竞译,第131页。北京:新星出版社,2022年。

内黄酒（内府黄酒，清帝逊位后绝迹）、京黄酒（北京周边土产）、仿黄酒（其他地区模仿绍兴酒）、西黄酒（山西产）。长期以来，人们以为黄酒只流行于江南一隅，不出长三角，实际上并非如此，连交通不便、闭塞落后的西安，都有仿绍兴黄酒出售。1936年4月，《东南日报》归纳了当时绍兴黄酒的市场"北达平津、大连、青岛、西安等地，南迄汕头、香港、南洋各埠，东自日本的长崎、神户起，西至汉口以西"[2]。绍兴黄酒醇厚绵香，风味独特，其以精白糯米酿造，酒精浓度在14—18度之间。按酿造方式，可分为元红酒、加饭酒、善酿酒及封缸酒（又称"香雪酒"）。在西安的日子里，炎炎午后，小酌几杯，借着微微醉意歇个午觉，不啻为舒缓身心、消解暑热的极佳方式。

1925年6月，日本汉学家加地哲定到西安游历，特意记录了西安的"三种美酒"——"苦南酒、天南酒以及米酒"。他对米酒也就是西安人所谓的醪糟印象甚佳——"在夕阳西下的黄昏时分，走上街头，只见街边已架起了煮着米酒的锅子，一杯大约两百文。你还可以根据自己的喜好加一颗鸡蛋进去，又是另一番风味。"[3] 这实际上就是现今陕西乡镇集市仍很流行的鸡蛋煮醪糟，有些地方叫"鸡蛋滚醪糟"，有时也会在滚沸的醪糟中泡进去油香的麻花，令人胃口大开。

据史料，1928年，西安出产的酒有西凤酒、黄酒、葡萄酒、苦南酒、双瑰露酒、玫瑰酒、太白酒等。那么，除了苦南酒，鲁迅还饮过西安的其他酒吗？应该饮过，鲁迅没有留下文字，但从孙伏园的文字里可以得知：

2 邹赜韬：《百年前黄酒的"出圈"往事》，https://www.thepaper.cn/newsDetail_forward_17261139。

3 [日]加地哲定：《秦陇纪行》，翁建文译，[日]加地有定校，第50页。

陕西的酒是该记的。我到潼关时，潼人招待我们的席上，见到一种白干似的酒，气味比白干更烈，据说叫做"凤酒"，因为是凤翔府出的。这酒给我的印象甚深，我还清楚地记得，酒壶上刻着"桃林饭馆"字样，因为潼关即古"放牛于桃林之野"的地方，所以饭馆以此命名的。我以为陕西的酒都是这样猛烈的了，而孰知并不然。凤酒以外，陕西还有其它的酒，都是和平的。仿绍兴酒制的南酒有两种，"甜南酒"与"苦南酒"。苦南酒更近于绍兴，但如坛底的浑酒，是水性不好，或手艺不高之故。甜南酒则离酒甚远，色如"五加皮"而殊少酒味。此外尚有"酗酒"一种，色白味甜，性更和缓，是长安名产，据云"长安市上酒家眠"就是饮了酗酒所致。但我想酗酒即使饮一斗也是不会教人眠的，李白也许是饮的"凤酒"吧。故乡有以糯米做甜酒酿者，做成以后，中有一洼，满盛甜水，俗曰"蜜勤殿"，盖酗酒之类也。除此四种以外，外酒入关，几乎甚少。酒类运输，全仗瓦器，而沿途震撼，损失必大。同乡有在那边业稻香村一类店铺者，但不闻有酒商足迹。稻香村货物，比关外贵好几倍，五星啤酒售价一元五角，万寿山汽水一瓶八角，而尚无可赚，路中震坏者多也。

由孙伏园所记，可知鲁迅应该还喝过"凤酒"，即陕西名酒——西凤酒。西凤酒古称秦酒、柳林酒，产于凤酒之乡陕西省凤翔区柳林镇，为中国四大名酒之一。苏轼任职凤翔时，曾用"花开酒美盍不归，来看南山冷翠微"的佳句盛赞此酒。1952年，西凤酒在全国第一届评酒会中荣获中国四大名酒殊荣。西凤酒清亮透明，以"醇香典雅、甘润挺爽、诸味协调、尾净悠长"和"不上头、不干喉、回味愉快"的独特风格闻名。西凤酒有低度和高度之分，对于南方人而言，即使低度酒也过于刺激，难以接受。稠酒，孙伏园误写为"酗酒"，其实就是糯米做的甜酒。李白当年所饮应该是稠酒，如果是暴烈的西凤，那就不是"长安市上酒家眠"，而是长眠于长安市上了。

西安位处关中盆地，夏天酷热难耐，是名副其实的火炉。唐代诗人王维在《赠吴官》一诗中云："长安客舍热如煮，无个茗糜难御暑。空摇白团其谛苦，欲向缥囊还归旅。江乡鲭鲊不寄来，秦人汤饼那堪许。不如侬家任挑达，草屩捞虾富春渚。"绍兴黄酒为鲁迅浇胸中块垒之最爱。估计午后酷热，一时找不到南方人解暑的清茶豆汤，幸有仿绍兴黄酒的苦南酒，可以抚慰鲁迅的莼鲈之思，他就饮之而梦回故乡了。

"有些苦味"：
鲁迅在西安尝鸦片

第三十二章

鲁迅在西安抽鸦片的事，他本人于 1927 年 10 月 25 日在上海劳动大学"关于知识阶级"的讲演中提及：

譬如从前我在学生时代不吸烟，不吃酒，不打牌，没有一点嗜好；后来当了教员，有人发传单说我抽鸦片。我很气，但并不辩明，为要报复他们，前年我在陕西就真的抽一回鸦片，看他们怎样？

鲁迅说抽鸦片是"报复"别人发传单造谣他抽鸦片，这是讲演中借题发挥，不足为凭。据孙伏园讲，情况也并不是这样：

鲁迅先生在西安，没有得到什么新的刺激。我们都想找一点新花样来提起大家的兴趣。那时西安的鸦片不但没有禁绝，而且还相当的通行。鲁迅先生忽然愿意尝一尝异味。原来前辈的诗人如波特来尔，并世的文人如柯克多，都曾用麻醉剂来获得灵感，因此灵感而写出好的诗文。鲁迅先生对于医药有研究，常说鸦片原是极有价值的药品，不济的人却拿来当饭吃，自然只有死路一条。他为获得灵感，也为尝尝异味，于是决定访求。

同学张辛南兄在省署任秘书，西安方言读秘书曰"密夫"，他的交游是四通八达的，有的军官家里据说常常有三四套烟具，我于是托"张密夫"设法。鲁迅先生说他幼时曾在尊长的烟具旁盘桓过，但始终没有尝过烟味，我自己也是一样，所以我们都抱有好奇的心理。

那一天我是完全失败了，我觉得烟嘴太大，与纸烟雪茄过分悬殊，吸着极不方便，浅尝以后便放下了。鲁迅先生吸得还算顺利，吸完以后静静地等候灵感的来临，不料竟像扶乩一样，那一天灵感没有降坛。我问先生结果怎样，先生却失望地答复我说：

"有些苦味。"

我知道鲁迅先生也失败了。

万一那一天我们居然成功，那么《杨贵妃》也许早就问世了。[1]

孙伏园最后一句是俏皮话。即使那天鲁迅"成功"了，《杨贵妃》也未必能写出。不过，鲁迅终于知道了鸦片的味道。这次在西安小小的"猎奇"，也算鲁迅一生中少有的任性放纵之举了吧。

鲁迅应该是很讨厌鸦片的，他尝鸦片，与童年时期父亲因病吸鸦片的经历多少也有点关系。他的祖父周介孚"对吸鸦片尤为痛恶"——"他的长子周伯宜为病魔所缠，经久不愈，有

---

[1] 孙伏园：《杨贵妃》，《文坛》1942年4月5日第二期。

人劝他吸鸦片急救,他就常常到一个本家烟盘去尝试,渐渐地有些非此不能止痛了。后来周伯宜病死,周介孚对他因染病成烟癖在挽联中表示谴责:上联是'世间最苦孤儿,谁料你遽抛妻孥,顿成大觉',下联是'地下若逢尔母,为道我不能教养,深负遗言'。"[2] 或许出于对父亲的复杂感情,鲁迅潜意识里想要尝一尝父亲因病而离不开的鸦片。

鲁迅尝鸦片,也可能与他被当作"鸦片鬼"有关。鲁迅大概从1906年在日本留学时开始抽烟,直到逝世的前一天1936年10月18日,也没有停下来。他晚年的就医档案记载:"吸烟史三十年,每天约五十支,五十五岁减至每天十五支。"鲁迅长期抽烟,烟瘾大,牙齿被熏得黄黑,加上身材瘦削、面色憔悴,跟吸大烟者外貌相像,曹聚仁在《鲁迅评传》中就有"他那副鸦片烟鬼样子"之形容。因而在西安,鲁迅被人误认为抽大烟者。陪同他的张辛南回忆说:

鲁迅先生的全部牙齿是深黄色,牙根是深黑色,其黑如漆,在西安那几天他穿一件黑布裤,一件白小褂,上街的时候,再穿件白小纺大褂,头发不常剪,面带黑黄色。鲁迅先生讲演几次之后,许多人认为他吸鸦片烟。有一位先生向我说:"周先生恐怕有几口瘾吧!"我说,"周先生吃香烟。"还有一位军人问我道,"学者也吸鸦片烟么?"我说:"哪个学者?"他毫不犹豫的武断道,"周鲁迅满带烟容,牙齿都是黑的,还能说不吃烟么?"我听他的语意很坚定,我只是置之不理。如果我说鲁迅先生不吃鸦片,他一定说我替他辩护。那位丘八知道鲁迅先生

---

[2] 《鲁迅家庭成员及主要亲属》。见薛绥之主编:《鲁迅生平史料汇编》(第一辑),第89页。

姓周，并认为鲁迅是他的台甫，所以就称他为周鲁迅，把这三个字放在一起，我只听着过这一次。[3]

据李济之回忆，1924年的西安，鸦片泛滥成灾，是一个严重的社会问题——"当年在西安以及西北一带，抽鸦片烟的习惯极为普遍，其普遍的程度，到了凡是客人访问或去拜会朋友，都以鸦片烟招待，躺下吞云吐雾一番；倘若客人拒绝吸食，主人就认为是一种没有礼貌的行为。这一个规矩，我们这一行人中当然有些可以随和，有些人就不习惯，尤其是我们这些从来没有吸大烟习惯的人，虽然平日也抽纸烟或雪茄烟，但是鸦片烟那就大不一样了。这一种内地的经验，当然还有许多别的事情，我和廷黻两人反应都差不多，有些我们觉得很奇怪，有些感觉到很特别，有些则感觉到这是全面社会问题的一种。"[4]

1934年前后，后来成为捷克最著名的汉学家的普实克在西安的大街上行走，偶遇老友C伯爵。普实克说："我们差点没有拥抱在一起。在这荒凉的地方一下子碰到了这么有名的人物！"C伯爵在第一次世界大战时曾经是名空军军官。德意志帝国和奥匈帝国崩溃后，他丢掉了工作，没有什么赚钱的手段，于是就来到中国当飞行员，飞北平到西安的航线。两人在万里之外的异国他乡意外重逢，自然十分激动。C伯爵要尽地主之谊，款待却是抽大烟——"姑娘们拿来了非常粗的烟枪，那头上带有一个小小的锡制烟锅。伯爵舒服地躺在一张床上，一位姑娘守在他身边，我们坐在了另一张床上。姑娘从头发中抽出了发针，扎住一个发褐色的小球，放在烟灯的火焰上，把那小球稍

---

[3] 张辛南：《追忆鲁迅先生在西安》，《中央日报》（重庆）1942年6月22日《艺林》。

[4] 李济：《廷黻先生对学术界的贡献与关切》。见《蒋廷黻回忆录》（增补版），第288页。

微地烘烤了一下，便出现了黑汁，发出了刺鼻的、不好闻的气味。她把那小球放入烟袋锅里，递到我嘴边。她暗示我，要赶快去吸那烟。但是没有成功，我没有抽，只是往里面吸了口气，那小球就灭了。那烟袋需要以非常快的速度连续地吸气。伯爵已经在抽第二袋了，而我的朋友也比我灵活。我又试了第二回，就好多了。但是我并没有任何舒服的感觉，相反由于周围的气味，头开始有点疼。我突然回想起家乡的秋天，我们在土豆田里放牧，当时我们捡起一些罂粟子当烟来抽，抽完后感觉特别不好受，躺了两天。"[5]

鸦片祸害陕西，始于陕甘回民起义之前。由于清政府需要陕西供应军费，所以对鸦片的种植给予默认。据统计，1906年，陕西种植罂粟面积已达五十三万一千九百多亩。1914年，陆建章督理陕西军务，次年与同伙吕调元由甘肃暗运罂粟籽，派人分赴各县，并遣军队保护，逼民种植。从此开放禁烟，鸦片种植面积不断扩大，种植鸦片之风泛滥，竟超过清末之时。关中地区以陇县、宝鸡、凤翔、周至、眉县、武功、乾县、咸阳、西安、临潼、渭南、华县、大荔等县为最，大片肥沃粮田改种鸦片。冯玉祥督陕时期，曾将禁烟作为十大纲领之一，但并未通行。刘镇华督陕时期，明面上也发布了一系列禁烟的训令，实际上却变本加厉地开放烟禁，为获利不择手段，烟税成为财政收入的主要来源。1924年，陕西烟税为一千万元。1931年，烟税增加到一千四百万元。全省每年鸦片种植面积达一百二十万亩至一百七十万亩。1930年10月后，杨虎城主政陕西，陕西省政府以雷厉风行之势狠抓禁烟，政策是"自

---

[5] [捷克]普实克：《中国：我的姐妹》，第408—410页。

西京起每年逐渐推广到其余区域，以至全省绝种为止"[6]。禁烟效果明显，到了1936年，西安、咸阳已经成为绝对禁种区域，陕西的鸦片种植主要集中至兴平、扶风、武功一带，所产鸦片由陕西联运所从潼关运出，仍然为陕西财政收入的主要来源。1936年6月，美国著名记者埃德加·斯诺从西安渡过渭河，沿途见到"罂粟摇摆着肿胀的脑袋，等待收割"。他说："陕西长期以来就以盛产鸦片闻名。几年前西北发生大饥荒，曾有三百万人丧命，美国红十字会调查人员把造成那场惨剧的原因大部分归咎于鸦片的种植。当时贪婪的军阀强迫农民种植鸦片，最好的土地都种上了鸦片，一遇到干旱的年头，西北的主要粮食作物小米、麦子和玉米就会严重短缺。"[7]鸦片的种植非但没有让古老的关中大地富庶起来，反而成为套在老百姓脖子上的致命的绳索和残害民族健康的大敌。

[6] 徐盈：《西安以西》，《国闻周报》1936年第十三卷第三十期。

[7] [美]埃德加·斯诺：《红星照耀中国》，董乐山译，第28页。北京：人民文学出版社,2016年。

"连天空都不像唐朝的天空"：
《杨贵妃》终于没有写出来

第三十三章

若说鲁迅长安行最大的遗憾，无疑是，抬眼望去，破败的西安"连天空都不像唐朝的天空"，以致《杨贵妃》的写作计划胎死腹中。

在乘船渡黄河奔赴陕西时，同行的孙伏园凡有触动，即为鲁迅设计《杨贵妃》（按：孙伏园说鲁迅的《杨贵妃》是剧本）的情节背景，但鲁迅的反应却出乎孙伏园的意料——

……我们在黄河船上望见灵宝城，濯濯的丘陵上现出一丛绿树。我已经受了感动，对鲁迅先生说：

"宜乎美人出生在这里了。"

鲁迅先生静静地望着，没有什么表示。我知道先生的脾气，没有表示或者是大有所感，或者是毫无所感，绝不是有了平平常常的感想。

到了西安以后，我们发现了一种极平凡的植物，为数实在可观，几乎家家园子里都有的，便是白色的木槿花。木槿花本是极平凡的植物，

323

但在别处只看见一株两株，而且是红色的居多，从未有像西安的木槿花那样白色的一片。我也已经受了感动，对鲁迅先生说：

"将来《杨贵妃》的背景中，应该有一片白色木槿花。"

鲁迅先生静静地望着我，没有什么表示。这时候我渐渐有了警觉，担心着《杨贵妃》的计划难免会有根本的变动了。我们看大小雁塔，看曲江，看灞桥，看碑林，看各家古董铺，多少都有一点收获。在我已觉得相当满意，但一叩问鲁迅先生的意见，果然在我意中也出我意外地答复我说：

"我不但什么印象也没有得到，反而把我原有的一点印象也打破了！"[1]

孙伏园在灵宝的时候，说"宜乎美人出生在这里了"，鲁迅未置可否，反应冷淡。为何呢？可能黄河风浪的颠簸，让鲁迅身心疲惫，无暇顾念杨贵妃。孙伏园后来回忆说："陕州下车后就坐船在黄河内溯流西上，至灵宝附近夜间上游暴雨，黄水滚滚东流，在激流之处，犹如一泻千里，航行十分艰险。"[2] 鲁迅这几天的日记，也记下了旅途的颠沛：

7月10日，"晨登舟发陕州，沿河向陕西。下午雨。夜泊灵宝"。

11日，"晨发灵宝。上午遇大雨，逆风，舟不易进，夜仍泊灵宝附近"。

12日，"晨发舟，仍逆风，雇四人牵船以进。夜泊阌乡。腹写"。

13日，"晨发阌乡。下午抵潼关，夜宿自动车站。腹写，服Help两次十四粒"。

---

1 孙伏园：《杨贵妃》，《文坛》1942年4月5日第二期。

2 孙伏园：《鲁迅和易俗社》。见《鲁迅先生二三事》，第73页。

"大雨,逆风,舟不易进",次日"仍逆风",再加上后来的腹泻,这个节骨眼上谈杨贵妃,未免不合时宜了。

14日抵达临潼后,鲁迅记:"晨发潼关,用自动车。午后抵临潼,游华清宫故址,并就温泉浴。……"

同行的王桐龄记:

池在临潼县南门外骊山下,系唐华清宫旧址,旧日建筑,经过清咸丰年间回匪之乱而毁,现在建筑,系同治年间新造,内有娘娘殿,中祀贵妃,配享者为一青年,亦杜十娘伍髭须相公之类也。有温泉池二,大者名太子池,小者名贵妃池。贵妃池中有一石,上带红色,永不脱落,好事者谓杨贵妃月事来时坐处之遗迹也。池水温度约华氏九十六度到九十八度,而有游鱼——鲫,水草,亦奇观也。[3]

陈钟凡对华清池之浴比较满意:

十四日晨七时,乘汽车西行,土路崎岖,车至颠顿,头晕至不能支。……十时二十五分至临潼,城南对骊山,北临潼水,为东西孔道。出南门里许,唐离宫华清池在焉。池分内外数泓,水色绀碧,清澈见底。予等就浴内池,深甫及腹,温度适宜,浣濯逾时,沿途缁尘,为之净尽。……一时进东关,由东大街达西北大学……[4]

鲁迅游览了华清宫故址,"并就温泉浴",但似乎并不以为

[3] 王桐龄等:《西北望:陕西新疆旅行记》,第10页。

[4] 陈斠玄(钟凡):《陕西纪游》,《西北大学周刊》1924年10月21日。

"奇",也没有提起对杨贵妃的"兴趣",只是淡淡地一笔带过。

刚到西安,孙伏园建议用"一片白色木槿花"做背景,或许鲁迅觉得木槿花的花语不太合适,因而也缄默不语。这个时候,孙伏园就"渐渐有了警觉,担心着《杨贵妃》的计划难免会有根本的变动了"。或许一路舟车劳顿已经让鲁迅疲惫不堪,意兴阑珊了。在看过几处衰颓荒芜的名胜古迹之后,心理落差更大,所剩的一点兴致也消磨殆尽了。

接待鲁迅的李级仁"与鲁迅谈得很要好,鲁迅先生对他做人做学问,指示颇多"。李级仁说:"鲁迅先生来西安后,我担任招待的职务,给我的印象最深的,是他手里不断香烟,在烟雾弥漫中,谈笑不苟,绿色的三炮台,总是一支接着一支。他来西安,是抱有很大希望的,原想着到马嵬坡去看杨贵妃的坟墓。然而以对西安的失望,加之道途不靖,终于没有去。"[5] 也有可能鲁迅到西安后得知杨贵妃墓为后来的好事者所为,并不可靠——墓碑为毕沅所立,题诗多为明清之作,并无什么可观价值,因而作罢。1906年10月,日本汉学家宇野哲人游览了马嵬坡之后,观感如出一辙。[6] 李级仁所说的"道途不靖"也未必准确,当时没有战事,从西安到兴平即使有土匪出没,省长兼督军刘镇华所邀之学者出游,安全保障也不该存在问题。王桐龄一行在讲演结束后游览华山,即是一例。1925年6月,距离鲁迅长安行不到一年,日本汉学家加地哲定还游览了马嵬坡与杨贵妃墓,由此说明"道路不靖"大约只是说辞。鲁迅因对西安失望,连带提不起去马嵬坡的兴致。

孙伏园是怎么解释鲁迅《杨贵妃》创作计划作罢的呢?

---

5 单演义:《鲁迅讲学在西安》,第76—77页。

6 [日]宇野哲人:《中国文明记》,张学锋译,第138—139页。北京:中华书局,2008年。

鲁迅先生少与实际社会往还，也少与真正自然接近，许多印象都从白纸黑字得来。在先生给我的几封信中，尝谈到这一点。

从白纸黑字中所得的材料，构成了一个完美的第一印象；如果第二印象的材料也由白纸黑字中得来，这个第二印象一定有加强或修正第一印象的价值；但是如果第二印象的材料来自真正自然或实际社会，那么它的加强或修正第一印象的价值或者要大大的减低，甚至会大大的破坏第一印象的完美也是可能的。

对于鲁迅先生的失望，我想第一步或者可以适用这样一个解释。

鲁迅先生怕看《黛玉葬花》这一类戏，他对我说过，就为的不愿破坏他那从白纸黑字得来的完美的第一印象。那么真实的灵宝城等等，怎么会不破坏他那想象中的"杨贵妃"的完美呢？

其次，那时的西安也的确残破得可以。残破还不要紧，其间因为人事有所未尽而呈现着复杂、颓唐、零乱等等征象，耳目所接触的几无一不是这些，又怎么会不破坏他那想象中的"杨贵妃"的完美呢？

在我们的归途中，鲁迅先生几乎完全决定无意再写《杨贵妃》了。所以严格地说：《杨贵妃》并不是未完稿，实在只是一个腹稿。这个腹稿如果作者仍有动笔的意思，或者可以说，因到西安而被破坏的印象仍有复归完美的事实，那么《杨贵妃》在作者逝世前共十二三年的长时间内，不是没有写作的机会。可见那一次完美印象的破坏一定是相当厉害的了。[7]

---

[7] 孙伏园：《杨贵妃》，《文坛》1942年4月5日第二期。

1924年的西安早不是大唐盛世时的帝京长安，不仅地理空间如此，气候环境也有不小的变化，鲁迅应该明白这种历史的变迁。因此,"从白纸黑字中所得的材料,构成了一个完美的第一印象",肯定要比"真正自然或实际社会"的"第二印象"可靠得多,这点鲁迅肯定也非常清楚。他在1933年曾仿崔颢的《黄鹤楼》作《吊大学生》——"阔人已骑文化去,此地空余文化城。文化一去不复返,古城千载冷清清"——也能说明这一点。1934年1月11日他致山本初枝的信中也承认了这点:"五六年前我为了写关于唐朝的小说,去过长安。到那里一看,想不到连天空都不像唐朝的天空,费尽心机用纵横驰骋想描绘出的计划完全被打破了,至今一个字也未能写出。原来还是凭书本摹想的好。"

在1924年的西安,想看到"回眸一笑百媚生"的杨玉环,想看到盛唐气象,可能吗?显然不可能。

孙伏园和鲁迅依然没有放弃,他们"想找到一点新花样来提起大家的兴趣",得到"新的刺激"。这时候"鲁迅先生忽然愿意尝一下异味"——"鸦片",结果只尝出了"苦味"。孙伏园开玩笑说:"万一那一天我们居然成功,那么《杨贵妃》也许早就问世了。"

实际上,即使"那一天我们居然成功",《杨贵妃》也不可能问世。

除了孙伏园的解释外,关于《杨贵妃》"流产"的原因,"有人归咎于邀请讲学的军阀刘镇华的专横跋扈,有人抱怨从北京到西安的路途遥远舟车不便;有人称,那年头兵荒马乱,西安街头乱七八糟,难怪鲁迅印象不好;有人猜,要是牡丹花开的三四月间来西安,鲁迅的感觉就大不一样了"[8]。

1947年,许寿裳在峨眉出版社刊行了《亡友鲁迅印象记》,

---

8 陈平原:《长安的失落和重建——以鲁迅的旅行及写作为中心》。见陈平原、王德威编:《北京:都市想像(象)与文化记忆》,第213—214页。

在第十五节"杂谈著作"中，许寿裳谈到鲁迅未能完成的著述，包括《中国字体发达史》《中国文学史》以及三部长篇小说的腹稿——包括准备多年的《杨贵妃》，只是因时势紧迫，鲁迅选择了杂文这么一种"战斗文体"，"再没有工夫来写长篇了"。许寿裳的说法显然受到鲁迅自述的影响。鲁迅在《且介亭杂文》序言中说，他所处的时代，并非可以潜心于"鸿篇巨制"的时代，"现在是多么切近的时候，作者的任务，是对于有害的事物，立刻给以反响或抗争，是感应的神经，是攻守的手足"。但这跟他私下的说法是有矛盾的，除了《杨贵妃》之外，他还具体构思过两部长篇，一部是关于红军长征的小说，一部是关于中国四代知识分子的故事。

《杨贵妃》创作计划的作罢，让不少人感觉到惋惜。比如王朔就说："鲁迅没有长篇，怎么说都是个遗憾，也许不是他个人的损失，而是中华民族的损失。以他显露的才能，可以想象，若他真写长篇，会达到一个怎样的高度。"他认为"鲁迅光靠一堆杂文几个短篇是立不住的，没听说有世界文豪只写过这点东西的"。王朔之论预设了一种长篇崇拜，显然是一隅之见，站不住脚。我们知道，除了博尔赫斯，还可以列出一长串以短篇小说而著称的世界级作家，如契诃夫、莫泊桑、契弗、艾丽丝·门罗等。同时，他跟许寿裳一样，将鲁迅没有写长篇的原因归结为外在因素——"这中间有一个悖论：如果不是那样一个乱世，周围有那么多叫他生气的人和事，他再不是那么个脾气，他也就有时间写长篇了……"[9]这多少有些道理，但不是根本原因。

孙伏园、许寿裳、王朔等将《杨贵妃》的"流产"归咎于

9　王朔：《我看鲁迅》，《收获》2000年第2期。

政治氛围、社会生活以及自然环境等，固然有他们言之成理的地方，但这些认知都在外围打转，没有从创作主体——鲁迅的文学观里寻找根源。

那么，问题出在什么地方呢？

很明显，鲁迅在《杨贵妃》的写作上，可谓是典型的泰纳式的环境决定论者。我们知道，文学空间不是地点的组合，根据巴亚尔的观点，"一个文学空间所产生的真实效果并不在于它和外部地理现实的彼此对应，而在于其表达'内心家园'的能力"[10]。正因为鲁迅是环境决定论者，过度注重对唐代长安宫廷、街衢、园囿、服饰、寺庙等外部地理和风物景观的了解与认知，阻碍了其想象力的飞跃。

我们知道，《故事新编》中的历史小说，几乎都是对历史进行个人化想象的产物，且没有故事发生地的实际考察。许钦文最早注意到了这一问题，他说：

鲁迅先生早就说是写一篇《杨贵妃》的历史小说，天空怎么样，宫殿怎么样，都已有了相当的想象。他到西安去，讲学以外，就是为着把这小说的背景弄得像样点，实地考查，增加点材料。可是到了西安一看，出于意料，残破、凌乱的景象，就把他的腹稿破坏了。《杨贵妃》终于没有写下来。这是使人觉得很可惜的。鲁迅先生曾经写过《不周山》(《补天》)，后来又写了《奔月》和《理水》等，编在《故事新编》的八篇历史小说，都是凭着想象写成的，为什么《杨贵妃》不能单凭想象写呢？因为这是有着相当的实际情况可以对照，西安的现象明明摆在那里

---

10 [法] 米歇尔·柯罗：《文学地理学》，袁莉译，第108页。福州：福建教育出版社，2021年。

的。背景不明白就不写，这是鲁迅先生态度严肃的表现了！[11]

历史小说固然要考虑到时代环境和语境，但更关键的还是人物的心灵、性格、情感和命运。鲁迅1924年看到的满眼"残破、凌乱的"的西安，跟杨贵妃生活的大唐长安早已相去甚远。缺乏浪漫瑰丽想象的背景和舞台支撑，杨贵妃的故事无论如何也难以令人"身临其境"。这时候的西安只可说是西北的一个闭塞贫瘠的重镇，除了颓败的城墙和保护不当的文物古迹之外，整个城市的规模与面貌也就相当于东南沿海的一个小县城。鲁迅当然是明白这个道理的。从西安凋敝的环境中产生情感上的失望可以理解，但由此而彻底推翻历史小说创作的艺术表现手法和旨趣，从逻辑上是讲不通的。根据许钦文的观点，实际上，《杨贵妃》的写作，也只能靠想象。但许钦文给出的答案却是所答非所问，显然有为鲁迅申辩的意味。

这里许钦文忽略了一个重要的问题，即《故事新编》里的八篇历史小说都是短篇，而《杨贵妃》显然是一个短篇装不下的，鲁迅的设想，也是长篇历史小说。对于鲁迅而言，这里面有一个文体转换的挑战——从短篇到长篇。我们知道，鲁迅的小说只有短篇创作，有"看与被看""离去与归来"的固定模式，人物较少，情节也比较简单，以心理挖掘和精神分析见长。而要写长篇历史小说《杨贵妃》就完全不一样了，其结构、规模、涉及的生活面丰富和宏阔了太多。这里面肯定有唐代长安的政治风云、文化风尚、节俗风物、市井里坊，有天宝遗事、宫闱韵事，以及主人公杨贵妃的传奇人生，有她与李隆基的爱情、与安禄山的暧昧，有

---

[11] 许钦文：《鲁迅先生来西安讲学前后》，《西安晚报》1962年11月15日。

"渔阳鼙鼓动地来"的安史之乱、"宛转蛾眉马前死"的香消玉殒，以及"七月七日长生殿"的如梦如幻，等等。如此跌宕曲折、纷繁复杂的剧情和生活细节，对擅长短篇小说创作的鲁迅来说，这无疑是一个很大的挑战。换言之，相比短小精悍的篇幅（尤其是杂文）能够起到"匕首投枪"般的震慑效果而言，长篇小说的冗长叙事显然不适合鲁迅的战斗精神。

从个性气质上来说，鲁迅也不适合写作长篇。这点李长之在《鲁迅批判》中分析《阿Q正传》时，对鲁迅能否驾驭长篇小说的结构提出了怀疑——"这种不爱'群'，而爱孤独，不喜事，而喜驰骋于思索情绪的生活，就是我们所谓'内倾'的。在这里，可说发现了鲁迅第一个不能写长篇小说的根由了，并且说明了为什么他只有农村的描写成功，而写到都市就失败的原（缘）故。这是因为，写小说得客观些，得各样的社会打进去，又非取一个冷然的观照的态度不行。……鲁迅不然，用我们用过的说法，他对于人生，是太迫切，太贴近了，他没有那么从容，他一不耐，就愤然而去了，或者躲起来，这都不便利于一个人写小说……"[12]，"他缺少一种组织的能力，这是他不能写长篇小说的第二个原故，因为长篇小说得有结构，同时也是他在思想上没有建立的原故，因为大的思想得有体系。系统的论文，是为他所难能的，方便的是杂感"[13]。还有，一贯冷峻深沉，习惯批判反讽的鲁迅，面对哀感顽艳的新题材，能够完成叙事修辞上的转变吗？这也是一个疑问。从写作实践来看，鲁迅"由于不易展布广阔而翔实的背景、难以突破讽刺艺术的限度并解决相应的结构难题，也由于常用来经营短篇小说的文章笔法同

12 李长之：《鲁迅批判》，第147页。北京：北京出版社，2009年。

13 李长之：《鲁迅批判》，第167页。

样有其限度"[14],《杨贵妃》自然难以写出。

那么,我们不禁要问:凭借想象可以还原大唐盛世吗?我们不妨看看"理想"的例子。

昭和十六年(1941),日本创元社出版了石田干之助的《长安之春》,这本书是井上靖的案头书。井上靖说:"我写过几篇描写唐代的小说,《天平之甍》《杨贵妃传》还有其余几篇,总是承蒙《长安之春》给予我的很大的恩惠,对我而言,这本书是辞典,是参考书,更是我在描写长安之时决不能离开的护身符。"[15]《长安之春》第一篇诠释韦庄的《长安春》,对于唐代的想象非常到位。我们不妨看看石田干之助笔下的大唐盛世:

> 长安二月多香尘,六街车马声辚辚。
> 家家楼上如花人,千枝万枝红艳新。
> 帘间笑语自相问,何人占得长安春。
> 长安春色本无主,古来尽属红楼女。
> 如今无奈杏园人,骏马轻车拥将去。
>
> ——韦庄《长安春》

农历正月的元旦,群臣百官进京朝贺,从节气上来看长安城已经进入了春季,但直到元宵节赏灯前后,大唐之都依然春色淡薄。立春后约十五日即进入雨水节气,油菜花、杏花、李花随之开放,花信风渐暖。至惊蛰时,一候桃花、二候棣棠、三候蔷薇。至春分时,一候海棠,三候木兰,可谓百花缭乱、竞相开放。那时帝城春色微醺,就连东西两街一百一十坊也笼罩在一片馥郁的花香之中,渭河之水晕染霞光,终南山麓日光

---

14 刘彬:《也谈"鲁迅为何没多写小说"》,《中国现代文学研究丛刊》2020年第10期。

15 [日]井上靖:《我的案头书》。见[日]石田干之助:《长安之春》,张鹏译,第118页。西安:三秦出版社,2021年。

炎炎。在迷蒙的春雨中过了清明节，紫色的梧桐花气味清香，郊外的田垄上挺起青翠的麦苗，柳絮缤纷如片片雪花落在皇宫沟渠的水面上。时至谷雨节气则春色终老，日照映辉日益灿烂，天空亦蔚蓝清澈。和风暖暖地吹过柳枝，滔滔柳丝则低低垂向浐河、灞河两座桥畔。怒放的牡丹花如王者般占尽满城春色，惹得城中的男男女女纷纷从家中出来，终日只为追随牡丹花的踪迹。当楝花沉淀后的甜腻熏香飘荡在黄昏时分时，赫然发现周围的树木已经吐露出新芽，九街十二衢都淹没在这种令人动容的鲜艳的嫩绿之中。行道两旁的槐树和榆树高大挺拔，遮住了上方的天空，树枝遮蔽下的阴凉也日渐浓厚，凉爽的行道上不时走过稍显疲劳之色的都市行人——崭挺的薄衫上印有些许汗渍的男男女女似乎想在这附近小憩片刻，三五成群的身姿隐约可见，这便是帝都的初夏。对于长安春天的消逝，诗人心生感叹，借此吟诵出这首惜春之作。

站在京城东城墙的中门春明门处环顾四周，能远远看到西北方三省六部屋瓦连绵的皇城。其北边最早的宫城（皇宫）露出殿阁的顶角，而在它的东北方，后来的天子之居——东内诸宫的屋顶宛若一座龙宫一般浮起。盛世大唐玄宗新政时常居的兴庆宫，一角辉映着红墙黄瓦，勤政殿和花萼相辉楼上的雕梁画栋犹现眼前。西南方紧邻朱雀大街的荐福寺中的小雁塔，在一片民宅中露出高高的塔尖，往南则眺望到慈恩寺中的大雁塔，笼罩在一片紫气金霞中。这一带是连接上都长安与东都洛阳、北都太原等之间"孔道"的都城入口，车水马龙十分繁华。既有赶赴地方任职的官吏，也有牵着骆驼的商队，还有胳膊上架着海东槿域特产的老鹰、骑着披银鞍的白马，终日在城东的郊野以狩猎为乐的富家公子。随着唐朝宫廷迎宾的华丽队列，连骅骝也迈着步子缓缓向西，这应该是奉大和岛天皇的钦命远渡重洋前来的藤原清河一行吧。外国使臣入朝和东方朝拜者都要从这里进入皇都，从日本、新罗、渤海等遥远诸国前来修学求法者，背负行囊不远万里来到此地，也都要穿过此门。日本国的空海、圆仁、圆珍、宗叡都是从这里进入都城的。卷发高鼻、金发碧眼的胡人往来于此也并不少见，在大唐坊间听闻有人在春明门遇见西域胡人，这已不是什么稀奇的事情。繁华区和东市也距离这里很近，虽然不及西市，但流寓这里的外国人也不在少数。[16]

在《杨贵妃》的构思上，鲁迅明显过于纠结"实证"，恪守现实主义的真实原则，而没有像《故事新编》那样，让自己的想象力飞驰起来。这既缘于他对文体跨越——从短篇到长篇——的焦虑，一定程度上也受制于他的唐代知识储备。许寿裳说鲁迅"对于唐明皇和杨贵妃的性格，对于盛唐的时代背景、地理、人体、宫室、服饰、饮食、乐器以及其他用具……统统考证研究得很详细，所以能够原原本本地指出坊间出版的《长恨歌画意》的内容的错误"。实际上许寿裳可能"高估"了鲁迅治唐史的史料功夫。鲁迅对唐代的了解，既有时代的限制，也有个人趣味上的偏向，"因时代思潮及学术训练，鲁迅的收藏，其实还是偏于传统的金石学。也正是这一点，明显限制了其对唐代长安的体味与想象"。对于大唐盛世的想象与复原，"需要历史、考古、建筑、美术等诸多学科的支持。从收藏以及阅读不难看出，鲁迅有史学的眼光、美术的趣味以及金石的学养，但对日渐崛起的考古学、建筑史以及壁画研究等，相对陌生"。一方面，"鲁迅的主要兴趣不在'古都'"，另一方面，"那时的

---

16 [日]石田幹之助：《长安之春》，第1—3页。

中国学界，并没给鲁迅提供有关唐代长安的丰富学识——尤其是在历史地理以及考古、建筑、壁画等方面"，因此，他"在没有足够学术支持的情况下，不愿率尔操觚"。[17] 相信鲁迅是在经过深思熟虑后笃定地放弃了《杨贵妃》的写作。

1926 年，籍贯陕西蒲城的创造社成员、诗人王独清在《创造月刊》第一卷第四期上开始连载六场话剧《杨贵妃之死》。王氏"剧本的立意只有一点就是想提高女性"，将杨贵妃塑造成个性解放、主体意识觉醒的"模范"[18]——"这儿底杨贵妃完全不是历史上的杨贵妃了，我在这儿把杨贵妃变成了一个甘为民族甘为自由牺牲的人物。这儿底杨贵妃坦然地把生命献给了民众，不但没有自私的行为，并且还是一个为自由为人格奋斗的表率。像我这个杨贵妃才是我所希望的女性，才是我们都应该崇拜的女性呢！"[19] 在第六场中，大将军陈玄礼甚至率领众将士向"为民众这样牺牲"的杨贵妃——"具有不朽的灵魂的神圣的尸体"下跪，简直离奇得匪夷所思了。

1929 年，欧阳予倩在《戏剧》第一卷第一期上发表了剧本《杨贵妃》，也是为杨贵妃翻案。他将杨贵妃塑造成慷慨激昂的反对被封建皇帝自私虚伪的爱情所禁锢的"女英雄"，后来搬上舞台，演出效果不好，不为观众接受。

鲁迅跟王独清、欧阳予倩一样，《杨贵妃》的构思初衷同样是要体现五四时代高扬的女性解放思想。遗憾的是最终没有写出，留给我们无尽的猜想。但这种不圆满，也颇能体现出鲁迅的睿智和清醒。

1932 年鲁迅在整理完自己的译著书目后，在书中不无自

---

[17] 陈平原：《长安的失落和重建——以鲁迅的旅行及写作为中心》。见陈平原、王德威编：《北京：都市想像(象)与文化记忆》，第252—258页。

[18] 王独清：《作者附言》。见《杨贵妃之死》，第69—70页。上海：乐华图书公司，1930年。

[19] 王独清：《作者附言》。见《杨贵妃之死》，第73页。

嘲地说："最致命的，是：创作既因为我缺少伟大的才能，至今没有做过一部长篇。"可见他对自己没有完成《杨贵妃》及其他两部长篇，一直是心存耿耿的。

挥手自兹去：
鲁迅的返京旅程

第三十四章

1924年8月4日，鲁迅从西安启程回京。他自7月7日从北京启程，14日到西安，原计划讲学一月，实际在西安住了二十一天，提前九天返回。

这其中的原因，除了讲学任务已经完成外，也跟目睹军阀统治下西安的落魄景象让他失望有关。按照原计划，他是要去一趟马嵬驿的，但既没有了写《杨贵妃》的冲动，也担心再次扫兴，就取消了行程。他很赞赏汉唐石刻，原来可能也有去昭陵的想法，但在陕西省教育厅院内看过昭陵四骏之后，也就没有去昭陵的必要了。

鲁迅回京并没有走来时的路线，而是与孙伏园、夏元瑮三人选择了水路，从渭河草滩乘船到潼关。以下跟随鲁迅日记逐一说明返程经过。

四日 晴。晨乘骡车出东门上船，由渭水东行，遇逆风，进约廿里即泊。

西安城北的草滩镇距离西安市中心十五公里，当时是渭河流经西安的巨埠，为关中水运交通枢纽。

渭河横穿关中盆地，从咸阳和西安近旁流过。渭水—黄河—汾水航路和渭水—黄河—运河航线，在秦、汉、隋、唐时期，对于都城的发展起过至关重要的作用。五代以后，长安失去国都地位，渭河漕运衰落。北宋前期，全国以汴梁为中心的漕运分四路，其中渭河水运顺渭河、黄河而下，陕西诸州租赋多经渭河航道运往汴京。西安境内秦岭山间薪炭亦经渭河入黄河，运往汴京。元明清仍延续利用渭河航运之功，运送粮食、木材、薪炭、食盐及土产品等。

1934年底陇海铁路通车西安以前，由于西潼公路路况差、汽车少，关中东、西部的物资转运以及客运，主要依靠渭河航运。1962年三门峡水库蓄水后，泥沙迅速淤积渭河河道，航运被迫中断。[1]西安到潼关陆路不过一百四十公里左右，鲁迅一行乘船却走了四天半。据孙伏园后来回忆："我们回来的时候，黄河以外，又经过渭河。渭河横贯陕西全省，东至潼关，是其下流，发源一直在长安咸阳以上。长安方面，离城三十里，有地曰草滩者，即渭水充经长安之巨埠。从草滩起，东行二百五十里，抵潼关，全属渭河水道。渭河虽在下游，水流也不甚急，故二百五十里竟走了四天有半。"[2]

五日　晴。小逆风，晚泊渭南。

秦时，渭河以南属于骊邑治下。汉高帝十年（前197），骊邑更名为"新丰"。唐代隶属华州。唐王维《少年行》"新丰美

---

[1] 史红帅、吴宏岐：《古都西安·西北重镇西安》，第243—245页。

[2] 伏园：《长安道上（一）》，《晨报副镌》1924年8月16日。

酒斗十千"之句即写这里。经过华山时,孙伏园回忆道:"山最有名者为华山。我去时从潼关到长安走旱道经过华山之下,回来又在渭河船上望了华山一路。华山最感人的地方,在于它的一个'瘦'字;它的瘦真是没有法子形容,勉强谈谈,好像是绸缎铺子里的玻璃柜里,瘦骨零丁的铁架子上,披着一匹光亮的绸缎。它如果是人,一定是耿介自守的,但也许是鸦片瘾大的。这或者就是华山之下的居民的象征罢。古迹虽然游的也不甚少,但大都引不起好感,反把从前的幻想打破了;鲁迅先生说,看这种古迹,好像看梅兰芳扮林黛玉,姜妙香扮贾宝玉,所以本来还打算到马嵬坡去,为避免看后的失望起见,终于没有去。"[3]

王桐龄为地理学家,他对华山的观感则没有孙伏园和鲁迅那样情绪化,相对客观、专业了很多。在8月17日返京途中,他与李干臣、陈钟凡、李济之、蒋廷黻、段绍岩登游了华山,并将华山与终南山、泰山与北京西山做了详细比较。在他看来,华山与终南山"相似者九,不同者九","华山自山腹以下,树木缺乏,北峰以上,始渐繁衍。终南山随处皆有树木,二天门以上,即逐渐繁衍"。[4] 可能就是"华山自山腹以下,树木缺乏"的视觉角度让孙伏园和鲁迅产生了"瘦"的感觉,从而兴味索然。

六日 晴。逆风,夜泊华州。

华州即华县。东南有道教名山少华山,以其险绝高峻与华山并称"二华"。历史名人有唐代的郭子仪和北宋的寇准。《水

---

[3] 伏园:《长安道上(二)》,《晨报副镌》1924年8月17日。

[4] 王桐龄等:《西北望:陕西新疆旅行记》,第50—51页。

浒传》中九纹龙史进的故事就发生在少华山。当时在西北大学任教的古生物学家杨钟健即是华县人。

七日　晴。逆风，向晚更烈，遂泊，离三河口尚十余里。

"三河口"亦称"三合口"，在华阴县北，为黄河、渭河、洛河三河交汇之处。民国时期与咸阳、草滩为渭河三大码头。1936年的《西京快览》云渭河"咸阳以下，流量渐增，流势亦缓，可通一万斤至八万斤之民船，以咸阳、草滩、三合口为起卸场所"[5]。

八日　昙。午抵潼关，买酱莴苣十斤，泉一元。午后复进，夜泊阌乡。

潼关位于陕西省渭南市潼关县北，北临黄河，南踞山腰，是关中的东大门，自古有"三秦锁钥"之称，也为历代文人所咏叹。鲁迅在这里购买了潼关驰名国内的特产酱菜，回京馈赠友好至交：8月15日赠许寿裳"酱莴苣二包"，19日赠宋紫佩"酱莴苣一包"。许钦文回忆说："鲁迅先生从西安回到北京以后，我先碰到和他同去讲学的孙伏园先生。当时我住在南半截胡同绍兴县馆里，孙伏园先生就在隔壁丞相胡同晨报馆里，容易碰见。孙伏园先生把一包酱莴苣笋交给我说：'这是潼关有名的土产，大先生叫我送给你，并且要我说明，由我就近给了你，他不再送了。'过了几天我到阜内西三条去看鲁迅先生，

---

[5] 鲁涵之、张韶仙编《西京快览》，西安：西京快览社，1936年。

是星期日,'老虎尾巴'里照例很热闹。鲁迅先生正在把酱莴苣笋分送给去看他的人,见了我就说:'你那里,我已叫伏园送,我不送了。'酱莴苣笋是咸的,我吃着觉得很甜蜜。"[6]

九日 晴。逆风。午抵函谷关略泊,与伏园登眺,归途在水滩拾石子二枚作记(纪)念。下午抵陕州,寓耀武大旅馆,颇有蜜虫,彻夜不睡。

函谷关是中国历史上建置最早的雄关要塞。宋胡宿《函谷关》诗曰:"天开函谷壮关中,万古惊尘向此空。"该关西据高原,东临绝涧,南接秦岭,北塞黄河,关在谷中,深险如函,故名函谷关。

历史上的函谷关有三座,分别为:秦函谷关,战国时秦国所建,位于今河南省灵宝市北的函谷关镇王垛村;汉函谷关,汉武帝时楼船将军杨仆出资兴建,位于今洛阳市新安县以东;魏函谷关(建设三门峡拦洪大坝时已被淹没),曹魏时弘农太守孟康为方便运粮而在黄河河滩处所建,位于秦函谷关北灵宝市境内,也被称为"大崤关""金陡关"。鲁迅、孙伏园"登眺"之处为秦函谷关,即位于灵宝市函谷关镇的函谷关。鲁迅一行于7月12日赴西安时途经函谷关,欲"下船往看函谷关",因城西关东"雨后山水暴发,车马不能通行",只得"阻水而返"。[7]

鲁迅作于1935年的《出关》,说老子"没有牙齿,发音不清,打着陕西腔,夹上湖南音,'哩''呢'不分,又爱说什么'咧':大家还是听不懂",分明是此次西安之行受到陕西方言的影响。

---

[6] 许钦文:《鲁迅先生来西安讲学前后》,《西安晚报》1962年11月15日。

[7] 王桐龄等:《西北望:陕西新疆旅行记》,第8页。

鲁迅在水滩捡拾的两块石头，现陈列在北京鲁迅博物馆鲁迅故居。叶淑穗在《鲁迅故居南屋的八个书箱和两块石头》一文中说："在鲁迅故居南屋的东头，有一个三角形摆物架，上面原来第一层摆放一块汉代的'君子'砖，第二层摆放一尊'翟煞鬼墓记石'。而今在这三角形的摆物架上，只摆放了装在一个小花盆里的几块石头。没有说明，使人不解，其实这里边还是有一段故事的。据许羡苏先生告诉我，那是鲁迅去西安讲学归来时在河滩上拣的石头。"正如叶淑穗所言："这几块并不引人注意的石头，不只承载着鲁迅西安之行的回忆与纪念，更是他以后创作灵感的所在吧！"[8]

值得一提的是，在乘船经过山西的时候，鲁迅、孙伏园、夏元瑮上岸游览，现摘现尝花红，于三人都是第一次。孙伏园回忆说："后来我们回京虽不走山西，但舟经山西，特别登岸参观。（舟行山西河南之间，一望便显出优劣，山西一面果木森森，河南一面牛山濯濯。）上去的是永乐县附近个一个村子，住户只有几家，遍地都种花红树，主人大请我们吃花红，在树上随摘随吃，立着随吃随谈，知道本村十几户共有人口约百人，有小学校一所，村中无失学儿童，亦无游手好闲之辈。临了我们以四十铜子，买得花红一大筐，在船上又大吃。夏浮筠先生说，便宜而至于白吃，新鲜而至于现摘，是生平第一次，我与鲁迅先生也都说是生平第一次。"[9]

十日　星期。晴。晨寄刘雪亚信。寄李济之信。乘陇海铁路车启行，午后抵洛阳，寓洛阳大旅馆。下午与伏园略游城市，

---

[8] 叶淑穗：《鲁迅文物经手录》，第71页。北京：生活·读书·新知三联书店，2024年。

[9] 伏园：《长安道上（三）》，《晨报副镌》1924年8月18日。

买汴绸一匹，泉十八元；土寓人二枚，八角。晚在景阳饭庄饭。雨一陈即霁。

从陕州开始，鲁迅一行改乘陇海路火车。

洛阳为七大古都之一，因地处洛水之阳而得名。先后有十一个王朝在此建都或陪都近九百年，名胜古迹多，出土文物丰富。因而鲁迅游兴甚浓，决定下火车逗留一天。孙伏园回忆："陇海路经过洛阳，我们特为下来住了一天。早就知道，洛阳的旅店以'洛阳大旅馆'为最好，但一进去就失望，洛阳大旅馆并不是我想象中的洛阳大旅馆。放下行李以后，出到街上去玩，民政上看不出若何成绩，只觉得跑来跑去的都是妓女。古董铺也有几家，但货物不及长安的多，假古董也所在多有。我们在外面吃完晚饭以后匆匆回馆。馆中的一夜更难受了。先是东拉胡琴，西唱大鼓，同院中一起有三四组，闹的个天翻地覆。十一时余'西藏王爷'将要来馆的消息传到了。这大概是班禅喇嘛的先驱，洛阳人叫作'到吴大帅里来进贡的西藏王爷'的。从此人来人往，闹到十二点多钟，'西藏王爷'才穿了枣红宁绸红里子的夹袍翻然苍止。带来的翻译，似乎汉语也不甚高明，所以主客两面，并没有多少话。过了一会，我到窗外去偷望，见红里红外的袍子已经脱下，'西藏王爷'却御了土布白小褂裤，在床上懒懒地躺着，脚上穿的并不是怎么样的佛鞋，却是与郁达夫君等所穿的时下流行的深梁鞋子一模一样。大概是夹袍子裹得太热了，外传有小病，我可证明是的确的。后来出去小便，还是由两个人扶了走的。妓女的局面静下去，王爷的局面闹了；王爷的局面刚静下，妓女的局面又闹了。这样一直到天明，简直没有睡好觉。次早匆匆地离开洛阳了，洛阳给我的印象，最深刻的只有'王爷'与妓女。"[10]

从鲁迅只购得"土寓人二枚"及孙伏园的描述大略可以窥见，鲁迅对洛阳的印象，也好不到什么地方去。

十一日 晴。晨乘火车发洛阳。上午抵郑州，寓大金台旅馆。午后同伏园往机关枪营访刘冀述君。阅古物店四五家，所列大抵赝品。晚发郑州。

刘冀述，名培绪，又名吉树，号冀述。河北沙河人。毕业于保定陆军军官学校第六期步科，曾在北洋陆军第八混成旅和第十四师任中将师长。1924年入国民军第二军任团长。[11] 郑州为陇海路和平汉路的交会处，鲁迅在郑州换乘平汉路火车返京。

到郑州后有半日闲暇，鲁迅逛古文物店，均印象不佳，亦无所收获。

十二日 晴。黎明车至内丘，其被水之轨尚未修复，遂步行二里许，至冯村复登车发。夜半抵北京前门，税关见所携小古物数事，视为奇货，甚刁难，良久始已，乃雇自动车回家。理积存信件，中有胡适之信，七月十三日发；三弟信，八月一日发；商务印书馆所寄稿费十六元；女子师范学校所寄去年十一月分（份）薪水十三元五角。又聘书一纸。余不具记。

内丘即今天内丘县，位于河北省的西南部、邢台市中西部，距离北京近四百公里。单演义云："内丘之东，古为大泽国，

---

10 伏园：《长安道上（三）》，《晨报副镌》1924年8月18日。

11 刘国铭主编：《中国国民党百年人物全书》（上），第524页。北京：团结出版社，2005年。

345

今多埋为洼地。每逢秋雨盛时，则波光浮天，路轨被冲。"[12]

税关之所以刁难"良久"，跟鲁迅携带的稀奇珍贵的古物有很大关系，当然也不排除鲁迅被当作古董商人。税关人员利用职务之便惯于截留，觉得可以多收缴税款，或借机揩油谋私。折腾了一番无果，所幸鲁迅最终毫无损失地被放了行。

相较赴西安时而言，鲁迅返京的旅程顺畅了许多。如果说长安行有什么满意的收获，那就是多多少少满足了鲁迅早年间萌生的"怀旧之蓄念，思古之幽情"，以及阅市淘得被税关所刁难的这些"小古物"了。

---

[12] 单演义：《鲁迅在西安》，第89页。西安：西北大学出版社，2009年。

鲁迅长安行与后来的创作

第三十五章

鲁迅由长安之行引出了四篇创作：两篇杂文，一篇是《说胡须》，一篇是《看镜有感》；一篇散文诗《立论》；一篇历史小说《出关》。均以鲁迅的记忆和印象为原点生发开去，点染铺排，再现了长安行的一些印迹和细节。

于当年写下的《说胡须》的开头即点明两个多月前的那段旅程——

今年夏天游了一回长安，一个多月之后，胡里胡涂的回来了。知道的朋友便问我："你以为那边怎么样？"我这才栗然地回想长安，记得看见很多的白杨，很大的石榴树，道中喝了不少的黄河水。然而这些又有什么可谈呢？我于是说："没有什么怎样。"他于是废然而去了，我仍旧废然而往，自愧无以对"不耻下问"的朋友们。

这种描述带有鲁迅式杂文修辞情绪化的特征和结构篇章的需要，

未必没有夸张和幽默的成分。其行文目的，是在这种平淡模糊的"没有什么怎样"的印象中，突出长安孔庙所见李二曲像以及历代帝王像"胡子向上翘起"的特征。但"一位名士"却"毅然决然"地说："这都是日本人假造的，你看这胡子就是日本式的胡子。"那么，到底谁对呢？鲁迅进一步举例指出王小隐等"国粹家"的浅陋：

……清乾隆中，黄易掘出汉武梁祠石刻画像来，男子的胡须多翘上；我们现在所见北魏至唐的佛教造像中的信士像，凡有胡子的也多翘上，直到元、明的画像，则胡子大抵受了地心的吸力作用，向下面拖下去了。日本人何其不惮烦，孳孳汲汲地造了这许多从汉到唐的假古董，来埋在中国的齐鲁燕晋秦陇巴蜀的深山邃谷废墟荒地里？

我以为拖下的胡子倒是蒙古式，是蒙古人带来的，然而我们的聪明的名士却当作国粹了。留学日本的学生因为恨日本，便神往于大元，说道"那时倘非天幸，这岛国早被我们灭掉了！"则认拖下的胡子为国粹亦无不可。然而又何以是黄帝的子孙？又何以说台湾人在福建打中国人是奴隶根性？

胡子是男士生活中的小事，"国粹家"却将其提升至关系国家兴亡的大事。结果他们认为国粹的"拖下的胡子"，却是元兵带来的蒙古式；他们攻击的上翘的"日本式的胡子"，中国却古已有之。"国粹家"的无知、浅薄和自以为是的画皮，被鲁迅无情地撕扯了下来。可悲的是，在事实面前，"国粹家"视而不见，鲁迅的解释和申辩他们也置若罔闻。在有理讲不通的环境中，鲁迅也无可奈何地悟出了一个对策：

凡对于以真话为笑话的，以笑话为真话的，以笑话为笑话的，只有一个方法：就是不说话。

《说胡须》之后过了大半年，距离长安行也过了一年，鲁迅依然意犹未尽，在《立论》中讽刺了王小隐的"哈哈论"。1925年7月13日，鲁迅在《语丝》周刊上发表了《立论》一文：

我梦见自己正在小学校的讲堂上预备作文，向老师请教立论的方法。
"难！"老师从眼镜圈外斜射出眼光来，看着我，说，"我告诉你一件事——一家人家生了一个男孩，合家高兴透顶了。满月的时候，抱出来给客人看——大概自然是想得一点好兆头。一个说：'这孩子将来要发财的。'他于是得到一番感谢。一个说：'这孩子将来要做官的。'他于是收回几句恭维。一个说：'这孩子将来要死的。'他于是得到一顿大家合力的痛打。说要死的必然，说富贵的说谎。但说谎的得好报，说必然的遭打。你……"
"我愿意既不骗人，也不遭打。那么，老师，我得怎么说呢？"
"那么，你得说：'啊呀！这孩子呵！你瞧！那么……。阿唷，哈哈！Hehe！he,hehehehe！'。"

这是鲁迅用漫画式的手法刻画的有名的"哈哈论"。据荆有麟讲，"哈哈论"的形成，得益于鲁迅长安行的"收获"——

这是鲁迅先生发明的有名的哈哈论。但这哈哈论的形成，据鲁迅先生讲，是这样的：

民国十三年，即一九二四年暑假，陕西督军刘振（镇）华氏，代表西北大学向北京各大学校教授及各报记者，请求前往西北大学讲演。当时鲁迅先生便是被聘请中的一位。鲁迅先生因从来没有去过西北，很想借此机会，去看一看。当时同去的，京报社代表是该报记者王小隐（孙伏园那时是代表晨报社去的）。据鲁迅先生回来时形容，王小隐那次是穿的双梁鞋——即鞋面前头有两条鼻梁。当时北京官场中人及遗老多穿此种鞋——一见人面，总是先拱手，然后便是哈哈哈。无论你讲的是好或坏，美或丑，是或非，王君是绝不表示赞成或否定的。总是哈哈大笑混过去。鲁迅先生当时说：

"我想不到，世界上竟有以哈哈论过生活的人。他的哈哈是赞成，又是否定。似不赞成，也似不否定。让同他讲话的人，如在无人之境。"

于是才写了那篇《立论》。[1]

据鲁迅西安讲学时负责接待的张辛南回忆，鲁迅"从陕州乘民船到潼关这一段"，讲过"他初到北京造谒江叔海先生时，寒暄数语后，江先生即谈起那天的天气，就哈哈大笑了几声"的事情。因此，鲁迅的"哈哈论"，至少杂取了江叔海（江瀚）和王小隐两人的特点，并从他们身上总结出是非不清、模棱两可的"哈哈论"，并将之具体化和形象化，发人深思。在1934年所写的《看书琐记（二）》中，鲁迅慨叹："不过我们中国人是聪明的，有些人早已发明了一种万应灵药，就是'今天天气……哈哈哈！'……'今天天气……哈哈哈！'虽然有些

---

[1] 荆有麟：《哈哈论的形成》。见荆有麟：《鲁迅回忆》，第94页。

普遍，但能否永久，却很可疑，而且也不大像文学。"在同年所写的《忆刘半农君》中，他感慨："假如见面，而我还以老朋友自居，不给一个'今天天气……哈哈哈'完事，那就也许会弄到冲突的罢。"由此可见鲁迅对"哈哈论"人生哲学的厌恶和不屑。王小隐后来的"落水"和自缢而亡，也是这种"哈哈论"人生哲学的必然结果。鲁迅可谓真会"识人"矣！

《看镜有感》写于1925年2月9日，3月2日发表在《语丝》上。鲁迅从自己民国初年初到北京时收藏的几面铜镜说起，以小见大，举重若轻地论述了汉、唐、宋、清等各个朝代对待外来文化的不同态度，得出这样的结论——

遥想汉人多么闳放，新来的动植物，即毫不拘忌，来充装饰的花纹。唐人也还不算弱，例如汉人的墓前石兽，多是羊，虎，天禄，辟邪。而长安的昭陵上，却刻着带箭的骏马，还有一匹鸵鸟，则办法简直前无古人。

汉唐之所以有这样的艺术气象，是因为——

汉唐虽然也有边患，但魄力究竟雄大，人民具有不至于为异族奴隶的自信心，或者竟毫未想到，凡取用外来事物的时候，就如将彼俘来一样，自由驱使，绝不介怀。一到衰敝陵夷之际，神经可就衰弱过敏了，每遇外国东西，便觉得仿佛彼来俘我一样，推拒，惶恐，退缩，逃避，抖成一团，又必想一篇道理来掩饰，而国粹遂成为屠王和屠奴的宝贝。

自从在西安亲眼见到昭陵四骏后，鲁迅在惊叹于汉唐气魄的同时，想必也深刻思考了如何正确对待外来文化、如何批判地继承优秀传统文化这一"开放性"问题。他在《看镜有感》里的分析"很富启发性，它教人如何进行心理分析，从表面虚伪的迹象中，剖出真实的心理状态来。原来那种拒斥外来事物，宣扬国粹主义的行径，表面上看来，似乎是对民族传统强有力的捍卫，其实却正是缺乏民族自信力的孱弱心理的表现"[2]。那么，应该如何去做呢？鲁迅给出了答案——必须"放开度量，大胆地，无畏地，将新文化尽量地吸收"。

《出关》作于1935年12月，发表在1936年1月20日出版的《海燕》上。尽管距离长安行已经十年有余，鲁迅还是将他在西安所见写进了这篇不无揶揄的历史小说中。

鲁迅赴西安时，7月12日抵达函谷关。陈钟凡记，见"关楼耸立两山之阙，旁树二碣，文字不可辨，闻署'商直臣关龙逄墓'及'古函谷'令尹喜望气候老子处也"。同行诸人想下船一游，结果"昨夜新雨，门水暴涨，不能徒涉入关"[3]。王桐龄记，"城西关东有河名涧水，雨后山水暴发，车马不能通行，余等下船往看函谷关，阻水而返"[4]。8月9日，鲁迅与孙伏园、夏元瑮返京经过函谷关，终于如愿以偿得以游览。

函谷关"关城在谷中，深险如函"（《读史方舆纪要》引《括地志》），因而得名。王桐龄记述了函谷关的险要——"关在灵宝县西数里，关以东有小平原，南负崤山，北带黄河，灵宝县城在焉。关以西为甬道，两旁皆峭壁，中间只容一车通行，若东来西往二车相遇时，则彼此皆不能通过，故入谷以后，车夫恒高声遥相招呼，令对面之车，择路较宽处——用人力凿成，

---

2 吴中杰编著：《吴中杰评点鲁迅杂文》（上），第142页。上海：复旦大学出版社，2000年。

3 陈斠玄（钟凡）：《陕西纪游》，《西北大学周刊》1924年10月21日。

4 王桐龄等：《西北望：陕西新疆旅行记》，第8页。

在大路旁宽约一车者——暂行停止躲避,俟此车既过再行。"[5]

函谷关是进入陕西的门户,历来为兵家必争之要地,也诞生了不少传说典故。其中老子出关、鸡鸣狗盗是最著名的两个。

《史记》载,老子隐居不仕,骑青牛西出函谷关后"莫知其所终"。在道教中,老子骑青牛过函谷关成仙。刘向《列仙传》记老子出关:"后周德衰,乃乘青牛车去,入大秦。过西关,关令尹喜待而迎之,知真人也。乃强使著书,作《道德经》上下二卷。"

"鸡鸣狗盗"是关于"战国四公子"之一孟尝君的故事。《史记·孟尝君列传》记载,齐国的孟尝君被秦国扣留,他的一个门客夜里钻狗洞潜入秦宫,偷出本已献给秦王的狐白裘,另献给秦王的爱姬,孟尝君才得以释放。孟尝君深夜逃到函谷关,城门紧闭,他的另一个门客学公鸡叫,骗开城门,才得脱险逃回齐国。

1907年9月14日,日本汉学家桑原骘藏和宇野哲人经过函谷关时,还可以见到关门左右有清嘉庆六年(1801)的对联"未许田文轻策马,愿逢老子再骑牛",路右石碑上有乾隆五十二年(1787)所题的"函谷关"。[6] 1925年6月3日,日本汉学家加地哲定也经过函谷关,上述历史遗迹还未漫漶,他记录道:

……出了灵宝走了二里路,渡过弘农河,西边耸立着一座高山,那就是函谷关。新建的二层城门楼,还有一座古函关。楼上供奉着老子驾青牛的塑像。上有一副对联:"未许田文轻策马,愿逢老子再骑牛。"上联里的田文就是孟尝君,因鸡鸣狗盗

---

[5] 王桐龄等:《西北望:陕西新疆旅行记》,第8页。

[6] 参见[日]桑原骘藏《考史游记》第27页、宇野哲人《中国文明记》第116页。

的传说而得名。下联写的是老子遇到令尹喜,为世人留下了"五千言美文"的故事。山势向南盘桓,北面被黄河阻断。中间只有这一条路,连猿猴都无法通行。真是天然的要冲、天下的绝塞啊。进入关门,行走在峡道中,两岸峻峰林立,道路如羊肠一样盘旋曲折,山表是清一色的黄土层。天一旦下雨,积水就会淹没车轴,就算不下雨,那如山涧小溪一样曲折难行的小路,也不是那么轻而易举可以过去的。可真是"一夫当关,万夫莫开"呀!这里绝不是箱根那样的地方能与之相提并论的。[7]

鲁迅经过函谷关时虽然没有留下详细的文字记录,但老子骑青牛遇到关令尹喜的故事,无疑给鲁迅留下了深刻的印象。因缘际会,十一年后,在《出关》中,他的记忆被激活了。

《出关》以孔子拜老子为师,两人相争,老子失败出关为线索,通过老子的艺术形象,独具匠心地批评了老子哲学,认为"这种'大而无当'的思想家,是不中用的"(鲁迅1936年2月21日致徐懋庸)。在小说中,鲁迅有机地融入了当年西安讲学的一些亲身经历,强化了小说的艺术效果。

《出关》中的函谷关,"城墙倒不高",老子被"扛在牛背上"到了关上大厅——"临窗一望,只见外面全是黄土的平原,愈远愈低;天色苍苍,真是好空气。这雄关就高踞峻坂之上,门外左右全是土坡,中间一条车道,好像在峭壁之间。实在是只要一丸泥就可以封住的"。这完全"可看作鲁迅当年登临函谷关的记忆重现。至于作品中写到的老子被迫'讲学'的情状,更可以说是鲁迅西安讲学记忆的一种不无夸张的艺术化表现"。[8]

---

7 [日]加地哲定:《秦陇纪行》,翁建文译,[日]加地有定校,第24—25页。

8 姜彩燕:《鲁迅西安讲学与当地报纸相关报道新考》,《现代中文学刊》2021年第4期。

写到老子开讲也是一样：

  大家喝过开水，再吃饽饽。让老子休息一会之后，关尹喜就提议要他讲学了。老子早知道这是免不掉的，就满口答应。于是轰轰了一阵，屋里逐渐坐满了听讲的人们。同来的八人之外，还有四个巡警，两个签子手，五个探子，一个书记，账房和厨房。有几个还带着笔，刀，木札，预备抄讲义。

  老子像一段呆木头似的坐在中央，沉默了一会，这才咳嗽几声，白胡子里面的嘴唇在动起来了。大家即刻屏住呼吸，侧着耳朵听。只听得他慢慢的说道：

  "道可道，非常道；名可名，非常名。无名，天地之始；有名，万物之母。……"

  大家彼此面面相觑，没有抄。

  "故常无欲以观其妙，"老子接着说，"常有欲以观其窍。此两者，同出而异名。同，谓之玄，玄之又玄，众妙之门……"

  大家显出苦脸来了，有些人还似乎手足失措。一个签子手打了一个大呵欠，书记先生竟打起磕（瞌）睡来，哗啷一声，刀，笔，木札，都从手里落在席子上面了。

  老子仿佛并没有觉得，但仿佛又有些觉得似的，因为他从此讲得详细了一点。然而他没有牙齿，发音不清，打着陕西腔，夹上湖南音，"哩""呢"不分，又爱说什么"唵"：大家还是听不懂。可是时间加长了，来听他讲学的人，倒格外的受苦。

  为面子起见，人们只好熬着，但后来总不免七倒八歪斜，各人想着自己的事，待到讲到"圣人之道，为而不争"，住了口了，还是谁也不动弹。

老子等了一会，就加上一句道：

"呃，完了！"

大家这才如大梦初醒，虽然因为坐得太久，两腿都麻木了，一时站不起身，但心里又惊又喜，恰如遇到大赦的一样。

于是老子也被送到厢房里，请他去休息。他喝过几口白开水，就毫无动静的坐着，好像一段呆木头。

人们却还在外面纷纷议论。过不多久，就有四个代表进来见老子，大意是说他的话讲的太快了，加上国语不大纯粹，所以谁也不能笔记。没有记录，可惜非常，所以要请他补发些讲义。

"喝过开水，再吃饽饽""没有牙齿，发音不清，打着陕西腔"，这些鲜明的西安印迹，让我们不禁联系到鲁迅西安讲学的体验——"听讲员的乌七杂八，是鲁迅西安讲学时的一个直观印象。因为陕西省创办的暑期学校虽然是西北大学和教育厅合办，但听讲员并非都是大学生，而是各地派来的小学教员或职员，还有督署的职员，讲武堂的军官士兵等等，面对文化程度参差不齐的听众，演讲效果可想而知。"老子与听讲者之间语言沟通方面的障碍，鲁迅与其他讲师当年在西安讲学时也曾遭遇，"而'哩''呢'不分，更是鲁迅自己的亲身经历。据当时接待鲁迅等人讲学的省长公署秘书张辛南回忆，鲁迅曾提出要买'鲁吉'，他最初还以为是'卤鸡'，后来才知道是一种古玩，但古玩店也不知道'鲁吉'为何物，后经请教孙伏园才知道鲁迅说的是'弩机'，可见鲁迅说话的确是'哩''呢'不分的"。因而当时的报纸上对暑期学校讲座有"言之谆谆，听者茫茫，师生交困，恐无好果"的负面报道。

至于"过不多久，就有四个代表进来见老子，大意是说他的话讲的太快了，加上国语不大纯粹，所以谁也不能笔记。没有记录，可惜非常，所以要请他补发些讲义"，这跟鲁迅当年讲学的情况也极为吻合，虽然鲁迅没有被留下来编讲义，但这段颇具喜剧性的描写，与当时陕西暑期学校学员选派代表质问学校为何不发讲义如出一辙。"鲁迅在西安演讲时也未印发讲义，而是由听讲的西北大学学生笞健行和薛效宽担任记录。此二人均为西北大学国文专修科的学生，文化水平较高，而且笞健行虽是甘肃人，但曾毕业于江苏苏州师范学校，对江浙一带的口音较为熟悉，因而对鲁迅的演讲内容有较准确的领悟。西北大学出版部将此二人的记录稿寄给鲁迅后，鲁迅连续五天订正讲稿并很快寄回，后收入西北大学出版的《国立西北大学、陕西教育厅合办暑期学校讲演集（二）》中，成为珍贵的学术史料"[9]。

当然，我们不能将《出关》中的陕西元素与鲁迅的西安记忆完全对等，其毕竟是虚构的小说，刻意的渲染与铺排都是为了增强文学生动性。鲁迅在1935年2月21日回应徐懋庸对《出关》的评论时指出："小说也如绘画一样，有模特儿，我从来不用某一整个，但一肢一节，总不免和某一个相似，倘使无一和活人相似处，即非具象化了的作品。"《出关》中的一些枝节和细节即是这样，并非"随意点染"，而是激活并植入了鲁迅的西安记忆，因而才能成为"具象化了的作品"，以便更好地服务于小说的主旨。

---

[9] 姜彩燕：《鲁迅西安讲学与当地报纸相关报道新考》，《现代中文学刊》2021年第4期。

西望长安不见"佳"？

鲁迅的长安记忆

第三十六章

元好问在《论诗三十首》其十一中说："画图临出秦川景，亲到长安有几人？"那么，"亲到长安"就能"临出秦川景"吗？

未必。

鲁迅就是这样。

他的朋友曾问他"你以为那边怎么样"，自然也应该包括刘镇华统治下的陕西怎么样。怎么回答呢？刘镇华是声名狼藉的军阀，旅京的陕西籍进步学生经常在北京的报刊上"批刘""骂刘"甚至"驱刘"，鲁迅肯定看到过或是知道的。尽管刘氏没有直接邀请鲁迅，但鲁迅还是间接接受了其邀请并受到不错的款待。面对朋友之问，说好不对，说不好似乎也不行，总之三言两语难以讲清楚，鲁迅陷入了两难，所以只好说"没有什么怎样"，顾左右而言其他地谈谈旅途风景和体验了。

"很多的白杨，很大的石榴树"，以及"道中喝了不少的黄河水"。

这只是旅途体验，还不是长安印象。那么，鲁迅对西安的印象到底如何呢？通过孙伏园的回忆，我们可以略知分晓：

我们看大小雁塔，看曲江，看灞桥，看碑林，看各家古董铺，多少也有一点收获。在我已觉得相当满意，但一叩问鲁迅先生的意见，果然在我意中又出我意外地答复我说："我不但甚么印象也没有得到，反而把我原有的一点印象也打破了。"

鲁迅之所以这样说，大致有以下原因：

其一，鲁迅对期待中的长安风土景观倍感失望。我们知道，鲁迅少年经历的家庭变故和家道中落，让他一度对自然景物的欣赏兴趣不大。王晓明说："鲁迅本是一个善感的人，你只要读过他的《社戏》，就一定会记得他对家乡风物的那份善感的天性。可是，由于家道中落以后的种种刺激，到了青年时代，他却对自然风景失去了兴趣。他在东京那么多年，只去上野公园看过一次樱花，而且还是和朋友去书店买书，顺路经过才进去的。他在仙台整整两年，附近不远就有一个著名的风景区松岛，他也只去玩过一次。回国以后，住在杭州那样优美的地方，一年间竟只去西湖游过一次，还是朋友请的客。别人都连声称赞'平湖秋月'和'三潭印月'，他却以为'不过平平'。1924年他写《论雷峰塔的倒掉》，居然把雷峰塔和保俶塔弄错了位置，你当可想象，他平日对这些景致是如何不留心。以后到北京，住的时间更长，游玩却更少。即使去西安，主人安排他游览名胜古迹，他最感兴趣的地方，却是古董铺。弄到最后，他甚至公开说：'我对于自然美，自恨别无敏感，所以即使恭逢良辰美景，也不甚感动。'"[1] 然而在西安,鲁迅却和王晓明所言的恰恰相反——为了《杨贵妃》的写作做准备,尤为注重风景,只是西安太颓败太荒凉了,致使他的全部浪漫想象化为乌有。

其二,两人关注点不同。鲁迅关注的是所见所闻是否有助于自己写作《杨贵妃》,他答应赴西北大学讲学主要也是为了此目的,因而其他次要的"小满足"就不值一提了。因为他的表达的情绪化和极端化,"小满足"也就被遮蔽了,给人的印象好像也是西安一无所是。这从当时接待鲁迅的张辛南的回忆也可以看出:"鲁迅先生对于这座古城好像很感兴趣,不讲演的时候,时常到街上去溜达。"[2]

看鲁迅的西安日记,7月14日下午到西安,在21日暑期学校开讲的前六天里,他几乎都在西安市内及周边游览名胜,购置造像碑帖拓片等物。讲演结束后的7月29日、31日以及8月1日,他又和孙伏园等阅市购置古物。应该说,鲁迅收藏汉唐文物的喜好是得到一定程度饫足的。这从鲁迅记下的西安书账也不难看出。

还有,鲁迅五次前往易俗社观看秦腔演出,如果说最后一次是因为省长刘镇华邀宴堂会戏而盛情难却的话,那么前面四次,最起码是饶有情致的,否则的话,他完全可以推辞。秦腔对于西安人,也不是人人喜之,更何况鲁迅是浙东人,而且对京剧等传统戏曲并无好感,甚至挞伐得相当厉害。孙伏园说,刘镇华邀请他们看堂会戏,于他、夏元瑮和鲁迅都很新鲜,感觉甚好。如果孙伏园不说,我们也断然不会知道。

值得一提的是,鲁迅为易俗社所拟"古调独弹"题词的举动,于鲁迅似乎是前所未有;给易俗社捐五十元,似乎也是鲁迅平

---

[1] 王晓明:《无法直面的人生:鲁迅传》(修订本),第121—122页。北京:生活·读书·新知三联书店,2021年。

---

[2] 辛南:《追忆鲁迅先生在西安》,1942年6月22日《中央日报》《扫荡报》联合版(重庆)。

生第一次。1944年孙伏园回忆说：

> 在陕西讲学，一个月时间得酬三百元。我们有三个人不到一月便走了，鲁迅先生和我商量：只要够旅费，我们应该把陕西人的钱在陕西用掉。后来打听得易俗社的戏曲学校和戏园经费困难，我们便捐了一点钱给易俗社。还有一位先生对于艺术没有多少兴趣，那自然听便。西北大学的工友们招呼得很周到，鲁迅先生主张多给钱。还有一位先生说："工友既不是我们的父亲，又不是我们的儿子，我们下一趟不知什么时候才来，我以为多给钱没有意义。"鲁迅先生当时堵着嘴不说话，后来和我说："我顶不赞成他的'下一趟不知什么时候才来'说，他要少给让他少给好了，我们还是照原议多给。"[3]

孙伏园讲的"得酬三百元"数额有误。鲁迅在1924年8月3日的日记里明确说"午后收暑期学校薪水并川资泉二百"。鲁迅"把陕西人的钱在陕西用掉"以及主张多给工友钱，表现出他对陕西方面热情招待的感激和对底层百姓的体恤，很是难得。我们知道，1923年，教育部拖欠薪水的情况已很严重，鲁迅长安行之前的6月5日，才发放了上一年5月份薪水和6月份薪水的一部分。[4] 此时，他在北京阜成门内宫门口西三条胡同购置的新居房款还没有付清，连到西安的旅费也是借自朋友，他领薪后才寄还。他拿出讲演酬金与旅费的四分之一捐赠给易俗社，足见对易俗社和秦腔之好感。

除刘镇华邀请在易俗社看堂会是鲁迅的"第一次"之外，

---

[3] 孙伏园：《哭鲁迅先生》。见孙伏园：《鲁迅先生二三事》，第5页。

[4] 关于北洋政府教育部拖欠薪水及鲁迅索薪情况，详见王彬彬的《鲁迅与北洋时期的欠薪与索薪》，《鲁迅研究月刊》2020年第9期。

还有不少"第一次",如返京时舟经山西,上岸在芮城永乐吃花红,"我与鲁迅先生也都说是生平第一次"。

还有更高兴的,鲁迅看到了唐代石刻的代表——昭陵六骏中的四骏。鲁迅到西安时,昭陵六骏中的"飒露紫"和"拳毛䯄"已于1914年被盗卖到国外(现藏于美国费城宾夕法尼亚大学博物馆),其余四骏"什伐赤""白蹄乌""特勒骠""青骓"藏于陕西省教育厅的院中。在1925年所写的《看镜有感》中,鲁迅仍按捺不住看到昭陵四骏的兴奋和赞赏。蒋廷黻后来回忆道:

省教育厅的院中,墙上有五匹雕刻的石马(按:蒋廷黻记忆有误,只剩下四匹),是从唐太宗的陵上移来的。太宗是唐代的第二个皇帝也是中国历史上最伟大的皇帝。他有六匹心爱的名驹,号称六骏,在他死前,曾命名家将骏马雕刻下来,遗嘱死后将雕刻的马列于他的陵外。一千多年来,那六匹石马都站在山边。一九二五年前不久,美国博物馆的一个大胆搜集家,偷偷将雕刻的六骏藏在草中,装上汽车,想运往美国。偷马的车队尘土飞扬,引起当地居民的注意,车队在潼关被截住五辆,仍有一辆漏网,因而有一匹马的雕像被运往费城本雪维尼亚大学(按:今通译为"宾夕法尼亚大学")博物馆。我是少数看过六匹马形的人之一。我在其他地方见过的中国动物雕刻家,多将骏马的图形雕在窗子上,完全是模仿之作,没有特色。这六匹马是一位懂马爱马的名匠或是艺术大家雕刻的,不仅外形美,其飞奔的姿态尤其令人难以描述。它们使我窥见了中国健壮活泼的一面。[5]

5　蒋廷黻:《蒋廷黻回忆录》(增补版),第123页。

鲁迅长安行虽然没有得到预期的收获,但意外的收获、惊喜还是不少。

鲁迅赴西安前一个月,他的《中国小说史略》正好出齐。他向朋友同事、青年学生、境外友人广泛赠书,这有利于该书的早期传播,也促进了其早期的"经典化"。他在西安的讲演,即以其为蓝本,钩玄提要,取其精华,同时又有新的发挥创造,也推动了《中国小说史略》的影响力。长安行中,他以同样的热情,将《中国小说史略》以及其他作品馈赠在西安认识的青年朋友:

7月20日,"赠李济之《小说史略》上、下二本"。

8月18日,"寄李约之《中国小说史略》二本。寄李级仁《桃色之云》一本"。

8月23日,"上午以《中国小说史略》及《呐喊》各五部寄长安,分赠蔡江澄、段绍岩、王翰芳、昝健行、薛效宽"。这不仅仅是为了《中国小说史略》的传播,也包含着在西安结下的浓浓情谊。

1923年12月11日,《中国小说史略》上卷出版,鲁迅得样书二百本,其中四十五本寄女子师范学校代售,剩余一百五十五本。当月赠常维钧、许季市、俞棻、钱玄同、郁达夫等亲朋好友和北大同仁十三本。1924年赠乔大壮、夏元琛等友好数本。1924年6月,收到《中国小说史略》下册样书一百本,转女子师范学校代售五十本,赠孙伏园、齐寿山、许钦文等十三本(套)。[6] 下册样书剩下三十七本,能以五套赠送西安友朋,足见鲁迅对与他们友情的看重。

然而,从西安返京一月后,鲁迅回想起长安,却用了"栗然"一词。

这不禁让我们想起他1921年1月所写的《故乡》的开头:

我冒了严寒，回到相隔二千余里，别了二十余年的故乡去。

时候既然是深冬；渐近故乡时，天气又阴晦了，冷风吹进船舱中，呜呜的响，从篷隙向外一望，苍黄的天底下，远近横着几个萧索的荒村，没有一些活气。我的心禁不住悲凉起来了。

阿！这不是我二十年来时时记得的故乡？

我所记得的故乡全不如此。我的故乡好得多了。但要我记起他的美丽，说出他的佳处来，却又没有影像，没有言辞了。仿佛也就如此。于是我自己解释说：故乡本也如此，——虽然没有进步，也未必有如我所感的悲凉，这只是我自己心情的改变罢了，因为我这次回乡，本没有什么好心绪。

1919年12月，鲁迅回到绍兴探亲、搬家，并接母亲与其他家眷到北京。这是一次痛彻心扉的回乡体验——故乡的萧索和农村的破败让他百感交集，心酸失落，所以他发出了惊诧的感叹——"阿！这不是我二十年来时时记得的故乡？"自此以后，鲁迅再也没有踏上绍兴的土地。

1924年后，他也再没有踏足长安。

这是鲁迅一生中唯一一次西北之行，也是唯一一次内地讲学。他将自己的学术和思想直接传播到西安、陕西乃至西北。

在《故乡》的结尾，鲁迅还想到所谓的"希望"；离开西安时，他已缄默无语了。

如果说鲁迅的绍兴之行更偏向于地理意义上的返乡的话，那么鲁迅的长安行，无疑更侧重于精神意义上的返乡——返归中华民族的精神之乡。时隔不到五年，同样是巨大的失落。这

6 温庆新：《鲁迅〈中国小说史略〉研究——以中国小说史学为视野》，第17—18页。

一次，他用了"栗然"一词。

"栗然"里有长安行的舟车劳顿、旅途惊险，有军阀刘镇华的飞扬跋扈，有 7 月 23 日晚在西安的"出校游步，践破砌，失足仆地，伤右膝"，有自己抄古碑、读汉唐文章、《关中金石录》以及关注西北文化地理所构建的汉唐想象与西安现实的巨大落差……更"栗然"的，应该是西安"连天空都不像唐朝的天空"，以至于《杨贵妃》写作计划的破灭。

在理智上，鲁迅当然明白他到的西安已不是汉唐盛世的长安，但巨大的落差还是让他在情感上无法接受，因而才有情绪化的描述。这种理智和情感的矛盾在他的长安想象与长安行之间，未开始即无法调和。再者，在民国西安寻找汉唐气象，为虚构的小说文体寻找真实的印证，本身就是一种胶柱鼓瑟和刻舟求剑的做法。因而，《杨贵妃》的流产是必然的。但这并不等于鲁迅西行长安不见"佳"，没有些许的美好记忆。这从同行的孙伏园的《长安道上》中可以看到，从鲁迅的文字中也可以窥见。

总而言之，鲁迅 1924 年七八月间的长安行，是交织着期望和失望、收获和失落的文化考古与文学寻根，是有着小惊险与小惊喜的地理考察，是"小说大家"新文学作品的游光扬声，是《中国小说史略》及其中国小说史研究成果的学术普及，也是叠加着颓败印象与美好记忆的文化之旅。

主要参考文献

专 著

《易俗社章程》,陕西易俗社,民国元年(1912)秋订。

《甄别旧戏草》,陕西易俗社,民国六年(1917)印。

单演义:《鲁迅讲学在西安》,武汉:长江文艺出版社,1957年。

单演义编:《鲁迅在西安(资料汇编)》,西安:西北大学鲁迅研究室资料组印,1978年。

复旦大学、上海师大、上海师院《鲁迅年谱》编写组:《鲁迅年谱》,合肥:安徽人民出版社,1979年。

中共陕西省委党校党史教研室、陕西省社会科学院党史研究室:《新民主主义革命时期陕西大事记述》,西安:陕西人民出版社,1980年。

单演义:《鲁迅在西安》,西安:陕西人民出版社,1981年。

马蹄疾:《鲁迅讲演考》,哈尔滨:黑龙江人民出版社,1981年。

薛绥之主编:《鲁迅生平史料汇编》(第一辑),天津:天津人民出版社,1981年。

《西安易俗社七十周年资料汇编(1912—1982)》,易俗社印,1982年。

薛绥之主编:《鲁迅生平史料汇编》(第三辑),天津:天津人民出版社,1983年。

西北大学校史编写组:《西北大学校史稿》,西安:西北大学出版社,1987年。

单演义：《康有为在西安》，单元庄整理，西安：陕西人民出版社，1990年。

周生玉、张铭洽主编：《长安史话》（民国分册），西安：陕西旅游出版社，1991年。

玉振：《孙仁玉传》，西安：三秦出版社，1992年。

苏育生主编：《易俗社八十年》，西安：三秦出版社，1992年。

西北大学学人谱编委会编：《西北大学学人谱》，西安：西北大学出版社，1997年。

李振民：《陕西通史·民国卷》，西安：陕西师范大学出版社，1998年。

[美]李欧梵：《铁屋中的呐喊——鲁迅研究》，尹慧珉译，长沙：岳麓书社，1999年。

吴中杰：《吴中杰评点鲁迅杂文》，上海：复旦大学出版社，2000年。

王捷三：《唐代诗人与长安》，西安：王捷三遗著编辑委员会印，2000年。

李永森、姚远主编：《西北大学史稿·上卷·1902—1949》（修订本），西安：西北大学出版社，2002年。

张恨水、李孤帆：《西游小记·西行杂记》，兰州：甘肃人民出版社，2003年。

杨志烈、何桑：《中国秦腔史》，西安：陕西旅游出版社，2003年。

王捷三：《苏东坡论》，西安：王捷三遗著编辑委员会，2003年。

李泽厚：《中国近代思想史论》，天津：天津社会科学院出版社，2003年。

李泽厚：《中国现代思想史论》，天津：天津社会科学院出版社，2004年。

陈平原、王德威编：《北京:都市想像（象）与文化记忆》，北京:北京大学出版社，2005年。

史红帅、吴宏歧：《古都西安·西北重镇西安》，西安：西安出版社，2007年。

[日]桑原骘藏：《考史游记》，张明杰译，北京：中华书局，2007年。

[日]宇野哲人：《中国文明记》，张学锋译，北京：中华书局，2008年。

严蓉仙：《冯沅君传》，北京：人民文学出版社，2008年。

单演义：《鲁迅在西安》，西安：西北大学出版社，2009年。

陈平原、王德威、陈学超编：《西安：都市想象与文化记忆》，北京：北京大学出版社，2009年。

苏育生：《中国秦腔》，上海：上海百家出版社，2009年。

[美]弗朗西斯·亨利·尼科尔斯：《穿越神秘的陕西》，史红帅译，西安：三秦出版社，2009年。

林辰：《林辰文集》（壹、贰、叁、肆），济南：山东教育出版社，2010年。

[美]罗伯特·斯特林·克拉克、阿瑟·德·卡尔·索尔比：《穿越陕甘——1908—1909年克拉克考察队华北行纪》，C.H.切普梅尔编，史红帅译，上海：上海

科学技术文献出版社，2010年。

[丹]何乐模：《我为景教碑在中国历险》，史红帅译，上海：上海科学技术文献出版社，2011年。

陈漱渝、唐正杰等：《鲁迅与中国现代女作家：匕首与玫瑰》，石家庄：河北人民出版社，2011年。

陈丹青：《笑谈大先生》，桂林：广西师范大学出版社，2011年。

林贤治：《反抗者鲁迅》，上海：复旦大学出版社，2011年。

赵海菱、张汉东、岳鹏：《冯沅君传》，北京：学苑出版社，2012年。

[英]台克满：《领事官在中国西北的旅行》，史红帅译，上海：上海科学技术文献出版社，2013年。

邓云乡：《鲁迅与北京风土》，北京：中华书局，2015年。

孙郁：《民国文学十五讲》，太原：山西人民出版社，2015年。

吴中杰：《鲁迅传》，上海：复旦大学出版社，2016年。

杨博编：《长安道上——民国陕西游记》，南京：南京师范大学出版社，2016年。

蒋廷黻：《蒋廷黻回忆录》（增补版），长沙：岳麓书社，2017年。

温庆新：《鲁迅〈中国小说史略〉研究——以中国小说史学为视野》，北京：九州出版社，2017年。

张梦阳：《鲁迅全传：苦魂三部曲》，北京：华文出版社，2017年。

许寿裳：《鲁迅传》，北京：九州出版社，2017年。

韩淑芳主编：《老西安》，北京：中国文史出版社，2018年。

刘克敌：《鲁迅与20世纪中国学术转型》，南昌：百花洲文艺出版社，2018年。

荆有麟：《鲁迅回忆》，北京：中国文史出版社，2020年。

黄乔生：《鲁迅年谱》，杭州：浙江大学出版社，2021年。

李怡、宫立编：《王富仁学术文集》，太原：北岳文艺出版社，2021年。

倪斯霆：《老天津的文坛往事》，天津：天津社会科学院出版社，2022年。

[日]丸尾常喜：《明暗之间：鲁迅传》，陈青庆译，上海：上海人民出版社，2021年。

[日]石田幹之助：《长安之春》，张鹏译，西安：三秦出版社，2021年。

[日]藤井省三：《鲁迅与酒文化：酒香中的现当代中国》，林敏洁、陈道竟译，北京：新星出版社，2022年。

[日]加地哲定：《秦陇纪行》，翁建译，[日]加地有定校，西安：三秦出版社，2021年。

［日］足立喜六：《长安史迹研究》，王双怀等译，西安：三秦出版社，2021年。

孙伏园：《鲁迅先生二三事》，北京：中国文史出版社，2020年。

朱正：《鲁迅传》，北京：人民文学出版社，2013年。

陈漱渝：《民族魂：鲁迅传》，北京：民主与建设出版社，2023年。

王晓明：《无法直面的人生：鲁迅传》（修订本），北京：生活·读书·新知三联书店，2021年。

薛林荣：《鲁迅的饭局》，桂林：广西师范大学出版社，2021年。

史念海：《中国的河山》（上、下），西安：陕西师范大学出版总社，2022年。

叶淑穗：《鲁迅文物经手录》，北京：生活·读书·新知三联书店，2024年。

论 文

张宏勇、颉育民：《反对庸俗的繁琐考证——评单演义著〈鲁迅讲学在西安〉》，《西北大学学报》（人文科学版）1958年4月号。

黄清源：《鲁迅〈说胡须〉中的"名士"是谁？》，《破与立》1977年第2期。

许钦文：《鲁迅和陶元庆》，《新文学史料》1979年第二辑。

盛文庭：《鲁迅的〈杨贵妃〉与西安之行——纪念鲁迅诞辰一百周年、赴陕五十七周年》，《人文杂志》1981年第4期。

单演义：《鲁迅腹稿〈杨贵妃〉探微》，《陕西戏剧》1981年第9期。

段国超：《鲁迅赴陕途经渭南地区纪事》，《渭南师专学报》（综合版）1986年第1期。

苏育生：《"古调独弹"——鲁迅与易俗社的交往》，《渭南师专学报》（综合版）1986年第2期。

林溪：《与鲁迅赴陕讲学有关的两个人物》，《鲁迅研究动态》1986年第9期。

盛文庭：《鲁迅在西安"暑期学校"讲学——〈鲁迅西安之行〉节选》，《人文杂志》1987年第5期。

朱金顺：《鲁迅先生的一些"雪泥鸿爪"》，《鲁迅研究月刊》1992年第6期。

盛文庭：《鲁迅西安书账考述》，《十堰大学学报》（社科版）1994年第1期。

卜钊先：《发掘杨贵妃"人间性的真实"——鲁迅拟作〈杨贵妃〉考析》，《鲁迅研究月刊》1996年第10期。

盛文庭：《杨贵妃的马嵬之死——〈鲁迅西安之行〉节选》，《十堰大学学报》（社科版）1997年第2期。

黄清源：《〈说胡须〉中的"名士"与〈随感录〉中的"神童"考》，《鲁迅研究月刊》1999年第12期。

曲象艳：《鲁迅"古调独弹"匾真伪小考》，《陕西档案》2000年第4期。

朱正：《杜甫·鲁迅·杨贵妃》，《鲁迅研究月刊》2001年第6期。

高信：《"古调独弹"质疑》，《鲁迅研究月刊》2004年第6期。

高信：《"鲁迅在西安"辩正二题》，《鲁迅研究月刊》2005年第2期。

郭楚伟：《这鲁迅题赠的匾额当是事实》，《鲁迅研究月刊》2009年第2期。

阎愈新：《记鲁迅先生在西北大学讲学》，《西北大学学报》（哲社版）2009年第1期。

杨早：《西望长安不见家——近代游记中的西安叙事》，《现代中国文化与文学》2010年第1期。

鲍国华：《小说史如何讲授——鲁迅〈中国小说的历史的变迁〉片论》，《天津师范大学学报》（社科版）2011年第6期。

顾农：《鲁迅的两段谈话》，《中华读书报》2012年2月1日。

吴仁援：《鲁迅为何弃写"杨贵妃"》，《戏剧艺术》2012年第3期。

王亚丽：《20世纪前30年的西安城市书写》，《南京师范大学文学院学报》2012年第3期。

颜克成、邵华：《1924年鲁迅西安行考略》，《云南民族大学学报》（哲社版）2013年第1期。

宫立：《王品青与周氏兄弟及其他》，《上海鲁迅研究》2014年第2期。

高方英：《简析鲁迅在西安讲武堂与黄埔军校的讲演》，《上海鲁迅研究》2015年第1期。

陈漱渝：《鲁迅西安讲学成效不宜高估》，《中华读书报》2016年8月24日。

王旭：《旅陕印象：1920年代西安的城市建设和社会生活》，《城市史研究》2017年第2期。

王彬彬：《鲁迅与1933年北平文物迁移》，《东北师范大学学报》（哲社版）2019年第3期。

袁茹：《鲁迅拟作〈杨贵妃〉事始末考论》，《苏州大学学报》（哲社版）2019年第5期。

郜元宝：《鲁迅为何没多写小说》，《中国现代文学研究丛刊》2019年第6期。

萧振鸣：《鲁迅牙事考》，《新文学史料》2020年第3期。

王彬彬：《鲁迅与北洋时期的欠薪与索薪》，《鲁迅研究月刊》2020年第9期。

刘彬：《也谈"鲁迅为何没多写小说"》，《中国现代文学研究丛刊》2020年第10期。

姜彩燕：《鲁迅西安讲学与当地报纸相关报道新考》，《现代中文学刊》2021年第4期。

陈文辉：《〈伤逝〉：鲁迅〈杨贵妃〉剧本创作构想的替代性完成》，《现代中文学刊》2022年第1期。

苗曼桢：《鲁迅演讲及演讲词创作研究》，苏州大学硕士学位论文，2022年。

后记

"此后如竟没有炬火:我便是唯一的光"

每天清晨醒来和晚上睡去,刺入眼帘的,都是桃园校区二号综合楼上集鲁迅书迹竖排的赫然醒目的"西北大学"四个大字。

四个红色大字在疫情期间路灯熄灭的黑夜里,鲜艳得如同百年前他在铁屋子里的"呐喊"。如此锐利,却又如此无力。

这是暗夜中的微光。

鲁迅曾说:"此后如竟没有炬火:我便是唯一的光。"

第一次,我觉得我离鲁迅如此之近,又如此之远。

那段时间,我站在阳台上,透过烟雾,望着静寂的街道,不时会想起鲁迅在西安大街上阅市游览的身影,想起他在西安街道摔倒的情景。他在1924年7月23日的日记里记道:"晚与五六同人出校游步,践破砌,失足仆地,伤右膝,遂中止,购饼饵少许而回,于伤处涂碘酒。"他平静的记叙,看不出丝毫的情绪;对于现实,他没有兴致评论,他汲汲于寻找汉唐的气息余韵。最终,他失望至极,慨叹——"连天空都不像唐朝的天空。"

今天西安还有什么像唐朝呢？

鲁迅在西安也有欣喜和收获：他购文物，游名胜，逛街市；为易俗社拟定"古调独弹"的题词，并捐大洋五十元，这在他一生中是破天荒的一次。

易俗社以他的题词为荣耀，西北大学以他曾光临讲学而自豪。在他长安行半个世纪后，西北大学集他的书迹作为校名。他若泉下有知，会做何感想？鲁迅在写于1925年7月12日的《死后》中，担心"我"死后成为"路人饭后的谈资""马(蚂)蚁青蝇的美食""书商赚钱的顾客"，但他没有想过自己的书迹会成为一所大学的"门面"。对于西北大学这份独特的纪念和情感，他会怎么看呢？他如果还活着，面对今天的中国，又会发些什么议论呢？

从他返京后与暑期学校结识的青年朋友通信，以及惠赠《中国小说史略》《呐喊》等行为，我们不难猜到他的反应。

最后一个问题，他实际上也已作答。

在《中国小说的历史的变迁》讲稿的开头，他说：

许多历史家说，人类的历史是进化的，那么，中国当然不会在例外。但看中国进化的情形，却有两种很特别的现象：一种是新的来了好久之后而旧的又回复过来，即是反复；一种是新的来了好久之后而旧的并不废去，即是羼杂。然而就并不进化么？那也不然，只是比较的慢，使我们性急的人，有一日三秋之感罢了。

历史被他说透，现实被他揭穿，未来被他言中。

而"时光永是流逝，街市依旧太平"……

在此之前，我从没有想过要写一本关于鲁迅的书，而且是在如此短促的时间之内。自己愕然的程度，正如某一天醒来，忽然发现综合楼上出现了鲁迅隽秀书迹集成的校名。

去年11月17日上午，我正在厨房忙碌，陕西人民出版社的彭莘女士来电，云2024年7月鲁迅赴西北大学讲学一百周年之际，他们拟推出一本介绍鲁迅在西安讲学的新著，时间非常紧迫，因我"手快"，熟悉陕西历史文化，之前也写过几篇关于鲁迅的小文章，我们教研室的鲁迅研究专家姜彩燕教授向她推荐了我。我有些犹豫，自己毕竟非鲁迅研究出身，担心不能"入行"；虽说对这段历史比较了解，但还是怕难以担荷，于是便说考虑一下再说。彭莘女士建议最好面谈一次，她来找我。我想起22日上午在解放路有饭局，距离出版社所在地北大街不远，就说22日下午去找她面谈。那天中午与几位老朋友相聚，饮酒不少，意犹未尽。见到彭女士后，对坐饮茶，沟通很是顺畅，编辑部主任、知名作家孔明先生在旁也提出不少高见，我就"醉眼蒙眬"，应承了下来。

过了几天，彭女士发来出版社讨论后确定的书名——"1924：鲁迅长安行"，要求最晚2024年3月底交稿。我立即放下手中的其他工作，全身心投入此书的写作之中。

对于鲁迅在西安讲学的研究，始于林辰先生的《鲁迅赴陕始末》（1943年）一文，深化并完善于我们教研室前辈单演义先生的两部专著《鲁迅讲学在西安》长江文艺出版社1957年出版）《鲁迅在西安》陕西人民出版社1981出版，西北大学出版社2009年再版）。林辰先生的《鲁迅赴陕始末》勾勒了鲁迅赴西安讲学的脉络，比较粗疏。单演义先生的《鲁迅讲学在西安》《鲁迅在西安》在资料搜集上相当详备，研究也非常充分，但由于时代限制，尤其是处于鲁迅被过度拔高甚至神化的年代，部分论述染上了浓郁的意识形态色彩，一些地方明显存在过度阐释。此外，单先生的一些观点随着时代的变化而变化，也带来一些问题。比如刘镇华邀请鲁迅给下级军官和士兵讲演，鲁迅没有换题目，仍讲小说史，单先生认为这是鲁迅和刘镇华的斗争，让刘镇华碰了"软钉子"，并引用了许广平给他的信说："鲁迅对当时西安以及北方军阀黑暗，是很小心的，故对军士只讲小说史，即可具见。"实际上呢？鲁迅7月29日上午"全讲俱讫"，当日，刘镇华派秘书张辛南找鲁迅，请他次日在讲武堂给军士讲一次。时间紧迫，根本来不及准备，因而鲁迅对张辛南回复，他给士兵讲可以，但还是讲小说史，因为他"只会讲小说史"。鲁迅说的是事实，并没有顶撞或者与军阀统治抗争的意思。他长安行之前，对刘镇华的认识是很清楚的。千里迢迢跑到西安和刘镇华面对面地斗争，也非鲁迅所能做出的。从刘镇华邀请鲁迅宴饮以及鲁迅返京途中回信刘镇华来看，"斗争"是没有的。

另如在1957年的《鲁迅讲学在西安》中，单先生引用了易俗社元老李约之的回忆，认为"古调独弹"为鲁迅所拟，但未亲题。而在1981年和2009年版的《鲁迅在西安》中，单先生受孙伏园1962年8月14日在《人民日报》发表的《鲁迅和易俗社》一文影响，认为"古调独弹"不但为鲁迅所拟，而且由鲁迅亲笔题写。孙伏园在文中说，鲁迅先生"亲笔题'古调独弹'四字，制成匾额一块赠给易俗社，匾额上除鲁迅先生以周树人的名字署名外，还有我们同行的其他学者多人"。孙伏园此前回忆鲁迅与其长安行《长安道上》《杨贵妃》等文章，只说"古调独弹"为鲁迅所拟,从未提过"古调独弹"为鲁迅亲笔"题写"。当年与鲁迅同赴西安讲学的学者,也没有留下文字材料可以佐证。易俗社的记录最早见于1931年印行的简明报告书,也只有鲁迅所拟题词及与其他讲师联名题赠的记录,并无"古调独弹"为鲁迅所拟并亲书的记载。孙伏园于1954年冬因脑出血导致偏瘫,《鲁迅和易俗社》一文由李哲明代笔。再结合那个年代特殊的时代氛围,孙伏园否定自己以前的说法,显然是靠不住的。高信先生对此有仔细的梳理考证,并有相关文章刊布,但学界知之甚少。"古调独弹"究竟是鲁迅所拟,还是不仅由鲁迅所拟并亲题,很有予以澄清、回归历史真实的必要。本书结合高信先生的文章及相关史料,力图尽最大可能接近历史的原貌。

为了全面了解鲁迅的长安行,我集中阅读了学界比较有影响的鲁迅传记,几乎穷尽了相关的研究文献,发现的问题实在不少。

首先,部分著名的传记没有提及鲁迅的长安行,如张梦阳先生一百多万字的《鲁迅全传:苦魂三部曲》、王晓明先生的《无法直面的人生:鲁迅传》(修订本)、林贤治的《反抗者鲁迅》、丸尾常喜的《明暗之间:鲁迅传》等,都没有提及鲁迅的长安行。我们知道,鲁迅的长安行在他的人生和创作中具有重要的影响,除了为创作《杨贵妃》做准备以及亲身感受汉唐气魄、搜集自己钟爱的文物之外,他一定程度上也是为了纾解调节自己的生活状态和精神状态,而且收效是非常明显的。从1924年2月起,鲁迅半年几乎没有创作。8月从西安返京后,鲁迅的创作渐入佳境,陆续创作了《秋夜》《影的告别》《求乞者》《复仇》《复仇(其二)》等《野草》中的篇什,以及杂文《说胡须》《论照相之类》等,并开始翻译厨川白村的《苦闷的象征》与其他论文。到了1925年,鲁迅更为高产,是一生中创作最多的一年。除翻译外,《彷徨》中的四篇小说(《长明灯》《孤独者》《伤逝》《离婚》),《野草》中的十五篇散文诗,《坟》中的十一篇评论,《华盖集》中的三十一篇杂文,以及另外的二十多篇文章,都是这一年完成的。鲁迅自视为过渡性的历史中间物并承担起自身的命运,那么又如何看待长安行在鲁迅一生中的位置呢?我们也可以视其为鲁迅创作中的一次重要的休憩、"中转"和过渡。长安行积蓄了鲁迅新的"爆发"。因而,鲁迅传记中缺少长安行,是不完备的。其次,或受限于对当时情况的了解,或因缺乏坚实的史料基础,或因资料辗转征引而出现问题,部分鲁迅传中的长安行多多少少都有一些问题,很有纠正的必要。再次,关于鲁迅长安行的论文,大多根据林辰先生和单演义先生的研究,原创性的有见地的极少。对于有创见的观点以及新发现的材料,凡是跟本书相关的,都酌情予以吸纳。特别一提的是,姜彩燕教授近年来在鲁迅长安行的史料完善及研究上做了不少补苴罅漏的工作,本书中多有征引。

万事知易行难。开始动笔之后,才明白自己"莽撞"接下了一件非常棘手的事情。除了要面对"巨人"鲁迅以及他所涉及诸多学术领域之外,其他方面如秦腔,西安历史文物,民国时期西安的社会、政治、经济、军事、文化等,都需要有全面透彻的了解,再加之自己又有自我折磨的无事不征的历史癖和考证癖,因而写起来比预想的要痛苦许多,不过收获也比预想的多了许多。

要说明的是,民国时期中外学者拍摄的关于西安的照片数量甚巨,本书插图采用日本学者加地哲定1925年6月在西安考察的照片较多,因其与鲁迅的长安行相隔不到一年,时间最为接近,更加契合鲁迅长安行时的历史情状。另外,书中所引鲁迅文字,对于鲁迅的研究者而言均不陌生,故未一一注出。

总而言之，这是一本仓促中完成的小书，自己又非研究鲁迅出身，错疏在所难免，恳请读者不吝赐教，以便进一步完善。

感谢姜彩燕教授和彭莘女士，没有她们的推荐和催促，我绝对不敢涉足一直敬而远之的鲁迅研究，更不会效率如此之高，在短时间内完成此书。

感谢文学院的前辈单演义先生为鲁迅长安行研究奠定的良好基础，小书不敢奢望克绍先贤之徽猷，唯愿能承续文化之慧命。感谢张华先生、董丁诚先生、姜彩燕教授就西大历史沿革及鲁迅西大讲学相关问题的答疑解惑。这其中既包含学术前辈和同人之间的扶掖帮携，更凝聚着鲁迅长安行和西北大学讲学与西大人结下的特殊情缘。

最后，感谢我的家人的理解和支持。整整一个寒假，除了除夕、初一和必不可缺的事务之外，其余时间我都困守书房，端坐电脑前，与百年前在西安大街上阅市的鲁迅隔空"对话"，家人和孩子除了端茶倒水提醒休息之外，从无抱怨。我家一年级的小学生，也因此认识了她生命中的第一位大作家——鲁迅。打开快递，看到书籍封面的鲁迅相片，她不无调侃地说："又是爸爸的鲁迅。"这是鲁迅与又一代西大人的"结缘"。

鲁迅说："此后如竟没有炬火：我便是唯一的光。"他是五四之后数代中国人的"光"，但我希望从我的孩子这一代开始，他不再是"唯一的光"。

2024 年 3 月 8 日脱稿于西大桃园

3 月 21 日改定于西大桃园